本报告的出版得到

国家重点文物保护专项补助经费资助

江西省文物考古研究所考古发掘报告之三

江西玉山渎口婺州窑址

江西省文物考古研究所
玉山县博物馆　编著

文物出版社
北京·2008

责任编辑：楼宇栋

封面设计：周小玮

责任印制：陆 联

图书在版编目（CIP）数据

江西玉山渎口婺州窑址/江西省文物考古研究所，玉
山县博物馆编著．—北京：文物出版社，2008.7
ISBN 978－7－5010－2481－0

Ⅰ．江…　Ⅱ．①江…②玉…　Ⅲ．瓷窑遗址－发掘
报告－玉山县　Ⅳ．K878.55

中国版本图书馆 CIP 数据核字（2008）第 066985 号

江西玉山渎口婺州窑址

江西省文物考古研究所

玉 山 县 博 物 馆　编著

＊

文 物 出 版 社 出 版 发 行

（北京市东直门内北小街 2 号楼）

http://www.wenwu.com

E-mail:web@wenwu.com

北京达利天成印刷有限责任公司印刷

新 华 书 店 经 销

889×1194　1/16　印张：19.75

2008 年 7 月第 1 版　2008 年 7 月第 1 次印刷

ISBN 978－7－5010－2481－0　定价：268.00 元

Wuzhou Kiln Remains in Dukou, Yushan County, Jiangxi Province

(WITH AN ENGLISH ABSTRACT)

by

Jiangxi Provincial Institute of Cultural Relics and Archaeology

and

Yushan County Museum

Cultural Relics Press

Beijing·2008

目　　录

插 图 目 录

彩版目录

第一章 概　况

第一节　地理位置与自然环境

玉山县位于江西省东北部，介于东径 117°52′至 118°25′和北纬 28°30′至 28°59′之间。玉山是江西的东大门，是个有一千多年历史的古县，地理位置优越，交通运输便捷，是赣、浙、闽三省要冲，素有"八省通衢，两江锁钥"之称。全县总人口 52 万，地阜物华，人杰地灵，先后出了 96 位博士，被誉为"博士县"、"才子乡"，1996 年又获得了"全国卫生县城"殊荣。东界浙江省开化、常山、江山三县，南接广丰，西南邻上饶，北毗德兴（图一）。总面积 1731.2 平方公里。

唐初，分衢州的须江（今江山县）、常山和上饶的弋阳三县之地设玉山县，以境内有怀玉山而得名，隶江南道衢州。明洪武四年（1371 年），因漕运不便，从江浙行省改隶江西行省。民国三年（1914 年），省下分道，玉山隶豫章道。1949 年 5 月玉山解放初，属赣东北行政区，后属上饶地（专）区至今。1952 年，浙江省江山县官溪乡的内村、外村、后山、中店四个行政村和南坞乡的大桑园、周家墩、黄坳三个行政村划归玉山管辖。

县城冰溪镇，古称"砂砾镇"，地跨冰溪南北两岸，是全县的政治、经济、文化中心。

玉山地势为西北高，东南低。怀玉山脉横亘西北，主峰三清山玉京峰是赣、浙、皖三省的天然屏障。武夷山余脉逶迤东南。地势由西北向东南逐渐倾斜。西北为山区，东南为丘陵，中部为冲积平原，形成"五山、四丘、一平畈"的半山区、半丘陵地形。

山为水之源。北有金沙溪，源出三清山麓；东南有甘溪、仓溪。三溪在县城东南合为冰溪，沿城流至十里山，与源出怀玉山的玉琊溪汇入信江。金沙、玉琊两溪为信江的两大源流。黄家溪、饶北河流入上饶县境，陇首溪流入德兴，程溪东流入浙江开化。

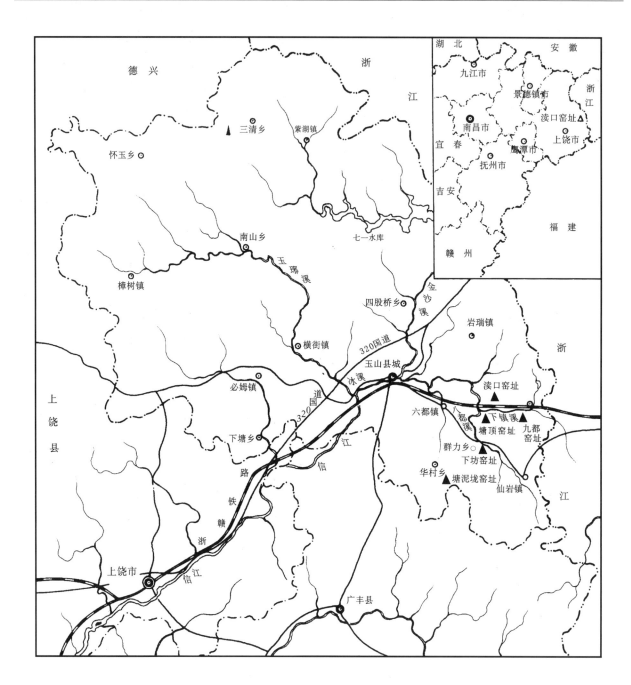

图一　江西玉山县渎口窑地理位置示意图

　　玉山古称"八省通衢，两江锁钥"。宋有水、马两驿。玉常（玉山至常山）驿道是赣、浙必经要道；玉上（玉山至上饶）驿道连通赣、闽。玉琊、金沙两溪，常年可航木船，冰溪连通信江。主要过河之处，城东有东津桥、西有西济浮桥、南有玉虹浮桥，水陆交通便利。明邱睿《并玉楼记》中称："凡朝廷遣使，暨中州燕、赵、秦、晋、郑、宋、两淮、吴会之人，有事荆、楚、闽、广者，必道焉。"明夏子阳又称："乘轺之使，聚粮之旅，毂相击，履相错。"清改驿道为大道，废驿站，于城东设三塘、古城、草坪三铺，城西设沧溪、板桥二铺，管理水陆交通。

玉山在历史上是个商业发达之县。清末民初，有南方诸省"过载码头"之称。沿海地区运往内地的工业品、食盐、海味和内地运往沪杭等地的瓷器、茶叶、夏布、烟叶、鞭炮和农副产品，大都途经玉山转运各地。

春秋战国时，玉山先后属吴、越、楚三国。秦朝，东部（金沙溪以东）属会稽郡太末县；西部（金沙溪以西）为九江郡余汗县地。汉代，全境四分之一为太末辖地，属会稽郡；四分之三为余汗地，隶豫章郡。汉献帝初平三年（192 年），为太末立新安县，东部属新安。建安十五年（210 年），孙权析余汗东境置葛阳县，隶鄱阳郡，西境属葛阳。建安二十二年（217 年），又分新安，设定阳县，东境属之。三国时，为吴国领地。西晋定鼎元年（266 年），分会稽西部设东阳郡，隶吴州，东境属之。太康元年（280 年）改新安县为信安县，东境分属信安、定阳两县。南朝（陈）天嘉三年（562 年），东境随信安、定阳两县改隶金华郡。隋朝初，改郡为州，并定阳入信安，东境属信安县，隶婺州。开皇十二年（592 年），改葛阳为弋阳，西境相应属弋阳县。唐初，分须江、常山与弋阳之一部置县，因西北境有怀玉山故名"玉山县"，隶江南道衢州。唐天宝元年（742 年），衢州改为信安郡，玉山属之。唐乾元元年（758 年），设信州，玉山属信州，隶江南东道。宋，玉山仍属信州。建炎四年（1130 年），江西路、江东路合并为江南路，玉山隶之。绍兴元年（1131 年），复分江南路为江南东路和江南西路，玉山隶江南东路。元，至元十四年（1277 年），玉山升为路，至元二十七年（1290 年），立中书省一，行中书省十一，玉山属信州路，隶江浙行中书省。至正二十年（1360 年）六月，改信州路为广信府，玉山属之，仍隶江浙行中书省。明，洪武四年（1371 年），因漕运不便，玉山随广信府改隶江西行省。洪武九年（1376 年），废行中书省，设承宣布政使司，下分道。玉山随广信府，隶江西承宣布政使司湖东道。清，玉山属江西省广信府。民国元年（1912 年）冬，废府、州，县直属省。

玉山县境有震旦纪至第四纪的各纪地层出露。县内岩浆活动频繁，其中以中生代（即燕山期）活动最为强烈。燕山早期以大规模的岩浆侵入活动为主，形成巨大的花岗岩体；以出露于北部怀玉山地区的怀玉岩体和黄土岭岩体等为代表，这类岩体与县内钨、锡、钼、铍、铜、铅、锌、铌、钽、铁、萤石和水晶等矿产的形成有着十分密切的关系。火山喷发活动主要发生在燕山早期阶段，构成晚侏罗纪地层的一部分。燕山晚期，县内仅有一些间歇性的不太强烈的火山喷发活动，主要形成白垩纪地层中的玄武岩夹层。据测定，出露于下镇的玄武岩同位素年龄为 0.8 亿年。其它各时代岩浆岩仅有零星分布，如二长花岗岩、富斜花岗岩、石英斑岩、花岗斑岩、石英闪长岩、花岗闪长岩及中基性岩脉等，呈岩株、岩墙和岩脉状产出。喷出岩主要岩性为凝灰岩、火山角砾岩、安山玢岩和玄武岩，呈层状或似层状产出。玉山渎口窑位于下镇镇的西部约 3 公里，上述岩层为瓷器的烧造提供了原料。

县境内地貌，深受构造、岩性、气候、河流等内外营力作用的控制和影响，地势由西北向东南逐渐变缓。西北为中低山区，东南为低山丘陵区，中部为丘陵河谷地带。山区占全县面积的 49%，丘陵占 41%，平原占 10%。其它地貌类型主要有下述五种：

侵蚀构造中低山区　位于县境北部三清山的玉京峰至大坞头一带，群峰林立，山势陡峻。海拔一般在 700～800 米之间，主要山峰海拔在 1000 米之上。山顶多呈尖顶状和锯齿状，坡度 50～60 度之间，切割深度达 500 至 1000 米。冲沟发育完善，沟谷呈"V"字形。出露的岩层有燕山期的灰白色、肉红色粗粒花岗岩，震旦系、寒武系的炭质板岩、硅质岩和白云岩等，风化壳厚度达 3～5 米。植被良好，气候温凉，雨量充沛，相对湿度大。茂密的森林为瓷窑的烧造提供了充足的燃料。

构造剥蚀低山丘陵区　主要分布于中南部和东南的广阔低山丘陵地带，包括紫湖、少华、南山、童坊、樟树、临湖乡和下塘乡西线，横街乡以北部分，六都、下镇镇以南地带以及白云乡的一部分。海拔在 300 至 800 米之间，相对高差 200～500 米。山顶多呈浑圆状及馒头状，冲沟发育明显，沟谷呈"U"形或"V"形。出露的岩层有泥盆、志留系的砂质页岩、青灰色泥岩、长石石英岩和细砂岩等。本区适宜发展经济林木。

剥蚀堆积岗阜地形　分布于横街以南、浙赣铁路玉山段以北、七一水库至县城一线以西，包括双明、四股桥乡、冰溪镇及林岗、横街下塘乡的大部分，海拔在 100～200 米之间，相对高差 50～100 米。山间低洼处，有第四系地层覆盖。厚约 1～3 米。出露的岩层为紫红色砂岩、砾砂岩、细砂岩等，形成以向斜为主的小红色盆地。本区岗丘多被开垦为农地。

侵蚀溶蚀地形　主要分布于岩瑞乡、下镇镇九都、官宅，群力乡纱帽、吾家源以及少华乡陶家山、石城一带，海拔高度多为 200～250 米的中低丘。出露岩层为奥陶系及石炭二叠系的石灰岩。这一带是水泥工业原料的集中产地。溶蚀地形主要有溶沟、溶槽和溶洞、落水洞、溶蚀洼地等，还发育有地下暗河，景观绮丽，为发展旅游业提供了有利条件。

侵蚀堆积河谷地形　分布于信江及其支流两岸，包括文成乡、冰溪镇的大部分和岩瑞乡的部分地区，组成阶地及河漫滩河谷地貌。地形平坦，海拔一般在 80 米以下。地面覆盖物，一级阶地为砂土、砂卵石等；二级阶地的上部为黏壤土和砂壤土，下部为砂卵石层。本区地层深厚，水肥条件好，是粮食主要产地。

玉山气候属中亚热带，具有东亚季风的特色。随着副热带高压的节气转换，风向有明显的交替变化过程。全年最多的为北北风、东北风。县内各地气温差异较大，以年平均气温来分，可分为两个区域：年平均气温高于17度的低丘平原和低于17度的西北山地低温区。低温区面积略大于高温区。

渎口窑位于信江支流沧溪下游。沧溪又名"八都溪"、"镇川溪"，发源于广丰县山青尾，由南向北流入玉山境。入县境后继续向北流，至狮山底有官溪水注入；至八都有桥棚水注入；过八都改向西北流至后仓，有前洲水注入；至渎口有下镇溪汇入；至上白桥有玉马溪汇入（渎口至上白桥段，又称"松溪"）；自上白桥始，向正西流至湖沿，有程村水注入（上白桥至湖沿段，又称"下濂溪"），最后在山头淤与金沙溪汇入信江最大支流冰溪。水上交通的便利为渎口窑的产品外运提供了有利条件。其产品可以通过沧溪沿信江顺流西去，经贵溪、安仁（今余江），由瑞洪入鄱阳湖，通过鄱阳湖转运各地；陆路方面则可通过玉常驿道经浙江常山、衢州、金华一路东去。

窑址处于渎口村东面约1公里的小山包上，西距玉山县城冰溪镇约11公里，东距下镇镇约3公里，南距浙赣铁路约50米（彩版一、彩版二，1）。地势北高南低，最高处高出周边水田约40米。东西长约100、南北宽约60米，总面积约6000平方米。下镇溪和八都溪从窑址南部蜿蜒流过，汇入信江，西注鄱阳湖。

第二节 发掘经过

渎口窑是1983年全省第二次文物普查时发现，1992年1月25日，玉山县博物馆接到江西省文物考古研究所和上饶地区文管所紧急布置的配合浙赣铁路复线工程进行文物调查的任务后，对下镇—湖丰之间30余公里铁路两侧30米范围内进行了调查，同年11月13日江西省文物考古研究所和玉山县博物馆进行了复查，确定渎口窑包括华村乡的塘泥垅、下镇镇的渎口、塘顶、九都和群力乡的下坊等五处堆积（图二；彩版二，2），并采集了很多标本，特别是在塘顶堆积中采集到二件荡箍，一件有"魏仁真记"铭文，另一件有"癸卯宣和五年（1123年）"铭文，因此当时初步断定渎口窑始烧于晚唐、五代，盛烧于北宋。

2004年春，铁道部因浙赣铁路老化，对其进行电气化改造，以提高列车速度，为此需要对现有线路裁弯取直以适应提速要求，为配合铁路改线工程建设，2004年4月5日

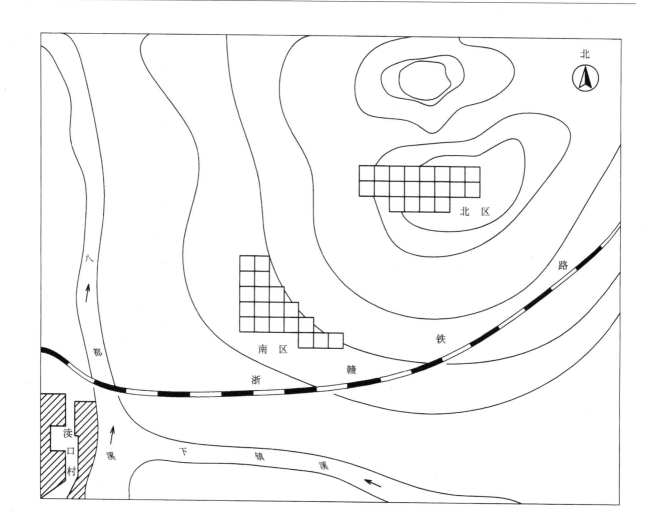

图二　渎口窑窑址区发掘探方平面分布示意图

江西省文物考古研究所派专业人员会同玉山县博物馆共同对该区段新线路进行考古调查，发现新改线路要经过渎口窑址，涉及面积近 3 千平方米。调查时采集到很多青瓷标本和窑具。器形主要以碗、盏、罐、执壶为大宗。釉色以青黄为主，另有少量酱褐釉。窑具主要见有喇叭状支烧具。为了解渎口窑的文化内涵，2004 年 5 月 22 日，江西省文物考古研究所会同玉山县博物馆，开始对渎口窑进行抢救性发掘，田野工作至 7 月底结束。参加发掘人员有江西省文物考古研究所的李荣华（领队）、赖祖龙、何国梁、柯传伦、陈正兴，玉山县博物馆的余盛华以及广丰县文管所的余满涛等。发掘范围主要限于铁路线内的堆积。整个窑址地势北高南低，发掘前，窑址中部被铁路施工单位从东往西修一宽约 25 米、深 10 余米的便道，将窑址分隔成南北二部分。考虑到窑址面积较大，可能以后还会进行发掘，我们对整个遗址进行了全面布方，以保证各次发掘的衔接。布

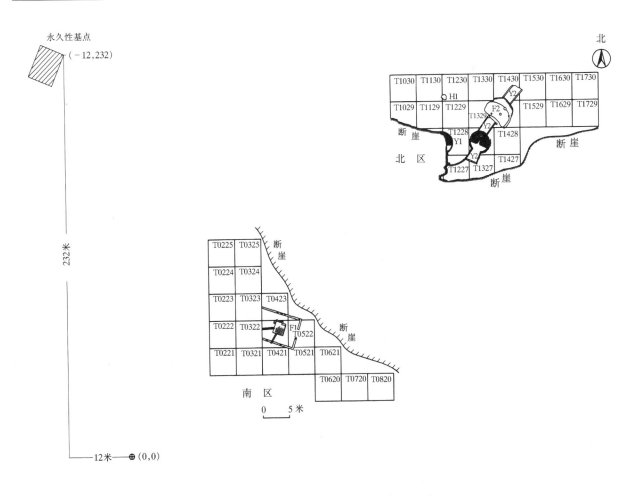

图三 渎口窑窑址区发掘探方内遗迹分布图

方编号既要便于直观了解每个探方在整个遗址的相对位置，又要便于书写记忆，因此采用直角坐标系第 1 象限覆盖窑址。以窑址西北的一间房屋为永久性基点，以房屋东北角向东 12 米向南 232 米作为象限原点，坐标为（0，0），以 X 轴向东取二位序数，Y 轴向北取二位序数组成四位数的探方编号，这样就将整个窑址纳入到坐标系统了，以后对该窑址的任何一次发掘，都能准确纳入该坐标系统。本次共发掘 5 米×5 米探方 40 个，面积 1000 平方米（图三）。为记录方便，我们以便道为界将窑址分为北南二区。

第二章　发掘概况

第一节　地层堆积及典型剖面举例

　　整个窑址地势北高南低，窑址中部被铁路施工单位从东往西修一宽约25、深10余米的便道，将窑址分隔成南北两部分。为记录方便，我们以便道为界将窑址分为北南两区。从便道的剖面看，北区堆积较厚，最厚处达5米余。所发现的的二座窑炉均在此区。南区地势较为平坦，堆积相对较薄，最厚处约3.5米，施工部门在推挖路基的过程中发现有陶制下水管道，结合发掘时的情况，南区可能为作坊区（图版3）。由于客观原因，整个窑址未能发掘完毕，只有北区西部清理到生土层。下面以一些相对典型的探方剖面来说明地层堆积状况。

　　一、T1030、T1130、T1230、T1330、T1430、T1530、T1630、T1730北壁剖面（图四，图五）。

　　以T1330东部为界，东部高西部低，落差约140厘米。T1330东部以东较为平坦，以西则由东往西倾斜。

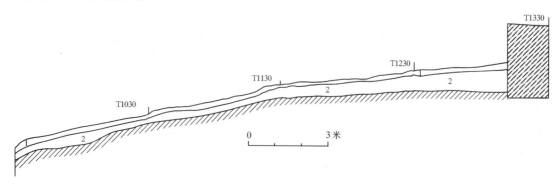

图四　北区 T1030－T1130－T1230－T1330北壁剖面图

1.耕土层　2.红烧土块夹瓷片层

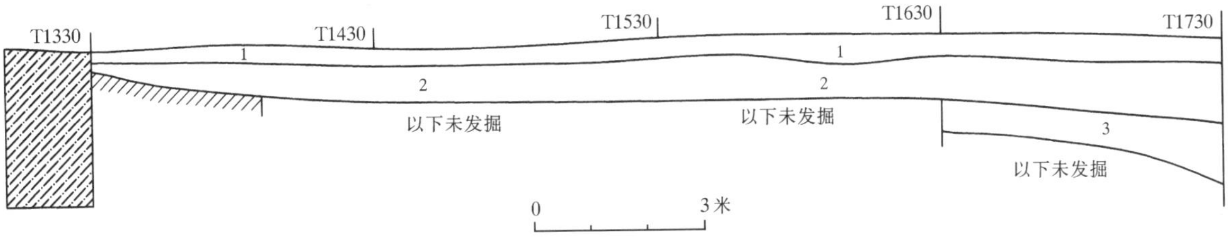

图五　渎口窑窑址北区 T1430－T1530－T1630－T1730 北壁剖面图

1. 耕土层　2. 红烧土块夹瓷片层　3. 灰烬、红烧土块和瓷片堆积层

第 1 层　T1330 东部以东厚 19～50 厘米，地表较平坦，西薄东厚；T1330 东部以西厚 20～25 厘米，顺山坡由东往西倾斜，地表东高西低，东厚西薄。该层为现代耕作层，灰褐色土，土质疏松。包含既有植物根系，也有大量的青瓷碎片。

第 2 层　T1330 东部以东厚 15～102 厘米，西部薄东部厚，由西往东倾斜；T1330 东部以西厚 24～83 厘米，顺山坡由东往西倾斜，东部较厚，西部较薄。该层为红烧土块夹杂大量的瓷片堆积，出土器物很多，器类有壶、罐、碗、盏、盆和杯等。T1330 东部以东主要出碗、盏，以西主要为罐和壶。T1330 东部以西各探方，第 2 层下为生土；T1330 东部以东各探方只有 T1430 西部第 2 层下为生土。

第 3 层　T1430 东部、T1530、T1630 诸方 2 层以下未发掘，只有 T1730 发掘了第 3 层的一部分。已发掘部分厚 54～103 厘米，由西往东倾斜。包含物有灰烬、红烧土块和大量的青瓷片。器类主要为碗。

二、T1029、T1129、T1229、T1329、T1429、T1529、T1629、T1729 北壁剖面（图六，图七）。

以 T1329 东部为界，东部高西部低，落差约 156 厘米。T1329 东部以东较为平坦，

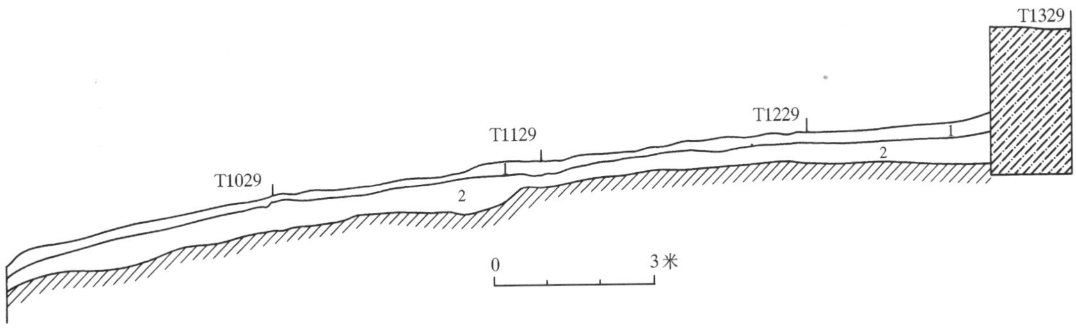

图六　渎口窑窑址北区 T1029－T1129－T1229－T1329 北壁剖面图

1. 耕土层　2. 红烧土块夹瓷片层

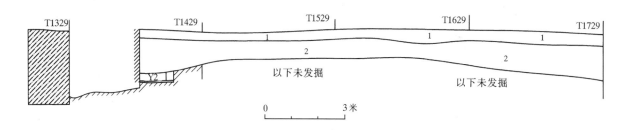

图七　渎口窑窑址北区 T1429－T1529－T1629－T1729 北壁剖面图
1. 耕土层　2. 红烧土块夹瓷片层

以西由东往西倾斜。

第 1 层　T1329 东部以东厚 30～51 厘米，地表较平坦，西部稍薄东部略厚，T1429
与 T1329 东隔梁之间为断崖；T1329 东部以西厚 17～34 厘米，顺山坡由东往西倾斜，
地表东高西低，东厚西薄。该层为现代耕作层，灰褐色土，土质疏松。包含既有植物根
系也有大量的青瓷碎片。

第 2 层　T1329 东部以东厚 53～128 厘米，T1429 和 T1729 的东部较厚，T1529 和
T1629 探方内稍薄；T1329 东部以西厚 23～65 厘米，顺山坡由东往西倾斜，T1129 和
T1329 东部较厚。该层为红烧土块夹杂大量的瓷片堆积，出土器物很多，器类有壶、罐、
碗、盏、盆和杯等。T1329 东部以东主要出碗和盏，以西主要为罐和壶。T1329 东部以
西各探方，第 2 层下为生土；T1329 第 2 层下有 Y2，Y2 以下为生土；T1529 以东各方
第 2 层以下尚有瓷片堆积，未发掘。

三、T1128、T1228、T1328、T1428 北壁剖面（图八）。

第 1 层　厚 10～34 厘米。T1228 东隔梁以东地表较平坦，T1328 东部略洼；以西由
东往西倾斜，东部高西部低。该层为现代耕作层，灰褐色土，土质疏松。包含既有植物
根系也有大量的青瓷碎片。

第 2 层　厚 16～70 厘米，T1428 东部最厚。T1228 以西各探方稍薄，由东往西顺地

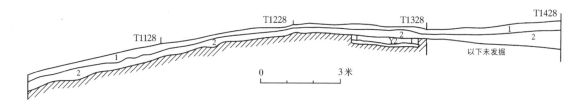

图八　渎口窑窑址北区 T1128－T1228－T1328－T1428 北壁剖面图
1. 耕土层　2. 红烧土块夹瓷片层

势倾斜。该层为红烧土块夹杂大量的瓷片堆积，出土器物很多，器类有壶、罐、碗、盏、盆和杯等。T1128、T1228 第 2 层以下为生土。T1328 第 2 层下有 Y2，Y2 以下为生土。T1428 第 2 层以下尚有瓷片堆积，未发掘。

四、T1430、T1429、T1428 东壁剖面（图九）。

T1428 北部为断崖，南北高差约 130 厘米。

第 1 层　厚 30～42 厘米，北部较薄，南部较厚。T1430 和 T1429 地表较为平坦；T1428 由北向南倾斜。该层为现代耕作层，灰褐色土，土质疏松。包含既有植物根系，也有大量的青瓷碎片。

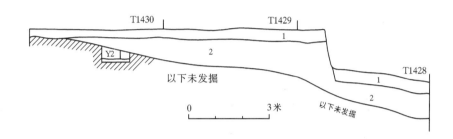

图九　渼口窑窑址北区 T1430－T1429－T1428 东壁剖面图
1. 耕土层　2. 红烧土块夹瓷片层

第 2 层　厚 50～180 厘米，由北向南倾斜。T1429 南部最厚。该层为红烧土块和瓷片的混合堆积。包含物主要为瓷片，器类有碗、盏和杯等。另外，在 T1428 第 2 层南部出土元丰通宝一枚。T1430 北部第 2 层下为生土，其南部和 T1429、T1428 第 2 层下尚有瓷片堆积，未发掘。

五、T1230、T1229、T1228、T1227 东壁剖面（图一〇）。

以 T1229 为中心向北向南微微倾斜。

第 1 层　厚 8～20 厘米。T1228、T1227 稍薄，T1229、T1230 略厚。该层为现代耕

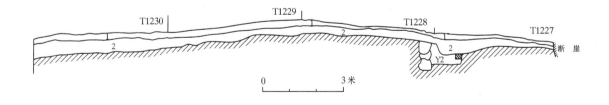

图一〇　渼口窑窑址北区 T1230－T1229－T1228－T1227 东壁剖面图
1. 耕土层　2. 红烧土块夹瓷片层

作层，灰褐色土，土质疏松。包含既有植物根系，也有大量的青瓷碎片。

第2层　厚19～53厘米，由北向南倾斜。以T1227北部最厚，T1227南部最薄。T1227南部为断崖。该层为红烧土块和瓷片的混合堆积。包含物主要为瓷片，器类有碗和盏等。T1227北部和T1228南部的第2层下叠压有Y2。第2层以下为生土。

六、T1130、T1129东壁剖面（图一一）。

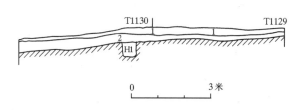

图一一　渎口窑窑址 T1130－T1129 东壁剖面图
1. 耕土层　2. 红烧土颗粒夹瓷片层

第1层　厚7～30厘米。T1130北部及T1129南部稍薄，整个地势由南向北微微倾斜。该层为现代耕作层，灰褐色土，土质疏松。包含既有植物根系也有大量的青瓷碎片。

第2层　厚16～41厘米，由南向北倾斜，北部较厚，南部稍薄。该层为红烧土颗粒和瓷片的混合堆积。包含物主要为瓷片，器类大多为壶和罐。该层下开口的遗迹有H1，第2层以下为生土。

七、T0222、T0322、T0422、T0522北壁剖面（图一二）。

第1层　厚15～25厘米，地势平坦，分布较均匀。该层为现代耕作层，灰褐色土，土质疏松。包含有植物根系、塑料和青瓷碎片等。

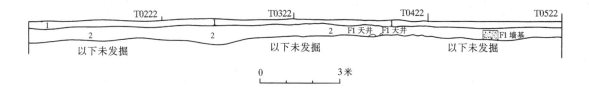

图一二　渎口窑窑址南区 T0222－T0322－T0422－T0522 北壁剖面图
1. 耕土层　2. 灰褐土夹瓷片层

第2层　厚35～70厘米，T0322稍厚。灰褐色土，包含物均为瓷片，器类以碗、碟和盏为大宗。除该窑址出土的青釉瓷和黑釉瓷外，还见有少量的湖田窑影青瓷。第2层以下未发掘。此层下开口的遗迹有F1。

八、T0421、T0422、T0423西壁剖面（图一三）。

第1层　厚20～35厘米，地势平坦，分布较均匀。该层为现代耕作层，灰褐色土，土质疏松。包含有植物根系、塑料和青瓷碎片等。

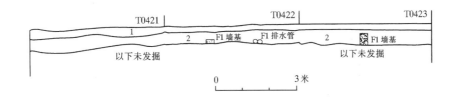

图一三　渎口窑窑址南区 T0421－T0422－T0423 西壁剖面图

1.耕土层　2.灰褐土夹瓷片层

第 2 层　厚 25~56 厘米，分布较均匀。灰褐色土，包含物均为瓷片，器类以碗、碟和盏为大宗。第 2 层以下未发掘。此层下开口的遗迹有 F1。

第二节　主要遗迹

此次发掘揭露的遗迹较少，发现残窑炉 2 座，残房基 2 座，灰坑 1 座。编号为 Y1、Y2、F1、F2 及 H1。Y1、Y2、H1、F2 位于北区（图一四）；F1 位于南区（图一五）。

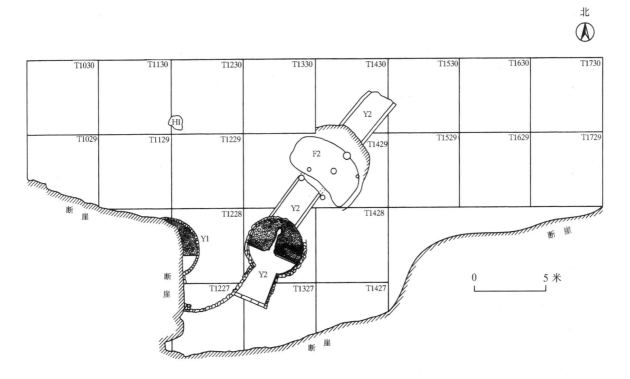

图一四　渎口窑窑址北区 Y1、Y2、F2、H1 平面分布图

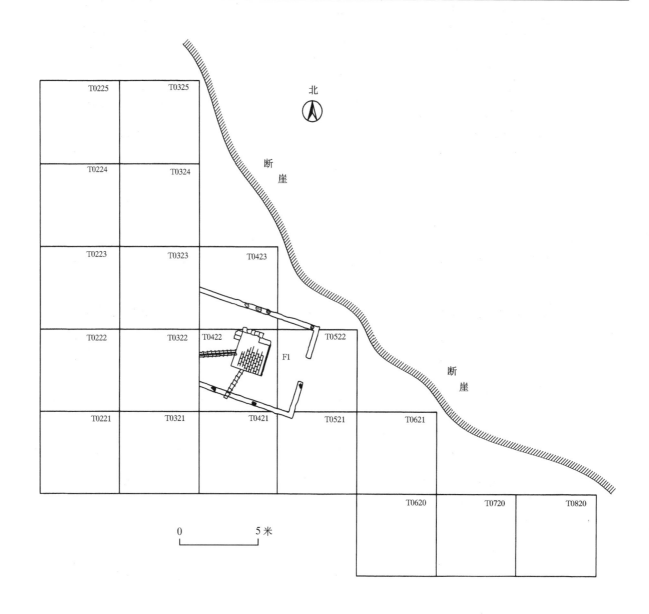

图一五　渎口窑窑址南区 F1 位置图

下面分别介绍。

一、窑炉

2座。Y1只残留部分火膛，Y2底部保存较为完整。

Y1　位于T1228西部和T1128东部，开口于第2层下。窑床已毁，只有火膛的一部分，火膛西面为断崖。从火膛的结构与方向分析，其窑床大体为正北方向，位于火膛北

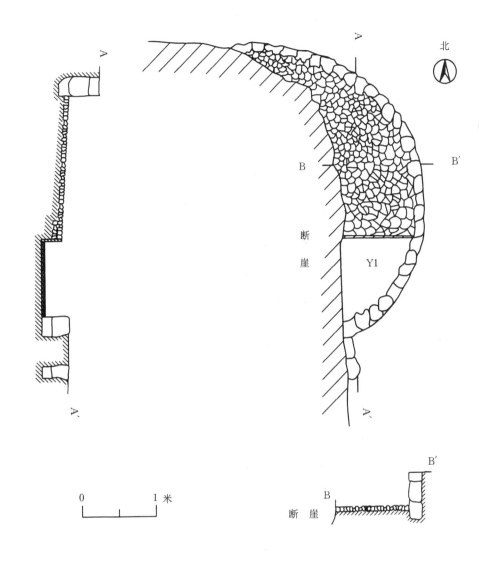

图一六　渎口窑窑址北区 Y1 平、剖面图

部。火膛近圆形，内径 3.5、外径 3.8 米。顶部已毁。残高 0.43 米。火膛壁用形状不一的较为宽大的石块垒砌，面向火膛的一面较为平坦且有一定的弧度。底部用麻石间隔分成南北两部分，北部较长较高，用较为细小的石粒铺就，周边向中部微微倾斜；南部较短较低，用窑业垃圾铺平。南北高差 22 厘米（图一六；彩版三，1）。火膛内堆积主要为红烧土颗粒与瓷片混合物，可辨器形有碗、壶、杯和盘等。

Y2　位于 T1227、T1327、T1228、T1328、T1329、T1429、T1430，开口于第 2 层下，中部被 F2 打破。该窑为斜坡式龙窑。窑顶已毁，窑壁不用砖，顺山坡挖斜底隧道作为窑室，利用原山体为窑壁。总长为 16.5 米。可分为窑床、火膛和焚口三个部分。窑

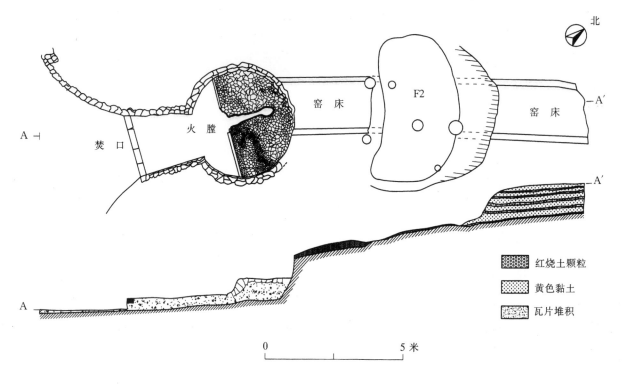

图一七　渎口窑窑址北区 Y2 平、剖面图

床长条形，长 10.4、宽 1.8 米，坡度 15 度，窑顶不存，残高 0.2 米，底部为平坦的斜坡，经火烧已呈深红色，窑壁厚约 18 厘米，呈暗红色，非常坚硬，因多次使用形成多层窑壁；火膛近圆形，直径 3.9 米。顶部已毁，残高 0.7 米。火膛壁用形状不一的较为宽大的石块垒砌，面向火膛的一面较为平坦且有一定的弧度。底部用两块大麻石间隔分成两部分，近窑床的北端较长较高，用较为细小的石粒铺就，中部有一长条形火道，周边向中部微微倾斜。近焚口处较短较低，用碎瓷片铺平。南北高差约 0.2 米；焚口平面形状为梯形，长 2.44、宽 1.85～2.23 米，北窄南宽，壁用大石块堆砌，前端用四块大麻石封闭，底部与火膛南部较低处处于同一水平面（图一七；彩版三，2、四，1）。窑内包含物主要为红烧土颗粒、青瓷碎片、支烧垫具等。青瓷可辨器形有碗、壶和钵等。在火膛中部出"元丰通宝"一枚。

二、房　基

2 座。F1 位于南区，F2 位于北区。

F1　位于南区 T0422、T0423、T0521、T0522 内，开口于第 2 层下。该房基为天井式残建筑，大致坐西朝东。根据其结构分析，应有前后两室。后室已被破坏。前室宽

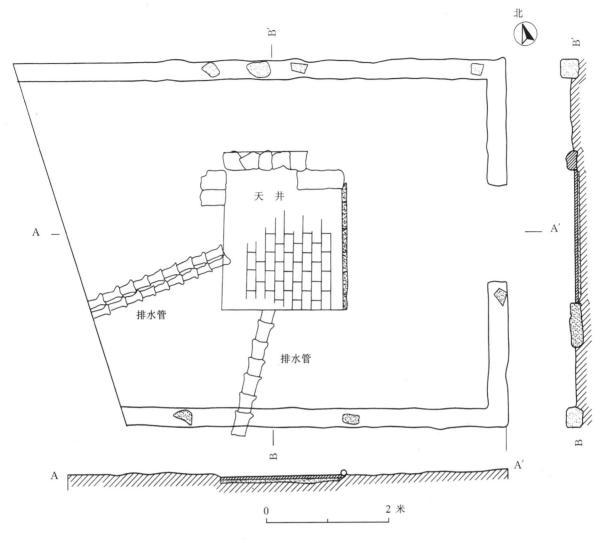

图一八　渎口窑窑址南区 F1 平、剖面图

5.15、进深残长约 6 米。墙基用石块铺就。墙体为泥坯，泥坯宽约 0.30、残高 0.25 米。中部有一长方形天井，长 2.5、宽 2 米。井壁用石块垒成，深约 0.25 米。底部用青砖错缝平铺。在西、南两面分别有陶制排水管通向室外。为使天井排水通畅，在西面采用双排水系统。排水管圆形，一端大一端小，直径 15～25、长 35 厘米，整个排水系统用陶制排水管相套而成（图一八；彩版四，2、彩版五）。

F2　位于北区 T1329 和 T1429 内，开口于第 1 层下，打破 Y2。平面形状大体为圆角长方形。共发现五个柱洞，编号为 D1～D5。D1 和 D2 位于南边，D5 在北边，D3 和 D4 在房基中部。柱洞均圆形，或斜壁平底或斜壁圜底，直径 26～49、深 28～40 厘米。填土灰褐色，松软。活动面由红烧土块和碎瓷片铺就，厚约 20～30 厘米，地表北部有一

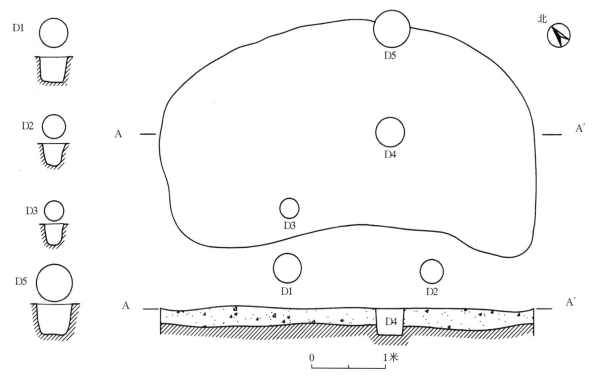

图一九　渎口窑窑址北区 F2 平、剖面图

层薄薄的灰烬。初步分析该房基可能为临时搭建的比较简陋的工棚，坐北朝南（图一九）。

三、灰　坑

1 座。位于北区。

H1　位于 T1230 的西南、T1130 东南角，开口于第 2 层下。平面呈不规则形，北宽南窄，最宽处 98 厘米。斜壁圜底，深 52 厘米。填土为黄色黏土。包含物均为瓷器。器类绝大部分为壶（图二〇）。

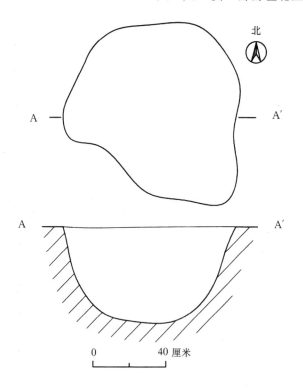

图二〇　渎口窑窑址北区 H1 平、剖面图

第三章　出土遗物

第一节　概说渎口窑出土瓷器的胎与釉

渎口窑出土的遗物主要是瓷器，仅见极少量陶器，陶器约占陶瓷器总数的 0.53%，且均为窑具。渎口窑以烧造青瓷为主，制品胎多灰白或铁灰色，以灰白色胎居多，也见有少量土红色、黄褐、灰黄色胎，质坚而粗。青釉瓷常因胎色和火候的不同呈现出青中闪黄、泛豆青等不同的釉色；也见有部分酱釉，酱釉由于胎色、氧化铁等氧化物的比例不同有的也呈现出酱褐色、近黑色等釉色。器物流釉明显，开片少。

一、胎

瓷胎多数呈灰白色和铁灰色，少量灰黄色、黄褐色和土红色。铁灰色胎常常会在胎上涂一层化妆土，既可增强胎的致密度，又可增加瓷胎的白度。在化妆土上施釉，釉色较莹润，少数灰白色胎也涂化妆土。器物胎壁厚重，质地坚硬。

二、釉

渎口窑产品釉色有青釉和酱釉两种。单独施青釉的器物在整个器物群中占绝大多数为 67.35%，以碗、壶、罐、盖、盘、盏和碟居多；次为单独施酱釉的器物占 20.86%，多见于钵、杯和盂等，碗、壶、罐、盖、盘、盏和碟等也有。同时施两种釉的器物较少，外青釉内酱釉的器物占 1.81%，仅见于碗和钵，外酱釉内青釉的器物占 0.08%，只发现一件碗。素烧瓷占 9.37%，主要是盖、盒、碾轮、网坠以及一些窑具（附表一）。有些器物如壶、碗、盒等由于胎质较细腻，白度较高，或者涂有化妆土，釉色较纯正，莹润有光泽，不易脱落，个别还有冰裂纹。多数瓷器胎色不太白，釉色不纯正，青釉常泛黄，酱釉呈酱褐色，加上釉中氧化铁的含量不一，个别形成黑釉瓷。施釉方法多采用浸釉，少数因装饰需要采用滴釉方法，如点褐彩等。绝大多数器物内外均有釉，施釉不及底，常有流釉现象。

第二节　主要器类

渎口窑是一处中型烧造青瓷器的民间窑场，以烧造日常生活用品为主。此次发掘共出土陶瓷片数十万片，完整和可复原器物1320件。绝大部分为瓷器，占99.47%，极少量陶器，占0.53%，陶器均为窑具，如支烧具、火封。瓷器可分为生活用具、生产工具、陈设瓷、雕塑瓷、冥器、窑具等。绝大多数为生活用具，占出土器物的92.57%，有壶、碗、盏、罐、盆、杯、钵、铫、器盖、扑满、瓶、熏炉、盒和碾轮等（附表一）。壶、碗、盘、盏和罐是大宗产品，以壶的数量和种类最多。器底部多为饼形或饼形内凹。另有一部分圈足器，主要为碗类。雕塑瓷出土两个褐釉点彩鱼塑，眼珠、鱼翅栩栩如生。窑具有支烧垫具、钵形垫具、桶形垫具、轴顶帽、垫圈和荡箍等。冥器有谷仓罐和魂瓶。

一、生活用具

生活用瓷是渎口窑的主要产品，本次发掘共出土完整和可复原器物1320件，生活用瓷有1222件，占92.57%，器形有壶、碗、盏、罐、盆、杯、钵、铫、器盖、扑满、瓶、熏炉、盒和碾轮等。以碗的数量最多，共665件，占总数的50.37%，其次为壶，177件，占13.40%，器盖81件，占6.14%，盘80件，占6.06%，然后是罐和盏，均为41件，各占3.11%。

（一）壶类　177件。

壶是渎口窑最具特色的产品，种类繁多，大体可分为盘口壶、直口壶、喇叭口壶、宽口长颈壶、直长腹壶、球腹无把壶、捏流小壶等几大类。以宽口长颈壶的数量最多，共121件，占壶类器的68.36%，次为喇叭口壶28件，占15.82%，然后是盘口壶14件，占7.33%。有青釉瓷和酱釉瓷两类，青釉瓷151件，酱釉瓷26件，分别占壶类器的85.31%和14.69%（附表二）。

1. 盘口壶　14件。

盘口壶均有双系，根据口部、颈部和沿部的差异可分为五型：

A型　6件。盘口明显，颈部有明显的上下两段，上部较宽，下部呈束腰状，沿部外卷。

　　T1130②:63，腹以下残。侈口，圆唇，沿面较宽，鼓肩，圆腹，流短而直。肩部有横向粘贴的对称的两个桥形纽。胎铁灰色，酱褐色釉，釉面光泽度好，部分釉面已脱落。口径6.6、残高10.8厘米（图二一，1；彩版六，1）。

　　T1029②:39，修复。侈口，圆唇，鼓肩，收腹，底内凹。流短而直。肩部有纵向粘贴的对称的两个桥形纽。颈侧有浅浅的轮旋纹。胎铁灰色，青釉，肩部釉色青中泛绿，腹部釉色青中泛黄。釉不及底，有流釉现象。口径6.4、底径5.8、通高15厘米（图二一，2；彩版六，2）。

　　T1030②:37，修复。侈口，尖圆唇，溜肩，圆腹，矮圈足，流短而直。肩部有横向

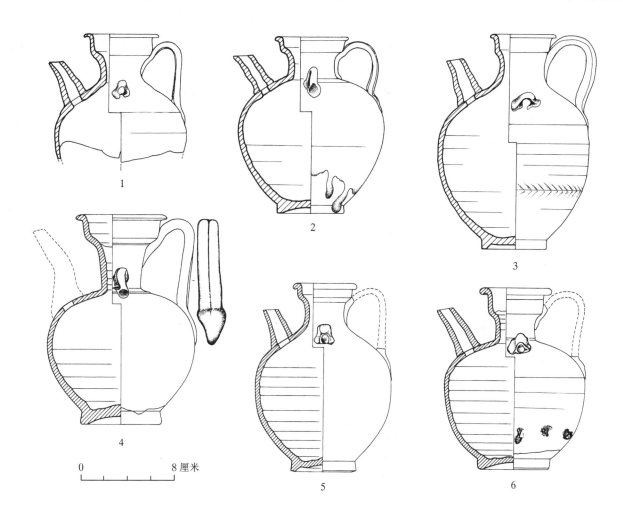

0　　　　　　　　8厘米

图二一　盘口壶

1.A型 T1130②:63　　2.A型 T1029②:39　　3.A型 T1030②:37　　4.A型 T1230②:25

5.A型 1029②:12　　6.A型 T1130②:15

粘贴的对称的两个桥形纽。胎黄褐色，青釉，釉面基本脱落。口径5.7、底径5.6、通高18.3厘米（图二一，3；彩版六，3）。

T1230②：25，腹部残。侈口，尖唇，鼓肩，弧腹，饼足内凹。流已残缺。颈肩交接处有纵向粘贴的对称的两个环形纽。器物内壁有明显的轮旋纹。胎灰白色，青釉，釉色青中泛黄。施釉至足根，底部无釉，釉面光亮，有流釉现象。口径8、底径7.2、通高17.6厘米（图二一，4；彩版六，4）。

T1029②：12，修复。侈口，圆唇，溜肩，圆腹，矮圈足。流短而直。肩部有横向粘贴的对称的两个桥形纽。器物内壁有明显的轮旋纹。胎铁灰色，青釉，釉色青中泛黄。部分釉面已脱落。釉至足根，圈足内无釉。有流釉现象。口径5.6、底径5.70、通高15.8厘米（图二一，5；彩版七，1）。

T1130②：15，修复。侈口，圆唇，鼓肩，弧腹，底部内凹。流短而直。肩部有横向粘贴的对称的两个桥形纽。器内壁有明显的轮旋纹。下腹部有十二个支钉痕。胎铁灰色，青釉，釉色青中略泛黄。釉面光亮。施釉不及底，有流釉现象。口径6.3、底径6.2、通高15.2厘米（图二一，6；彩版七，2）。

B型　5件。盘口明显，颈部只有一段，沿面内凹上敛。根据个体大小和腹部的差异分两个亚型。

Ba型　3件。个体较小，腹部较直。

采：49，修复。侈口，圆唇，颈部喇叭形，上窄下宽，溜肩，矮圈足。流稍长较直。肩部有横向粘贴的对称的两个环形纽。胎灰白色，酱褐釉，施釉只至上腹部，下腹无釉。釉面光亮。口径5.3、底径5.2、通高10.9厘米（图二二，1；彩版七，3）。

T1429②：3，完整。侈口，方唇，颈部较短束腰形，上窄下宽，溜肩，矮圈足。流短而直。肩部有横向粘贴的对称的两个环形纽。器内有明显的轮旋纹。胎铁灰色，酱褐釉，施釉不及底，釉面粘有窑渣，光泽度极差。口径4、底径4.65、通高9.6厘米（图二二，2；彩版七，4）。

T1429③：6，修复。侈口，方唇，颈部较短束腰形，上窄下宽，溜肩，弧腹，矮圈足。肩部有横向粘贴的对称的两个环形纽。胎铁灰色，青釉，釉色泛黄，施釉不及底，釉面粘有窑渣，光泽度较差。口径4、、底径5.1、通高9.2厘米（图二二，3；彩版八，1）。

Bb型　2件。个体较大，圆腹。

T1129②：32，修复。直口，方唇，颈部束腰形，鼓肩，矮圈足。流很短较直。肩部有横向粘贴的对称的两个桥形纽。器物内壁有明显的轮旋纹。下腹部有十二个支钉痕。

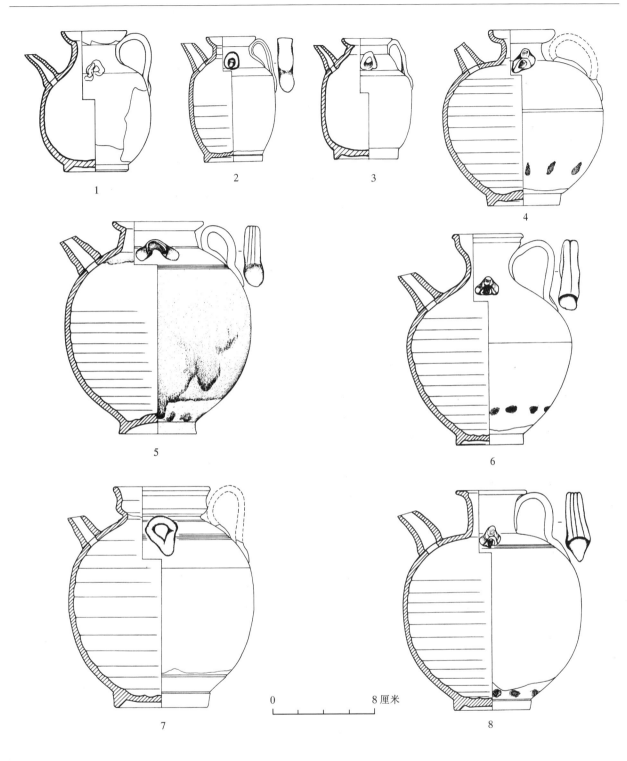

图二二　盘口壶

1.Ba 型采:49　2.Ba 型 T1429②:3　3.Ba 型 T1429③:6　4.Bb 型 T1129②:32　5.Bb 型 T1030②:23
6.C 型 T1030②:22　7.D 型 T1629②:9　8.E 型采:14

胎灰白色，青釉，釉色青中泛黄。釉不及底，有流釉现象。釉面大部分已脱落。口径5.3、底径5.8、通高13.6厘米（图二二，4；彩版八，2）。

T1030②：23，修复。侈口，圆唇，颈部较短喇叭形，上窄下宽，鼓肩，饼足内凹，流短而直。肩部有横向粘贴的对称的两个环形纽。器内有明显的轮旋纹。近底部有九个支钉痕。胎铁灰色，青釉，釉色青中泛黄，部分釉面呈深青色，施釉不及底，有流釉现象，光泽度较好。口径7.2、底径6.2、通高16.4厘米（图二二，5；彩版八，3）。

C型　1件。盘口已退化，束颈，沿部上敛。

T1030②：22，完整。口部较颈稍宽。直口，尖唇，卷沿，颈部稍长，溜肩，鼓腹，矮圈足。流短而直。肩部有横向粘贴的对称的两个环形纽。器物内部有明显的轮旋纹，下腹部有十二个支钉痕。胎铁灰色，青釉，釉色青中泛黄，施釉不及底，有流釉现象。口径5.8、底径5.5、通高16.2厘米（图二二，6；彩版八，4）。

D型　1件。盘口已退化，口近直，颈部不明显。

T1629②：9，修复。圆唇，溜肩，圆腹，矮圈足。流短而直。肩部有横向粘贴的对称的两个环形纽。器内有明显的轮旋纹。胎土红色，酱褐色釉，施釉不及底，釉面基本脱落。口径7.7、底径7.4、通高17.1厘米（图二二，7；彩版九，1）。

E型　1件。盘口基本退化，颈部明显，平折沿。

采：14，修复。口稍侈，圆唇，颈部长而细，鼓肩，圆腹，矮圈足。流较短略弯。肩部有横向粘贴的对称的两个桥形纽。器内有明显的轮旋纹。近底部有支钉痕。胎铁灰色，酱褐色釉，施釉不及底，部分釉面脱落。口径5.8、底径6.2、通高17厘米（图二二，8；彩版九，2）。

2. 直口壶　6件。

口部较直，大小长短不一，或弧腹或鼓腹或扁平腹。

T1029②：38，修复。口部小而长，圆唇，鼓肩，上腹鼓，下腹内收，饼足略内凹。流较长，向外弯曲。器内有明显的轮旋纹。下腹呈瓜棱形。上腹两周弦纹。胎灰白色，青釉，釉色泛黄，釉面剥落严重。器外施釉至足根，底部无釉。器内施釉至颈部。口径5.4、底径7.8、通高22.2厘米（图二三，1；彩版九，3）。

T1629②：8，修复。口部较小较短，方唇，鼓肩，下腹宽，整个平面形状为扁平形，矮圈足。流较长，向外弯曲。器内有明显的轮旋纹。肩部有两个横向粘贴的对称的环形纽。胎青白色，酱褐釉，釉不及底，有流釉现象。釉面部分已剥落。口径4、底径7.2、通高9.2厘米（图二三，2；彩版九，4）。

T1129②：7，完整。口部较小略短，圆唇，鼓肩，上腹鼓下腹内收，饼足内凹。流

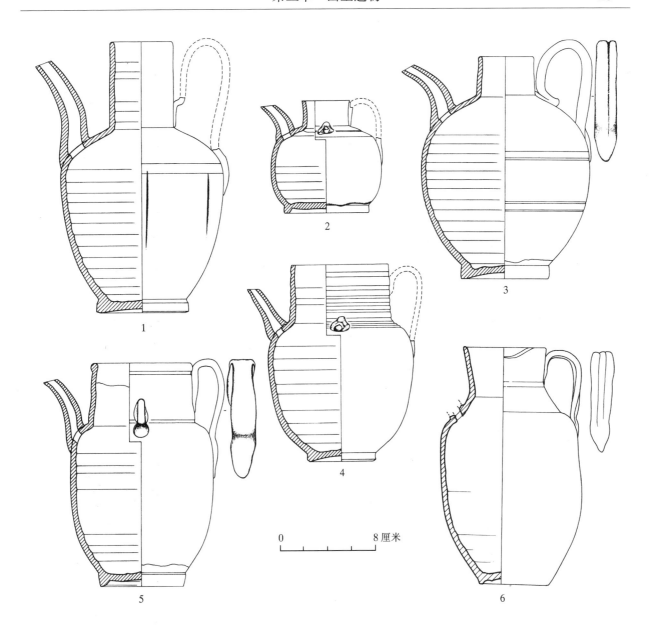

图二三　直口壶

1.T1029②:38　2.T1629②:8　3.T1129②:7　4.T1528②:1　5.T1528②:17　6.T1428②:50

较长，向外弯曲。器内有明显的轮旋纹。上下腹有三周凹弦纹。胎灰白色，青釉，釉色泛黄，釉面部分剥落。器外施釉不及底，器内施釉至口沿下。口径4.8、底径7.6、通高18.2厘米（图二三，3；彩版一〇，1）。

　　T1528②:1，修复。口部较宽较长，方唇，鼓肩，弧腹，饼足内凹。流较长略向外弯曲。器内有明显的轮旋纹，口部外侧有数道凹弦纹。肩部有两个横向粘贴的对称的环形纽。胎灰白色，酱褐釉，器外施釉至足根，底部无釉。釉面粘有窑渣，部分釉面脱落。口径 8.3、底径 5.8、通高 16.2 厘米（图二三，4；彩版一○，2）。

T1528②:17，修复。口部长而宽，圆唇外叠，鼓肩，上腹较直下腹内收，矮圈足。流较长向外弯曲。器内有明显的轮旋纹。肩部有两个纵向粘贴的对称的环形纽。胎灰白色，酱褐釉，釉面部分脱落。施釉不及底。口径 8.6、底径 7、通高 18.4 厘米（图二三，5；彩版一○，3）。

T1428②:50，流和口上部已残。口部较宽较长，鼓肩，上腹较直下腹内收，矮圈足。流残缺。胎灰白色，酱褐釉，器外施釉至足根，底部无釉。釉面多脱落。口径 7.2、底径 6、通高 19.6 厘米（图二三，6）。

3. 喇叭口壶　28 件。

口呈喇叭状，颈部较长，上大下小，根据口沿的差异可分为两型：

A 型　23 件。口沿宽扁外翻，喇叭状明显。

T1130②:28，修复。圆唇，溜肩，腹内收，饼足内凹。流长而弯，几与口平。肩部有数周凸弦纹。器内有明显的轮旋纹。灰白色胎，青釉，釉色偏黄。器外施釉不及底，器内施釉至颈下。有流釉现象。部分釉面脱落。口径 8.6、底径 6.4、通高 18.2 厘米（图二四，1；彩版一○，4）。

T1129②:3，修复。圆唇，溜肩，腹内收，饼足内凹。流长而弯。灰白色胎，青釉，釉色偏黄。器外施釉至足根，底部不施釉，器内施釉至颈下。有流釉现象。釉面粘有窑渣，釉面少许脱落。口径 7.8、底径 6、通高 19.4 厘米（图二四，2；彩版一一，1）。

T1130②:2，修复。圆唇，溜肩，腹内收，饼足内凹。流长而弯，几与口平。器内有明显的轮旋纹。灰白色胎，青釉，釉面光亮。器外施釉至足根，器底不施釉，器内施釉至颈下。有流釉现象。部分釉面脱落。口径 10.8、底径 6.2、通高 19.2 厘米（图二四，3；彩版一一，2）。

T1230②:13，修复。圆唇，溜肩，腹内收，饼足内凹。流长而弯。器内有明显的轮旋纹。胎铁灰色，青釉，釉色偏黄。器外施釉不及底，器内施釉至颈下。有流釉现象。部分釉面脱落。口径 9.6、底径 7、通高 20.6 厘米（图二四，4；彩版一一，3）。

T1130②:30，修复。圆唇，溜肩，弧腹，饼足内凹。流长而弯，几与口平。胎铁灰色，青釉，釉色偏黄。器外施釉不及底，器内施釉至颈下。有流釉现象。部分釉面脱落。口径 8.3、底径 5.2、通高 19.9 厘米（图二四，5；彩版一一，4）。

T1230②:16，修复。圆唇，溜肩，腹内收，饼足内凹。流长弯甚。腹部有数周凸弦纹。灰白色胎，青釉，釉色偏黄。器外施釉不及底，器内施釉至颈下。部分釉面脱落。

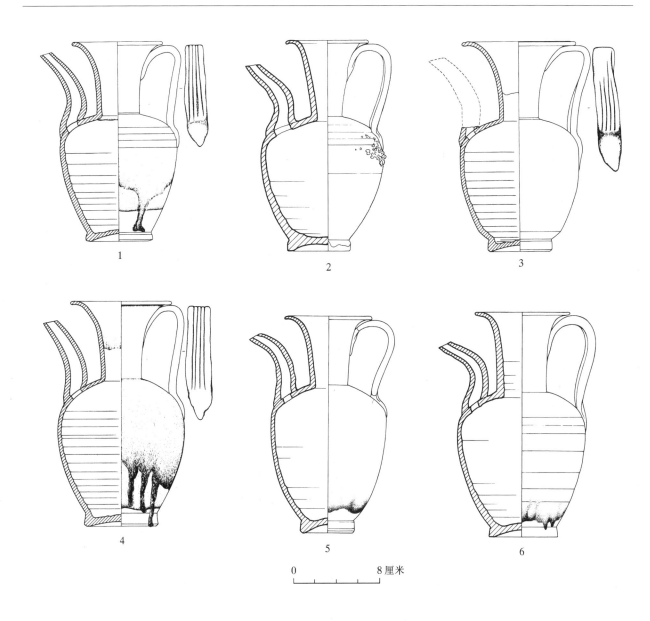

图二四　喇叭口壶

1. A 型 T1130②:28　　2. A 型 T1129②:3　　3. A 型 T1130②:2　　4. A 型 T1230②:13

5. A 型 T1130②:30　　6. A 型 T1230②:16

口径 9.1、底径 6.6、通高 20.6 厘米（图二四，6；彩版一二，1）。

　　T1230②:17，修复。圆唇，溜肩，腹内收，饼足内凹。流长略弯。颈下部有数道凹弦纹。灰白色胎，青釉，釉色偏黄，釉面光亮。器外施釉至足根，器底不施釉，器内施釉至颈下。有流釉现象。口径 10.2、底径 7.5、通高 22.8 厘米（图二五，1；彩版一二，2）。

　　T1130②:27，腹、流、把均残，只有口部。圆唇，溜肩。胎灰白色，酱褐釉，釉面粘有窑渣，部分釉剥落。器内施釉至颈中部。口径13、残高14.8厘米（图二五，2）。

　　T1130②:26，腹以下、流、把均残。圆唇，鼓肩。颈部有一周凸弦纹。器内有明显

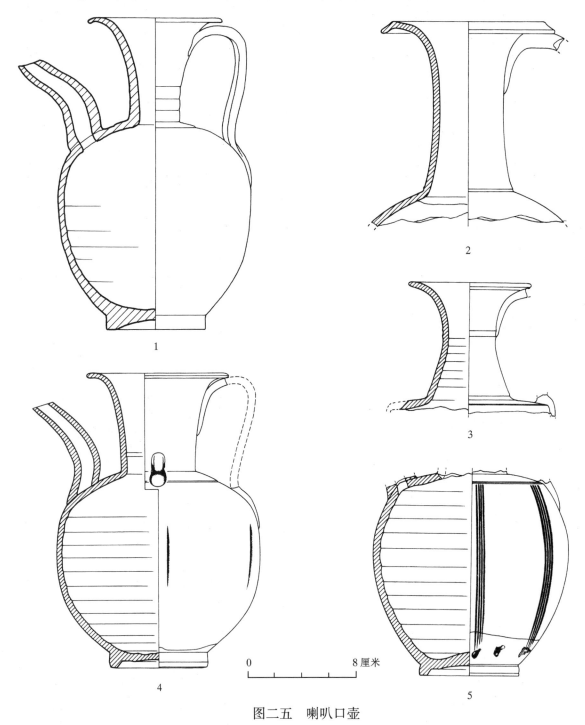

图二五　喇叭口壶

1.A型 T1230②:17　　2.A型 T1130②:27　　3.A型 T1130②:26　　4.A型 T1229②:141　　5.A型 T1029②:56

的轮旋纹。胎灰白色，酱褐釉，釉面光泽度好。器内施釉至颈中部。口径 9.2、残高 9.6 厘米（图二五，3）。

T1229②:141，修复。圆唇，溜肩，鼓腹，腹为五瓣瓜棱形，矮圈足。流长而弯。肩部有一周凹弦纹。器内有明显的轮旋纹。肩部粘贴两个纵向对称的环形纽。胎铁灰色，釉青中泛黄，剥落严重。器外施釉不及底，器内施釉至颈下。口径 10.8、底径 7.4、通高 21.4 厘米（图二五，4；彩版一二，3）。

T1029②:56，口部、流和把均残。鼓肩，圆腹，腹用六组四道纵向凸弦纹分隔成六瓣瓜棱形，矮圈足。器内有明显的轮旋纹。下腹有一圈装烧时留下的支钉痕。胎铁灰色，酱褐釉，釉面剥落严重。器外施釉不及底。底径 7.5、残高 14.7 厘米（图二五，5；彩版一二，4）。

B 型　5 件。沿部稍外撇，喇叭状不是十分明显。

T1030②:60，修复。侈口，圆唇，鼓肩，斜直腹，内凹底。流短而直。内外均有轮旋纹。釉面已全部脱落。口径 7.3、底径 6.1、通高 17.9 厘米（图二六，1；彩版一三，1）。

T1130②:6，修复。侈口，圆唇，鼓肩，弧腹，腹呈六瓣瓜棱形，内凹底。流较长略弯。胎铁灰色，青釉，釉面光亮。部分釉面粘有窑渣。外施釉不及底，内施釉至颈中部。口径 8、底径 5、通高 16 厘米（图二六，2；彩版一三，2）。

T1528②:11，把及下腹残。有圆柱形捉手的器盖。侈口，圆唇，鼓肩，腹呈瓜棱状。流较长略弯。颈部有一周凸弦纹。器内有轮旋纹。酱褐釉，釉色明亮。内施釉至颈中部。口径 6.2、残高 12.2 厘米（图二六，3；彩版一三，3）。

T1029②:40，修复。侈口，圆唇，鼓肩，弧腹，内凹底。流较长略弯。腹下部留有一周装烧时留下的支钉痕。器内壁有明显的轮旋纹。胎铁灰色，酱褐釉，釉面光亮。部分釉面脱落。外施釉不及底，有流釉现象，内施釉至颈中部。口径 6.8、底径 5.1、通高 19.2 厘米（图二六，4；彩版一三，4）。

T1029②:28，完整。圆唇，溜肩，圆腹，腹呈六瓣瓜棱形，底略内凹。流长而弯。肩部呈阶梯状靠颈部高。器内有明显的轮旋纹。下腹有一圈装烧时留下的支钉痕。胎灰白色，酱褐釉，釉面剥落严重。器外施釉不及底，器内施釉至颈中部。口径 10.8、底径 7.3、通高 22.2 厘米（图二六，5；彩版一四，1）。

4. 宽口长颈壶　121 件。

这类壶口部比较宽，颈部较长，上端较窄。根据口沿部位的差异可分为三型：

A 型　41 件。沿部外翻成凸棱状。

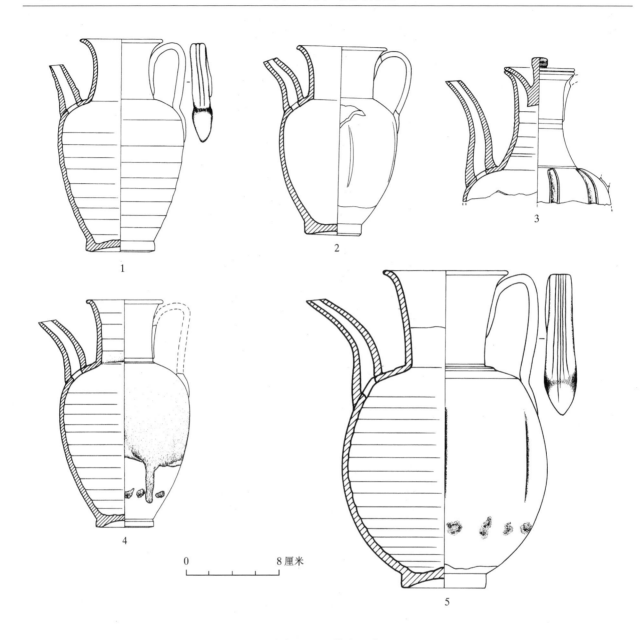

图二六　喇叭口壶

1.B型 T1030②:60　2.B型 T1130②:6　3.B型 T1528②:11　4.B型 T1029②:40　5.B型 T1029②:28

　　T1230②:14，修复。口稍敛，圆唇，溜肩，弧腹，底内凹，流短而直。肩部粘贴两个纵向对称的环形纽。胎土红色，青釉，釉色泛黄，部分釉面脱落。外施釉不及底，有流釉现象，内施釉至颈中部。口径 7.8、底径 6.2、通高 18 厘米（图二七，1；彩版一四，2）。

　　T1129②:2，修复。口近直，尖唇，溜肩，弧腹，底内凹，流短而直。器内有轮旋纹。胎铁灰色，青釉，釉面基本脱落。外施釉不及底，内施釉至颈中部。口径 7、底径 7.3、通高 18.6 厘米（图二七，2；彩版一四，3）。

　　T1230②:4，修复。口微敛，尖圆唇，鼓肩，弧腹，底内凹，流短而直。肩部粘贴

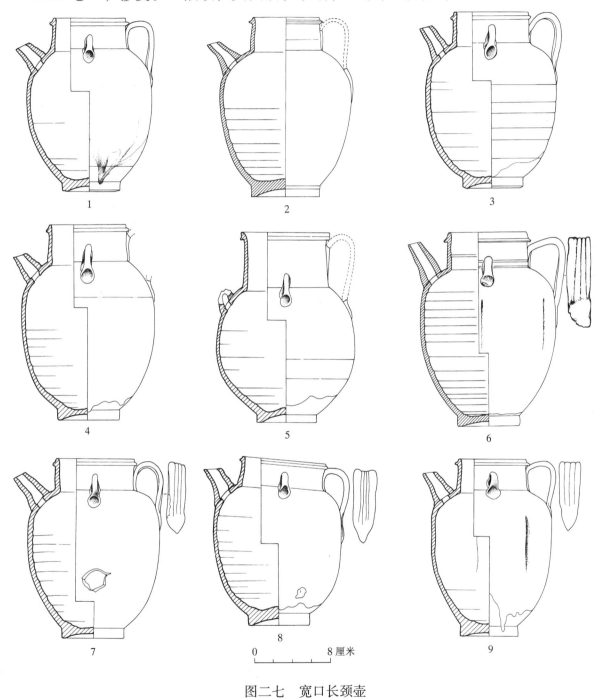

图二七　宽口长颈壶

1.A 型 T1230②:14　2.A 型 T1129②:2　3.A 型 T1230②:4　4.A 型 T1228②:3　5.A 型 T1030②:98
6.A 型 T1230②:2　7.A 型 T1130②:8　8.A 型 T1130②:20　9.A 型 T1329②:3

两个纵向对称的环形纽。器物外表有浅浅的轮旋纹。铁灰色胎，青釉，釉色偏黄。部分釉面脱落，有流釉现象。器外施釉不及底，器内施釉至颈部。口径8.1、底径6.5、通高18.2厘米（图二七，3；彩版一四，4）。

T1228②:3，把已残，口部略残。口近直，圆唇，溜肩，弧腹，底内凹，流短而直。肩部粘贴两个纵向对称的环形纽。胎灰白色，青釉，釉色泛黄，部分釉面脱落。外施釉不及底，有流釉现象，内施釉至颈中部。口径8.2、底径6.6、通高20.3厘米（图二七，4；彩版一五，1）。

T1030②:98，把、流均残，口部略残。侈口，尖唇，溜肩，鼓腹，底内凹。肩部粘贴两个纵向对称的环形纽。器物内外均有浅浅的轮旋纹。胎铁灰色，青釉，釉色泛黄，釉面斑驳脱落严重。外施釉不及底，内施釉至颈中部。口径9.5、底径6.3、通高19.8厘米（图二七，5）。

T1230②:2，略残。直口，圆唇，鼓肩，弧腹，腹呈瓜棱形，底内凹，流短而直。肩部粘贴两个纵向对称的环形纽。颈部有凹弦纹。器物内壁有较深的轮旋纹。灰白色胎，青釉，釉色偏黄。釉面部分脱落。器外施釉至足根，底部不施釉，器内施釉至颈部。口径8.4、底径6.8、通高20厘米（图二七，6；彩版一五，2）。

T1130②:8，修复。直口，圆唇，鼓肩，弧腹，底内凹，流短而直。肩部粘贴两个纵向对称的环形纽。器物内壁有较深的轮旋纹。灰白色胎，青釉，釉色偏黄。釉色光泽度较好。部分釉面粘有窑渣。器外施釉不及底，器内施釉至颈部。口径8.3、底径6.7、通高18.6厘米（图二七，7；彩版一五，3）。

T1130②:20，修复，口部变形。直口，圆唇，鼓肩，弧腹，底内凹，流短而直。肩部粘贴两个纵向对称的环形纽。灰白色胎，青釉，釉色光泽度好。器外施釉至足根，底部不施釉，器内施釉至颈部。口径8.8、底径6.4、通高17.4厘米（图二七，8；彩版一五，4）。

T1329②:3，腹部及底部开裂。直口，圆唇，鼓肩，弧腹呈瓜棱形，底内凹，流短而直。肩部粘贴两个纵向对称的环形纽。灰白色胎，青釉，釉色偏黄。釉面部分脱落。器外施釉不及底，有流釉现象，器内施釉至颈部。口径7.2、底径6.2、通高18.6厘米（图二七，9；彩版一六，1）。

T1030②:35，腹开裂已粘接。口微敛，尖圆唇，鼓肩，圆腹，底内凹，流短而直。肩部粘贴两个纵向对称的环形纽。器物内壁有较深的轮旋纹。下腹有装烧时留下的支钉痕。灰白色胎，釉色青灰，釉面光亮，细开裂。器外施釉不及底，器内施釉至颈部。口径9.7、底径6.4、通高18.4厘米（图二八，1；彩版一六，2）。

　　T1230②:19，腹开裂，底残。口近直，圆唇，鼓肩，圆腹，流短而直。肩部粘贴两个纵向对称的环形纽。器物内外均有浅浅的轮旋纹。铁灰色胎，青釉，釉色偏黄。釉面大部分已脱落。器内施釉至颈部。口径 9.4、残高 16.6 厘米（图二八，2；彩版一六，

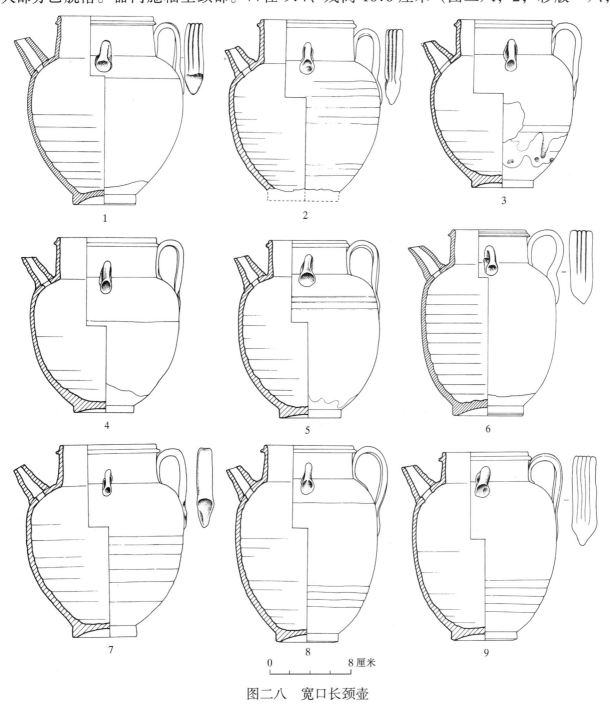

1　　　　　　　　　　2　　　　　　　　　　3

4　　　　　　　　　　5　　　　　　　　　　6

7　　　　　　　　　　8　　　　　　　　　　9

0　　　　　　　8厘米

图二八　宽口长颈壶

1.A 型 T1030②:35　2.A 型 T1230②:19　3.A 型 T1429②:13　4.A 型 T1130②:11　5.A 型 T1129②:19
6.A 型 T1229②:36　7.A 型 T1029②:16　8.A 型 T1230②:15　9.A 型 T1230②:12

3）。

T1429②:13，完整。直口，圆唇，鼓肩，圆腹，底内凹，流短而直。肩部粘贴两个纵向对称的环形纽。腹中部有凹弦纹。灰白色胎，青釉，釉色光泽度较好。釉面粘有窑渣，部分釉面已脱落。器外施釉不及底，有流釉现象，器内施釉至颈部。口径9.7、底径6.3、通高16.6厘米（图二八，3；彩版一六，4）。

T1130②:11，完整。口近直，圆唇，鼓肩，圆腹，底内凹，流短而直。肩部粘贴两个纵向对称的环形纽。铁灰色胎，青釉，釉面光亮。部分釉面粘有窑渣。器外施釉不及底，器内施釉至颈部。口径10、底径6、通高17.2厘米（图二八，4；彩版一七，1）。

T1129②:19，修复。直口，圆唇，鼓肩，圆腹，底内凹，流短而直。肩部粘贴两个纵向对称的环形纽。上腹部有凹弦纹。铁灰色胎，青釉，釉色偏黄。釉色光泽度较差。器外施釉不及底，有流釉现象，器内施釉至颈部。口径7.8、底径6.1、通高17.6厘米（图二八，5；彩版一七，2）。

T1229②:36，腹部开裂。口微敛，圆唇，鼓肩，弧腹，底内凹，流短而直。肩部粘贴两个纵向对称的环形纽。器内壁有较深的轮旋纹。灰白色胎，青釉，釉色偏黄。釉色光泽度较好，部分釉面脱落。器外施釉不及底，器内施釉至颈部。口径7.7、底径7.4、通高18.2厘米（图二八，6；彩版一七，3）。

T1029②:16，完整。口微敛，圆唇，鼓肩，圆腹，底内凹，流短而直。肩部粘贴两个纵向对称的环形纽。腹中部有凹弦纹。灰白色胎，青釉，釉色偏黄。釉面基本脱落。器外施釉不及底，器内施釉至颈部。口径9.8、底径6.6、通高19厘米（图二八，7；彩版一七，4）。

T1230②:15，把残，已修复。口微侈，圆唇，鼓肩，弧腹，底内凹，流短而直。肩部粘贴两个纵向对称的环形纽。下腹部有凹弦纹。灰白色胎，青釉，釉色偏黄。釉面粘有窑渣。器外施釉至足根，底部不施釉，器内施釉至颈部。口径9、底径6.3、通高19.3厘米（图二八，8；彩版一八，1）。

T1230②:12，修复。口微敛，圆唇，鼓肩，弧腹，底内凹，流短而直。肩部粘贴两个纵向对称的环形纽。下腹部有凹弦纹。灰白色胎，青釉，釉色偏黄。釉面部分脱落。器外施釉不及底，有流釉现象，器内施釉至颈部。口径8.8、底径6.8、通高18.6厘米（图二八，9；彩版一八，2）。

T1030②:88，把残。口稍敛，圆唇，溜肩，弧腹，腹呈瓜棱形，底内凹，流短而直。肩部粘贴两个纵向对称的环形纽。胎铁灰色，青釉，釉面脱落严重。外施釉不及底，内施釉至颈中部。口径10.2、底径6.9、通高19.8厘米（图二九，1）。

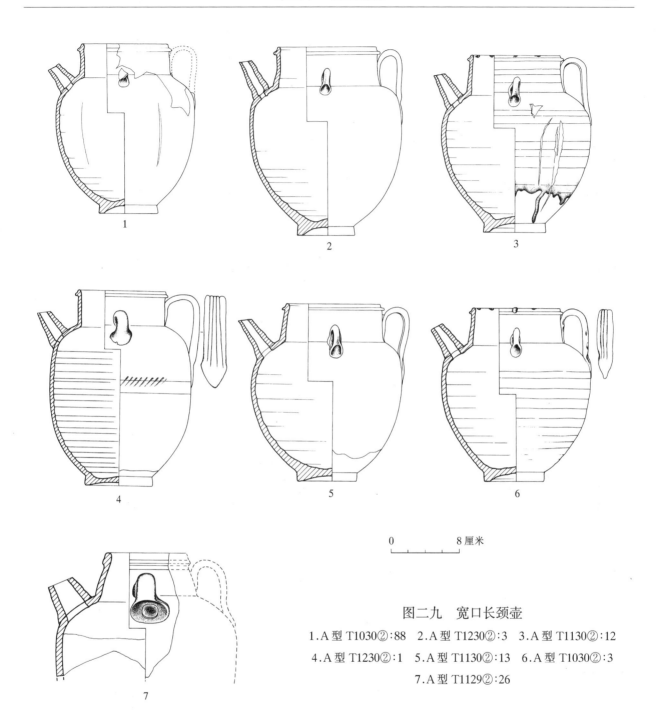

图二九 宽口长颈壶

1. A型 T1030②:88　2. A型 T1230②:3　3. A型 T1130②:12
4. A型 T1230②:1　5. A型 T1130②:13　6. A型 T1030②:3
7. A型 T1129②:26

　　T1230②:3，口部略残。口微敛，圆唇，鼓肩，弧腹，底内凹，流短而直。肩部粘贴两个纵向对称的环形纽。灰白色胎，青釉，釉面基本脱落。器外施釉不及底，器内施釉至颈部。口径11.8、底径6.9、通高21.8厘米（图二九，2；彩版一八，3）。

　　T1130②:12，腹部开裂。口微敛，圆唇，鼓肩，圆腹，底内凹，流短而直。肩部粘贴两个纵向对称的环形纽。外腹中部有裂痕，并有数道凹弦纹，内壁有浅浅的轮旋纹。口沿上有十一个装烧时留下的支钉痕。灰白色胎，青釉，釉色较黄。釉面粘有窑渣。器外施釉不及底，有流釉现象，器内施釉至颈部。口径10.8、底径7.5、通高20.5厘米（图二九，3；彩版一八，4）。

T1230②:1，修复。直口，尖圆唇，鼓肩，弧腹，底内凹，流短而直。肩部粘贴两个纵向对称的环形纽。腹中部有两周浅浅的凹弦纹。器物内壁有较深的轮旋纹。灰白色胎，青釉，釉色偏黄。釉面多已脱落。器外施釉不及底，器内施釉至颈部。口径10.3、底径8、通高22.8厘米（图二九，4；彩版一九，1）。

T1130②:13，完整。敛口，圆唇，鼓肩，圆腹，底内凹，流短而直。肩部粘贴两个纵向对称的环形纽。灰白色胎，青釉，釉色偏黄。釉面部分脱落。器外施釉不及底，有流釉现象，器内施釉至颈部。口径11.3、底径7.1、通高20.6厘米（图二九，5；彩版一九，2）。

T1030②:3，修复。口微敛，尖圆唇，鼓肩，弧腹，底内凹，流短而直。肩部粘贴两个纵向对称的环形纽。器物外表有浅浅的轮旋纹。口沿上有十个装烧时留下的支钉痕。铁灰色胎，青釉，釉色光泽度好。部分釉面粘有窑渣，有流釉现象。器外施釉不及底，器内施釉至颈部。口径10.5、底径7.2、通高20.3厘米（图二九，6；彩版一九，3）。

T1129②:26，残。个体较大。敛口，圆唇，鼓肩，圆腹，流短而直。肩部粘贴两个纵向对称的环形纽。灰白色胎，青釉，釉色偏黄。釉面粘有窑渣。器内施釉至颈部。口径9.8、残高14.4厘米（图二九，7）。

T1230②:10，完整。个体略小，口微侈，尖圆唇，鼓肩，圆腹，矮圈足，流短而直。肩部粘贴两个纵向对称的环形纽。灰白色胎，青釉，釉面光亮。器外施釉至足根，底部不施釉，器内施釉至颈部。口径7.5、底径5.8、通高12.4厘米（图三〇，1；彩版一九，4）。

T1330②:3，修复。个体略小，直口，圆唇，鼓肩，圆腹，底内凹，流短而直。器内壁有较深的轮旋纹。灰白色胎，青釉，釉色偏黄。釉色光泽度尚好。器外施釉不及底，器内施釉至颈部。口径7.4、底径5.8、通高12.4厘米（图三〇，2；彩版二〇，1）。

T1130②:29，修复。个体略小，直口，尖圆唇，鼓肩，圆腹，底内凹，流短而直。肩部粘贴两个纵向对称的环形纽。器内壁有较深的轮旋纹。铁灰色胎，青釉，釉色偏黄。釉面基本脱落。器外施釉不及底，器内施釉至颈部。口径7.5、底径6、通高12.4

图三〇　宽口长颈壶

1.A 型 T1230②:10　2.A 型 T1330②:3　3.A 型 T1130②:29　4.A 型 T1130②:14
5.A 型 T1130②:10　6.A 型采:18

厘米（图三〇，3；彩版二〇，2）。

T1130②:14，修复。个体略小，直口，圆唇，鼓肩，圆腹，底内凹，流短而直。肩部粘贴两个纵向对称的环形纽。内外均有轮旋纹。灰白色胎，青釉，釉色深绿。釉面多已脱落。器外施釉不及底，器内施釉至颈部。口径8.6、底径5.4、通高13.6厘米（图三〇，4；彩版二〇，3）。

T1130②:10，修复，个体略小，口稍敛，圆唇，溜肩，鼓腹，底内凹。流短而直。胎铁灰色，青釉，釉面基本脱落。外施釉不及底，内施釉至颈中部。口径9、底径6、通高14.7厘米（图三〇，5；彩版二〇，4）。

采:18，修复，个体略小，直口，圆唇，鼓肩，圆腹，底内凹。流短而直。肩部粘贴两个纵向对称的环形纽。器内壁有较深的轮旋纹。灰白色胎，青釉，釉色偏黄。釉面部分脱落。器外施釉不及底，器内施釉至颈部。口径8.5、底径6.6、通高16.2厘米

（图三〇，6）。

B型　62件。口沿外卷。

T1029②:7，完整，变形。口微侈，口部已变形，圆唇，溜肩，鼓腹、底内凹，流短而直。外腹有凹弦纹。胎铁灰色，青釉，釉面已剥落。口径7.4、底径5.4、通高14.8厘米（图三一，1；彩版二一，1）。

T1029②:41，流残。直口，圆唇，溜肩，鼓腹，底内凹。外腹有凹弦纹。胎铁灰色，青釉，釉面已剥落。外施釉不及底，有流釉现象，内施釉至颈中部。口径8、底径5.6、通高13.7厘米（图三一，2；彩版二一，2）。

T1029②:22，修复。直口，圆唇，溜肩，鼓腹，底微内凹，流较长略弯。内外均有轮旋纹。胎铁灰色，青釉，釉面已剥落。口径7.6、底径5.7、通高15.4厘米（图三一，3；彩版二一，3）。

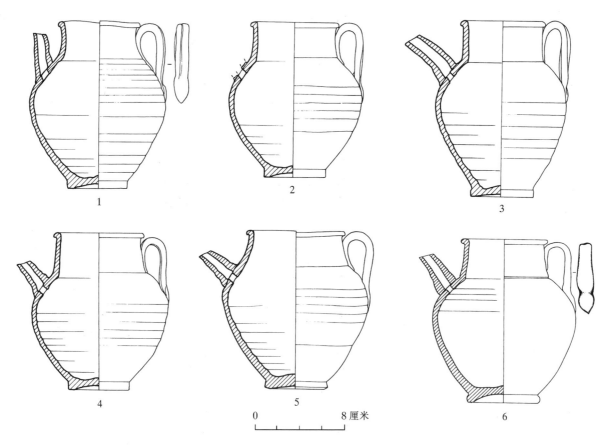

图三一　宽口长颈壶

1.B型 T1029②:7　2.B型 T1029②:41　3.B型 T1029②:22　4.B型 T1029②:6
5.B型 T1029②:14　6.B型 T1030②:36

T1029②:6，腹部开裂，口部略变形。直口，尖唇，鼓肩，弧腹，底内凹，流短而直。内外腹均有轮旋纹。胎灰白色，青釉，釉面已脱落。外施釉不及底，内施釉至颈中部。口径 8.2、底径 5.5、通高 13.9 厘米（图三一，4）。

T1029②:14，修复，口部变形。敛口，尖唇，鼓肩，弧腹，饼足略内凹，流短而直。外腹有凹弦纹。胎铁灰色，青釉，釉面已脱落。口径 8.8、底径 5.7、通高 14 厘米（图三一，5；彩版二一，4）。

T1030②:36，修复。口微敛，圆唇，卷沿外翻，鼓肩，弧腹，底内凹。流短而直。内腹壁有轮旋纹。胎灰白色，青釉，釉面已脱落。外施釉不及底，内施釉至颈中部。口径 7.8、底径 6.6、通高 14.4 厘米（图三一，6；彩版二二，1）。

T1030②:34，修复。口微敛，圆唇，鼓肩，弧腹，底内凹。流短而直。胎铁灰色，酱褐釉，釉面基本脱落。口径 8.5、底径 5.4、通高 14.4 厘米（图三二，1；彩版二二，2）。

T1030②:24，完整。口微敛，尖圆唇，鼓肩，弧腹，底内凹。流短而直。外腹壁有凹弦纹。胎铁灰色，酱褐釉，釉面已脱落。外施釉不及底，内施釉至颈中部。口径 8.3、底径 5.4、通高 15.4 厘米（图三二，2；彩版二二，3）。

T1029②:9，流略残。侈口，圆唇，鼓肩，收腹，底圈足。流短而直。肩部粘贴两个纵向对称的环形纽。胎灰白色，青釉，釉面已脱落。外施釉不及底，内施釉至颈部。口径 8.9、底径 5.4、通高 15.5 厘米（图三二，3）。

T1029②:3，修复。口微侈，圆唇，溜肩，鼓腹，底内凹。流短而直。器内壁有轮旋纹。胎铁灰色，青釉，釉面已剥落。口径 9.1、底径 6、通高 16.8 厘米（图三二，4；彩版二二，4）。

T1030②:69，把残，流略残，口部变形。口微敛，圆唇，溜肩，鼓腹，底内凹，流短而直。外腹有凹弦纹。胎铁灰色，青釉，釉面已剥落。口径 9、底径 5.8、通高 16.2 厘米（图三二，5）。

T1030②:2，修复。直口，尖圆唇，鼓肩，弧腹，底内凹，流短而直。内腹壁有轮旋纹。胎灰白色，青釉，釉色泛黄，釉面部分脱落，表面粘有窑渣。外施釉不及底，有流釉现象，内施釉至颈中部。口径 10.1、底径 6、通高 17 厘米（图三二，6；彩版二三，1）。

T1130②:4，略残。侈口，圆唇，直颈，鼓肩，弧腹，腹呈五瓣瓜棱形，底内凹，流较短略弯。内腹壁有轮旋纹，外上腹有凹弦纹。胎灰白色，青釉，釉色略黄，光泽度好，釉面粘有窑渣。外施釉不及底，内施釉至颈部。口径 10.4、底径 6.3、通高 17.2 厘米（图三二，7；彩版二三，2）。

T1029②:8，腹开裂。口微敛，圆唇，鼓肩，弧腹，底内凹。流短而直。内腹壁有轮旋纹。胎铁灰色，酱褐釉，釉面基本脱落。口径8.1、底径5.6、通高14.6厘米（图三二，8；彩版二三，3）。

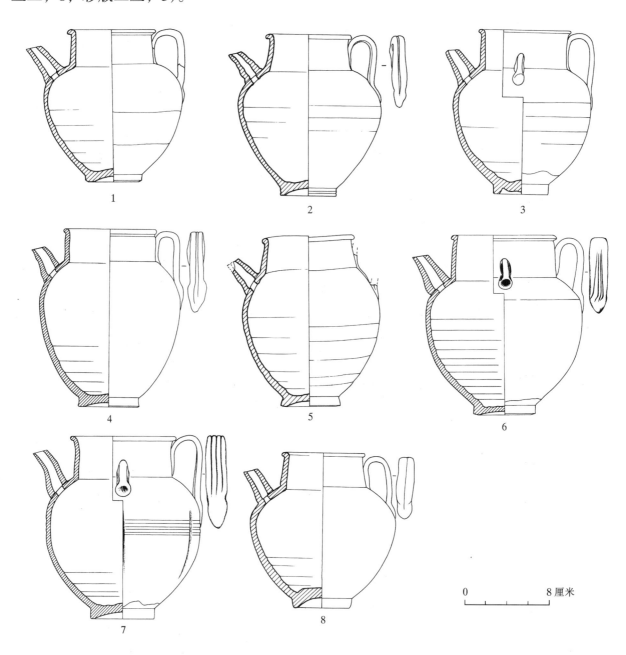

图三二　宽口长颈壶

1.B型 T1030②:34　2.B型 T1030②:24　3.B型 T1029②:9　4.B型 T1029②:3　5.B型 T1030②:69

6.B型 T1030②:2　7.B型 T1130②:4　8.B型 T1029②:8

C 型 18 件。口沿外撇。

T1230②:7，修复。侈口，圆唇，溜肩，鼓腹，底内凹，流短而直。内外腹壁均有轮旋纹。胎铁灰色，青釉，釉色光亮，釉面粘有窑渣。外施釉不及底，有流釉现象，内施釉至颈底部。口径 8、底径 5、通高 9 厘米（图三三，1；彩版二三，4）。

T1130②:58，口部略残。侈口，尖圆唇，溜肩，鼓腹，底内凹，流短而直。内外腹壁均有轮旋纹。胎铁灰色，青釉，釉色偏黄，釉色光泽度好，釉面粘有窑渣，部分釉面已脱落。外施釉不及底，有流釉现象，内施釉至颈部。口径 7.5、底径 5、通高 9.7 厘米（图三三，2；彩版二四，1）。

T1130②:61，把残。侈口，圆唇，溜肩，鼓腹，底内凹，流短而直。外腹壁有弦纹。胎铁灰色，青釉，釉色偏黄，釉面粘有窑渣，部分釉面已脱落。外施釉不及底，有流釉现象，内施釉至颈部。口径 8、底径 4.8、通高 9.8 厘米（图三三，3；彩版二四，2）。

T1029②:11，修复。侈口，圆唇，溜肩，鼓腹，底内凹，流短而直。内外腹壁均有轮旋纹。胎灰白色，青釉，釉色青绿，光泽度好。外施釉不及底，有流釉现象，内施釉至颈部。口径 7.2、底径 5.2、通高 9.4 厘米（图三三，4；彩版二四，3）。

0   8 厘米

图三三 宽口长颈壶

1.C 型 T1230②:7   2.C 型 T1130②:58   3.C 型 T1130②:61   4.C 型 T1029②:11
5.C 型 T1130②:1   6.C 型 T1330②:4

T1130②:1，把、腹开裂。侈口，圆唇，鼓肩，弧腹，底内凹，流短而直。内腹壁有轮旋纹。胎灰白色，青釉，釉色青绿，光泽度好。外施釉不及底，内施釉至颈部。口径7.8、底径5.3、通高9.8厘米（图三三，5；彩版二四，4）。

T1330②:4，略残。侈口，圆唇，鼓肩，弧腹，底内凹，流短而直。外腹壁有弦纹。胎灰白色，青釉，釉色偏黄，颜色较深，光泽度好，部分釉面已脱落，釉面粘有窑渣。外施釉不及底，有流釉现象，内施釉至颈部。口径7.2、底径5.8、通高9.7厘米（图三三，6；彩版二五，1）。

T1130②:5，略残。侈口，圆唇，鼓肩，弧腹，底内凹，流短而直。外腹壁有弦纹。胎灰白色，青釉，釉色偏黄，部分釉面已脱落。外施釉到足根，底部不施釉，内施釉至颈部。口径7.7、底径5.6、通高9.8厘米（图三四，1；彩版二五，2）。

T1129②:5，修复。侈口，圆唇，鼓肩，收腹，底内凹，流短而直。胎灰白色，青釉，釉色偏黄，部分釉面已脱落，釉面粘有窑渣。外施釉至足根，底部不施釉，内施釉至颈部。口径7.8、底径5.6、通高10.2厘米（图三四，2；彩版二五，3）。

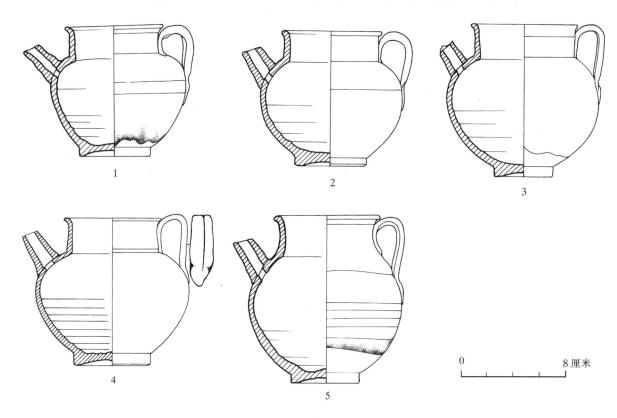

图三四　宽口长颈壶

1.C 型 T1130②:5　2.C 型 T1129②:5　3.C 型 T1029②:24
4.C 型 T1029②:29　5.C 型 T1030②:68

T1029②:24，修复。侈口，圆唇，鼓肩，弧腹，底内凹，流短而直。内腹壁有轮旋纹。胎灰白色，青釉，釉色偏黄，光泽度好，部分釉面已脱落，釉面粘有窑渣。外施釉不及底，有流釉现象，内施釉至颈部。口径 8.2、底径 4.6、通高 11.4 厘米（图三四，3；彩版二五，4）。

T1029②:29，完整。侈口，圆唇，鼓肩，弧腹，底内凹，流短而直。内腹壁有轮旋纹。胎灰白色，青釉，釉色偏黄，光泽度好，部分釉面已脱落，釉面粘有窑渣。外施釉不及底，有流釉现象，内施釉至颈部。口径 7.7、底径 6、通高 11.2 厘米（图三四，4；彩版二六，1）。

T1030②:68，修复。侈口，尖圆唇，溜肩，鼓腹，底内凹，流短而直。外腹壁有凹弦纹。胎铁灰色，青釉，釉色光泽度较好，釉面部分脱落。外施釉不及底，内施釉至颈中部。口径 8.2、底径 5.4、通高 12.9 厘米（图三四，5；彩版二六，2）。

5. 直长腹壶　2 件。

T1029②:17，修复。个体较大，口较小，侈口，圆唇，宽折沿，沿面外凸，束颈，颈很短，广肩，腹直而长，下腹部内收，底内凹，流短而直。肩部粘贴两个对称的纵向环形纽，纽与口平。内腹壁有较深的轮旋纹。胎灰白色，青釉，色偏黄。外施釉不及底，内施釉至颈部。口径 4.9、底径 7、通高 17.8 厘米（图三五，1；彩版二六，3）。

T1330②:2，修复。个体较大，口较小，侈口，尖唇，窄折沿，沿面外凸，束颈，颈很短，溜肩，腹直而长，下腹部内收，底内凹，流短而直。肩部粘贴两个对称的纵向环形纽。内腹壁有较深的轮旋纹，外上腹部有凹弦纹。胎灰白色，青釉，色泛黄，光泽度好，部分釉面粘有窑渣。外施釉不及底，有流釉现象，内施釉至颈部。口径 9.8、底径 7.5、通高 26.3 厘米（图三五，2；彩版二六，4）。

6. 球腹无把壶　1 件。

T1029②:31，完整。个体大，口较小，侈口，尖唇，窄折沿，沿面外凸，束颈，颈很短，溜肩，腹呈球状，底较小，内凹，流短而直，无把手。肩部粘贴两对称的横向桥形纽。下腹部有一周装烧时留下的支钉痕，达二十余个。内壁有轮旋纹。胎灰白色。青釉，色深，光泽度好。部分釉面粘有窑渣。外施釉不及底，内施釉至颈部。口径 10、底径 7.6、通高 22.2 厘米（图三五，3；彩版二七，1）。

7. 捏流小壶　3 件。个体较小，口较宽，捏流。

T1429②:1，修复。侈口，窄折沿，尖唇，颈长而直，折肩，弧腹，矮圈足。内腹壁有轮旋纹。颈部有凹弦纹。胎铁灰色，酱釉，釉面基本脱落。外施釉不及底，内施釉至颈部。口径 9.3、底径 6、通高 14.9 厘米（图三五，4；彩版二七，2）。

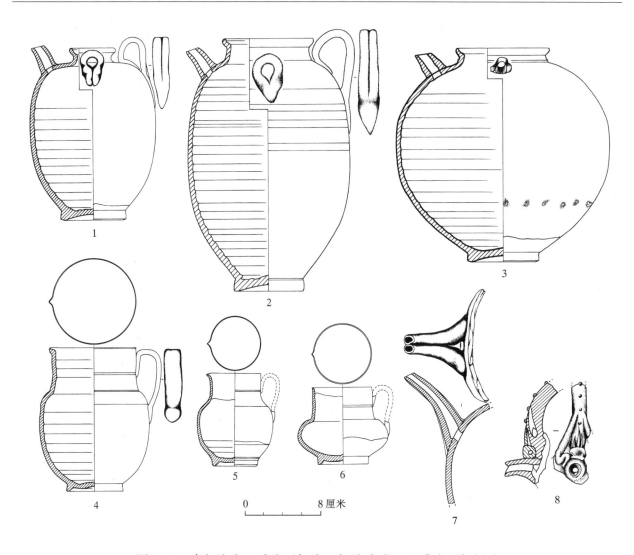

图三五　直长腹壶、球腹无把壶、捏流小壶、双嘴壶和提梁壶

1.直长腹壶 T1029②:17　2.直长腹壶 T1330②:2　3.球腹无把壶 T1029②:31　4.捏流小壶 T1429②:1
5.捏流小壶 T1630②:23　6.捏流小壶 T0422②:2　7.双嘴壶 T1428②:2　8.提梁壶 T1129②:11

　　T1630②:23，修复。侈口，卷沿，尖唇，束颈，鼓肩，圆腹，矮圈足。内腹壁有轮旋纹。颈部有凹弦纹。胎铁灰色，酱釉，光泽度差，气孔大。外施釉不及底，内施釉至颈部。口径 5.9、底径 5、通高 9.6 厘米（图三五，5；彩版二七，3）。

　　T0422②:2，修复。直口，卷沿，尖唇，颈长而直，鼓肩，扁腹，矮圈足。颈部有凹弦纹。胎铁灰色，酱釉，釉面多脱落。外施釉至腹中部，有流釉现象，内施釉至颈中部。口径 6.4、底径 5.4、通高 7.9 厘米（图三五，6；彩版二七，4）。

　　8．双嘴壶　1件。这类壶极少见，有并排的两个壶嘴，只采集到一件只剩壶嘴的标本。

T1428②:2，口、腹、底均残，只腹部带流的那部分。两个壶嘴粘连并排，嘴较长略弯。胎灰白色，青釉，色偏黄，光泽度尚好，部分釉面脱落。残高11.2厘米（图三五，7；彩版二八，1）。

9. 提梁壶　1件。

T1129②:11，只有提手和壶嘴。提手和嘴连为一体，整个形状像夸张了的蚱蜢或螳螂，头部紧贴壶嘴，壶嘴短略下弯，是动物的口，提手是动物的身，眼睛用小圆饼釉接，上有酱褐釉点彩；背部有乳钉状装饰，也用酱褐釉点彩。胎灰白色，青釉，釉豆青色，釉面光亮。残长10.4厘米（图三五，8；彩版二八，2）。

（二）碗类　665件。

碗类器是渡口窑的主要产品，占出土器物的一半，根据底部的差异可分成饼足、底内凹和圈足三大类。圈足碗最多，计472件，占碗类器的70.97%，次为饼足碗，120件，占18.05%，内凹底较少，73件，占10.98%。绝大多数为青釉瓷，539件，占碗类器的81.05%，次为酱釉瓷，108件，占16.24%，还有少量的器外青釉器内酱釉或器外酱釉器内青釉者（附表三）。

1. 饼足碗　120件。

这类碗足根比较平，呈圆饼状。根据口部直径大小可分为三类，第一类大于或等于16厘米，称为大型碗；第二类大于11厘米小于16厘米，称为中型碗；第三类小于或等于11厘米，称为小型碗。饼足碗均青釉，少量外腹刻划菊瓣纹。

（1）大型饼足碗　35件。 口径大于或等于16厘米，根据腹的深浅可分两型：

A型　2件。深腹，根据口沿的差异分为两个亚型。

Aa型　1件。口沿斜直。

T1229②:7，残，变形。侈口，尖圆唇，弧腹，足较平。胎灰白色，内外均青釉，色偏黄，光泽度差，部分釉面脱落。素面，无刻花。内满釉，釉面粘有窑渣，内底有五个支钉痕；外施釉至足根，底部不施釉，有流釉现象，足根周边有支钉痕。口径16.6、底径6.2、通高7.6厘米（图三六，1；彩版二八，3）。

Ab型　1件。口沿外撇。

T1330②:16，修复，变形。侈口，圆唇，斜直腹，腹部分隔成五瓣，足较平。胎铁灰色，胎上有一层白色的化妆土，内外均青釉，色偏黄，光泽度差，部分釉面脱落。素面，无刻花。内满釉，内底有八个支钉痕；外施釉不及底，足根周边有八个支钉痕。口径16、底径7.2、通高7.8厘米（图三六，2；彩版二八，4）。

B型　33件。腹部较浅，根据口沿的差异分为四个亚型。

Ba 型　8件。口沿斜直。

T1329②:13，修复。侈口，圆唇，弧腹，足较平。胎灰白色，内外均青釉，色泛黄，光泽度差，部分釉面脱落。素面，无刻花。内满釉，内底有五个支钉痕；外施釉不及底，釉面粘有窑渣，有流釉现象，足根周边有支钉痕。口径17.7、底径6.6、通高6.8厘米（图三六，3；彩版二九，1）。

T1129②:18，修复。侈口，圆唇，斜直腹，足较平。胎灰白色，内外均青釉，色泛黄，光泽度差，部分釉面脱落。素面，无刻花。内满釉，内底有五个支钉痕；外施釉不及底。口径16.6、底径7、通高6.4厘米（图三六，4；彩版二九，2）。

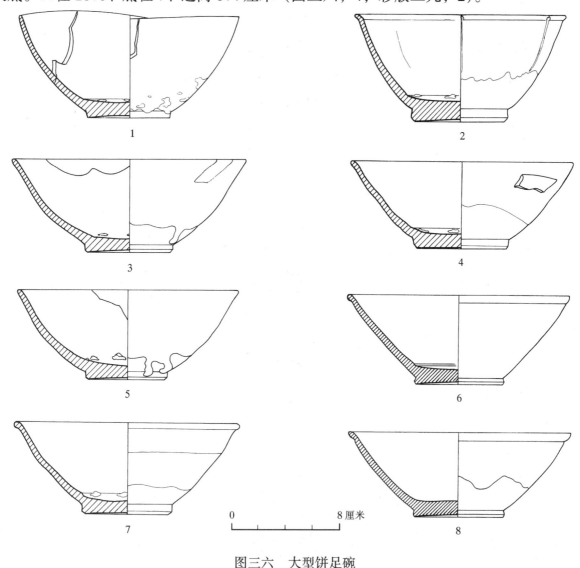

图三六　大型饼足碗

1.Aa 型 T1229②:7　2.Ab 型 T1330②:16　3.Ba 型 T1329②:13　4.Ba 型 T1129②:18　5.Ba 型 T1229②:33　6.Bb 型 T1330②:10　7.Bb 型 T1229②:1　8.Bb 型 T1330②:9

T1229②：33，修复。侈口，圆唇，弧腹，足较平。胎灰白色，内外均青釉，外釉色青绿，内釉色泛黄，光泽度较好。素面，无刻花。内满釉，内底有五个支钉痕；外施釉不及底，少量釉面脱落，有流釉现象，足根周边有六个支钉痕。口径 16.7、底径 6.1、通高 6.5 厘米（图三六，5；彩版二九，3）。

Bb 型　17 件。口沿外卷。

T1330②：10，修复。敞口，尖唇，斜直腹，足较平。胎土红色，内外均青釉，釉面已脱落。素面，无刻花。内满釉，外施釉不及底。口径 16.6、底径 6.7、通高 6.4 厘米（图三六，6；彩版二九，4）。

T1229②：1，修复。侈口，尖圆唇，弧腹，足较平。胎土红色，内外均青釉，釉色泛黄，光泽度极差。素面，无刻花。内满釉，釉面多脱落，内底有七个支钉痕；外施釉不及底，少量釉面脱落，有流釉现象，足根周边有支钉痕。口径 17、底径 6.8、通高 6.7 厘米（图三六，7；彩版二九，5）。

T1330②：9，修复。侈口，尖圆唇，斜直腹，足较平。胎铁灰色，内外均青釉，釉色泛黄，光泽度极差，釉面多脱落。素面，无刻花。内满釉，外施釉不及底，有流釉现象，足根周边有六个支钉痕。口径 16.7、底径 6.8、通高 6.2 厘米（图三六，8；彩版二九，6）。

T1330②：18，修复。侈口，圆唇，斜直腹，足较平。胎灰白色，内外均青釉，釉青绿色，略泛黄，光泽度较好，部分釉面脱落。素面，无刻花。内满釉，釉面粘有窑渣，内底有支钉痕；外施釉不及底，有流釉现象，外底足根周边有六个支钉痕。口径 17.2、底径 7、通高 6.1 厘米（图三七，1；彩版三〇，1）。

T1330②：21，修复。侈口，圆唇，斜直腹，足较平。胎铁灰色，胎上施釉处有一层白色的化妆土。内外均青釉，釉色泛黄。素面，无刻花。内满釉，釉面大部分脱落；外施釉不及底，有流釉现象，釉面部分脱落。口径 16.4、底径 7、通高 6.2 厘米（图三七，2）。

T1229②：13，修复。侈口，圆唇，斜直腹，足较平。胎铁灰色，内外均青釉，釉色泛黄，釉面部分脱落。素面，无刻花。内满釉，外施釉不及底，有流釉现象。内外底均有支钉痕。口径 16.9、底径 6.4、通高 6.8 厘米（图三七，3；彩版三〇，2）。

T1330②：7，修复。侈口，圆唇，腹微弧，足较平。胎铁灰色，内外均青釉，釉色泛黄，釉面部分脱落。外壁粘有残片，满釉，外施釉不及底，有流釉现象。内外底均有五个支钉痕。口径 17、底径 6.6、通高 6.5 厘米（图三七，4；彩版三〇，3）

Bc 型　6 件。口沿外撇。

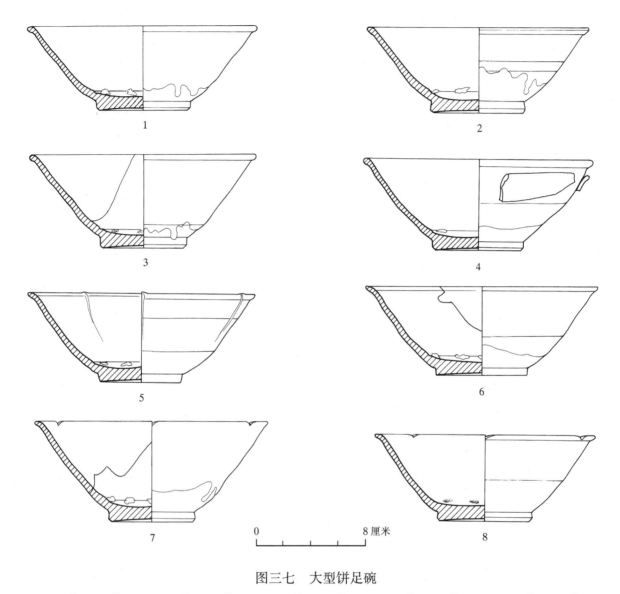

图三七　大型饼足碗

1.Bb 型 T1330②:18　　2.Bb 型 T1330②:21　　3.Bb 型 T1229②:13　　4.Bb 型 T1330②:7　　5.Bc 型 T1330②:11
6.Bc 型 T1330②:12　　7.Bd 型 T1328②:40　　8.Bd 型 T1330②:19

　　T1330②:11，修复。侈口，尖圆唇，腹微弧，外上腹压印五道凹痕，腹部被分隔成五瓣，足较平。胎灰白色，内外均青釉，釉色泛黄，釉面多脱落。素面，无刻花。内满釉，外施釉不及底，有流釉现象。内外底均有支钉痕。口径 17、底径 6、通高 6.4 厘米（图三七，5；彩版三〇，4）。

　　T1330②:12，修复。侈口，圆唇，腹微弧，足较平。胎铁灰色，内外均青釉，釉色泛黄，釉面部分脱落。素面，无刻花。内满釉，外施釉不及底，有流釉现象。内底有六个支钉痕。口径 17.2、底径 6.7、通高 6.4 厘米（图三七，6；彩版三〇，5）。

Bd 型 2 件。花口。

T1328②:40，残。侈口，口部分隔成 6 块，口沿稍外撇，圆唇，腹微弧，足较平。胎灰白色，内外均青釉，釉色泛黄，釉面光亮。素面，无刻花。内满釉，外施釉不及底，有流釉现象。内底有 8 个支钉痕，外足根周边有七个支钉痕。口径 17.4、底径 6.5、通高 7.3 厘米（图三七，7；彩版三〇，6）。

T1330②:19，修复。侈口，口部分隔成五块，口沿稍外撇，圆唇，斜直腹，腹较浅，足较平。胎灰白色，内外均青釉，釉色泛黄，釉面多脱落。素面，无刻花。内满釉，外施釉不及底，有流釉现象。内底有支钉痕，外足根周边有七个支钉痕。口径 16.4、底径 7、通高 6.2 厘米（图三七，8）。

（2）中型饼足碗 76 件。口径大于 11 厘米小于 16 厘米。均青釉，其中一件点彩。根据腹的深浅可分为两型：

A 型 7 件。深腹，依据口沿的差异分两个亚型：

Aa 型 5 件。口沿斜直。

T1730②:24，修复。敞口，尖唇，斜直腹，足较平。胎铁灰色，胎上有一层薄薄的化妆土。内外均青釉，釉面部分脱落。素面，无刻花。内满釉，外施釉不及底，有流釉现象。内外底均有五个支钉痕，外足根周边有七个支钉痕。口径 14.3、底径 6、通高 6 厘米（图三八，1；彩版三一，1）。

T1428②:39，残。侈口，圆唇，腹微弧，足较平。胎铁灰色，胎上有一层薄薄的化妆土。内外均青釉，釉面部分脱落。口沿上有比较密集的褐釉点彩。内满釉，外施釉不及底。内底有六个支钉痕。口径 15.8、底径 6.2、通高 6.6 厘米（图三八，2；彩版三一，2）。

Ab 型 2 件。口沿外卷。

T1229②:133，残。侈口，尖圆唇，腹微弧，足较平。胎铁灰色，内外均青釉，釉色偏黄，釉面粘有窑渣。内满釉，外施釉不及底。外底有支钉痕。口径 15.6、底径 6.6、通高 6.4 厘米（图三八，3；彩版三一，3）。

B 型 69 件。腹较浅，均青釉，其中四件外壁有刻花菊瓣纹。依据口沿的差异分两个亚型：

Ba 型 29 件。口沿斜直，均青釉，三件外壁刻花菊瓣纹。

T1330②:57，残。侈口，尖圆唇，腹微弧，下腹有较浅的刻花菊瓣，足较平。胎灰白色，内外均青釉，釉色偏黄，釉面粘有窑渣。内满釉，外施釉不及底。内外底均有支钉痕。口径 13.3、底径 5.2、通高 4.5 厘米（图三八，4；彩版三一，4）。

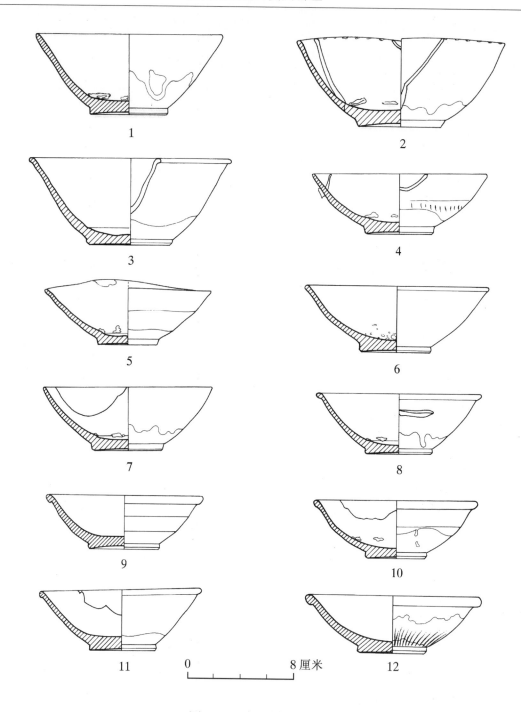

图三八　中型饼足碗

1.Aa 型 T1730②:24　2.Aa 型 T1428②:39　3.Ab 型 T1229②:133　4.Ba 型 T1330②:57　5.Ba 型 T1129②:17
6.Ba 型 T1330②:32　7.Ba 型 T1330②:42　8.Bb 型 T1229②:14　9.Bb 型 T1730②:4　10.Bb 型 T1229②:54
11.Bb 型 T1629②:6　12.Bb 型 T1730②:3

T1129②:17，完整，变形。侈口，圆唇，斜直腹，足较平。胎铁灰色，胎上有一层薄薄的白色化妆土。内外均青釉，釉色泛黄，釉面粘有窑渣。内满釉，外施釉不及底。内外底均有五个支钉痕。口径 12.8、底径 4.6、通高 4.8 厘米（图三八，5；彩版三一，5）。

T1330②:32，修复。侈口，圆唇，斜直腹，足较平。胎铁灰色。内外均青釉，釉色泛黄，釉面粘有窑渣。内满釉，外施釉不及底，有流釉现象。外底有五个支钉痕。口径 14、底径 5.4、通高 4.9 厘米（图三八，6）。

T1330②:42，修复。侈口，尖唇，腹微弧，足较平。胎铁灰色。内外均青釉，釉色泛黄，釉面粘有窑渣，部分釉面已脱落。内满釉，外施釉不及底。外底有五个支钉痕。口径 13、底径 5.4、通高 4.7 厘米（图三八，7；彩版三一，6）。

Bb 型　25 件。口沿外卷，均青釉。

T1229②:14，修复。侈口，圆唇，腹微弧，足较平。胎灰白色。内外均青釉，内满釉，釉色泛黄；外施釉不及底，釉色青绿，光泽度较好，部分釉面粘有窑渣。内外底均有五个支钉痕。口径 12.5、底径 5.1、通高 4.5 厘米（图三八，8；彩版三二，1）。

T1730②:4，修复。侈口，圆唇，腹微弧，足较平。腹部有两周凸弦纹。胎土红色。内外均青釉，釉面绝大部分已脱落。内满釉，外施釉不及底。外底见有支钉痕。口径 12.2、底径 5.6、通高 4 厘米（图三八，9；彩版三二，2）。

T1229②:54，残。侈口，圆唇，腹微弧，足较平。胎灰白色。内外均青釉，釉色泛黄，釉面粘有窑渣。内满釉，外施釉不及底，有流釉现象。内外底均有五个支钉痕。口径 12.5、底径 4.7、通高 4.3 厘米（图三八，10；彩版三二，3）。

T1629②:6，修复。侈口，尖圆唇，斜直腹，足较平。胎铁灰色。内外均青釉，釉色泛黄。内满釉，釉面粘有窑渣；外施釉不及底，有流釉现象。外底见有五个支钉痕。口径 12.5、底径 5.2、通高 4.5 厘米（图三八，11；彩版三二，4）。

T1730②:3，修复。侈口，尖圆唇，腹微弧，足较平。腹壁较厚。下腹有刻划的菊瓣纹。胎铁灰色。内外均青釉，釉色泛黄。内满釉，外施釉不及底，有流釉现象。内外底均有五个支钉痕。口径 13.4、底径 5.2、通高 4.2 厘米（图三八，12；彩版三二，5）。

Bc 型　6 件。口沿外撇，均青釉，内满釉，其中一件外壁刻有菊瓣纹。

T1428②:1，修复。侈口，圆唇，腹微弧，足较平。下腹有刻划的菊瓣纹。胎铁灰色。内外均青釉，釉色泛黄。内满釉，外施釉不及底。内外底各有七个支钉痕。口径 13、底径 5.2、通高 3.8 厘米（图三九，1；彩版三二，6）。

T1230②:18，残。侈口，圆唇，腹微弧，足较平。胎灰白色。内外均青釉，釉色泛

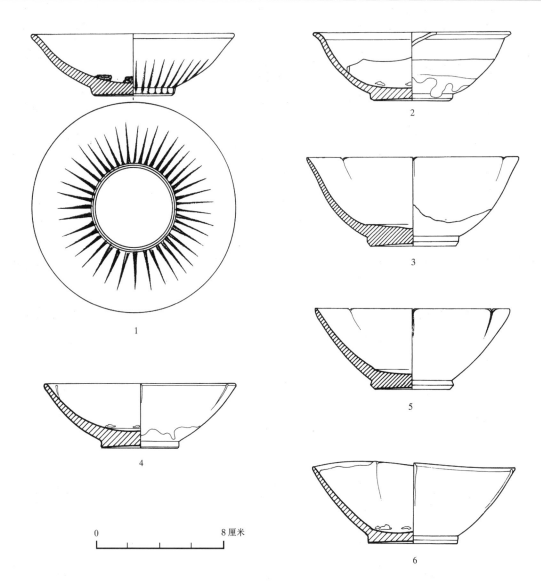

图三九　中型饼足碗

1.Bc 型 T1428②:1　2.Bc 型 T1230②:18　3.Bd 型 T1229②:29　4.Bd 型 T1330②:34

5.Bd 型 T1229②:31　6.Bd 型 T1330②:35

黄，釉面粘有窑渣。内满釉，外施釉不及底。内外底各有五个支钉痕。口径 13、底径 5.3、通高 3.9 厘米（图三九，2；彩版三三，1）。

Bd 型　9 件。花口，均青釉。

T1229②:29，修复。侈口，口部分隔成五瓣呈葵花状，尖唇，腹微弧，腹较浅，足较平。腹壁上薄下厚。胎铁灰色。内外均青釉，釉色泛黄，釉面多脱落。内满釉，外施釉不及底。口径 13.4、底径 5.7、通高 5.4 厘米（图三九，3；彩版三三，2）。

T1330②:34，修复。敞口，整个碗分隔成五瓣呈葵花状，尖唇，腹微弧，腹较浅，足较平。腹壁上薄下厚。胎灰白色。内外均青釉，釉色泛黄，釉面粘有窑渣。内满釉，外施釉不及底，有流釉现象。内底有五个支钉痕，外底有六个支钉痕。口径12.3、底径5、通高4厘米（图三九，4；彩版三三，3）。

T1229②:31，略残。敞口，口部分隔成五瓣呈葵花状，尖唇，斜直腹，腹较浅，足较平。腹壁上薄下厚。胎铁灰色。内外均青釉，釉色泛黄，釉面部分剥落。内满釉，外施釉不及底，有流釉现象。内底有五个支钉痕，外底也有支钉痕。口径12.4、底径5.2、通高5厘米（图三九，5；彩版三三，4）。

T1330②:35，修复，口部变形。敞口，口部分隔成五瓣呈葵花状，圆唇，斜直腹，腹较浅，足较平。胎灰白色。内外均青釉，釉色泛黄，碗内釉面基本脱落，外釉面部分脱落。内满釉，外施釉不及底，有流釉现象。内外底均有支钉痕，口径12.8、底径5.6、通高4.9厘米（图三九，6；彩版三三，5）。

（3）小型饼足碗 9件。口径小于或等于11厘米。依据腹的差异分为两型：

A型 1件。深腹。

T1329②:11，修复。敞口，尖圆唇，斜直腹，腹较深，底部较平。器壁较厚。胎铁灰色，内外均青釉，釉面粘有窑渣，釉色青绿，光泽度好。内满釉，外施釉不及底。外底有四个支钉痕。口径10.7、底径3.8、通高4.7厘米（图四〇，1；彩版三三，6）。

B型 8件。腹较浅。根据口沿的变化分为两个亚型：

Ba型 3件。口沿斜直。

T1129②:10，口部略残。敞口，尖圆唇，腹微弧，底部较平。器壁较厚。胎铁灰色，内外均青釉，釉面粘有窑渣，釉色泛黄，光泽度差。内满釉，外施釉不及底。外底有支钉痕。口径11.4、底径4.4、通高3.7厘米（图四〇，2；彩版三四，1）。

T1130②:42，残。侈口，圆唇，弧腹，底部较平。器壁较厚。胎灰白色，内外均青釉，部分釉面脱落，釉色青绿，光泽度好。内满釉，外施釉至足根，底部不施釉。内外底均有五个支钉痕。口径9.3、底径4.7、通高3.3厘米（图四〇，3；彩版三四，2）。

Bb型 5件。口沿外卷。

采:5，修复。侈口，圆唇，腹微弧，底部较平。器壁较厚。胎土红色，内外均青釉，部分釉面脱落，釉色泛灰，光泽度差。内满釉，外施釉不及底，有流釉现象。外底有四个支钉痕。口径10.9、底径5.1、通高4.1厘米（图四〇，4；彩版三四，3）。

T1330②:43，修复。侈口，圆唇，弧腹，底部较平。器壁较厚。胎灰白色，胎上施一层薄薄的化妆土。内外均青釉，部分釉面脱落，釉色偏黄，光泽度差。内满釉，外施

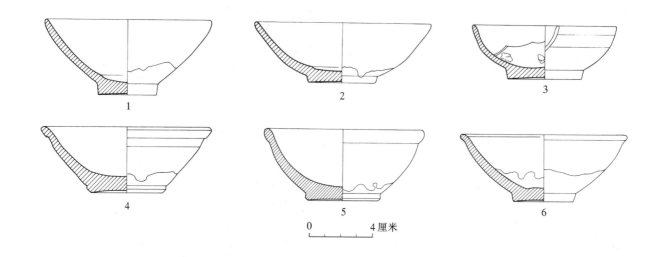

图四〇　小型饼足碗

1.A 型 T1329②:11　2.Ba 型 T1129②:10　3.Ba 型 T1130②:42　4.Bb 型采:5

5.Bb 型 T1330②:43　6.Bb 型 T1329②:10

釉不及底，有流釉现象。内外底各有四个支钉痕。口径 10.3、底径 4.8、通高 4.4 厘米
（图四〇，5；彩版三四，4）。

　　T1329②:10，修复。侈口，圆唇，弧腹，底部较平。器壁较厚。胎铁灰色，内外均
青釉，部分釉面脱落，釉面粘有窑渣，釉酱绿色，釉面光亮。内满釉，外施釉不及底，
有流釉现象。内底有四个支钉痕。口径 10.7、底径 3.8、通高 4.1 厘米（图四〇，6；彩
版三四，5）。

　　2．内凹足碗　73 件。这类碗底部内凹。根据口部直径大小可分为三类：第一类大
于或等于 16 厘米，称为大型碗；第二类大于 11 厘米小于 16 厘米，称为中型碗；第三类
小于或等于 11 厘米，称为小型碗。

　　（1）大型内凹足碗　27 件。口径大于或等于 16 厘米。依据口沿的差异分为四型：
A 型　6 件。口沿斜直。

　　T1229②:41，略残。侈口，圆唇，弧腹，腹较浅，底部内凹。器壁较厚。胎铁灰
色，内外均青釉，部分釉面脱落，釉色偏黄，光泽度差，釉面粘有窑渣。内满釉，外施
釉不及底，有流釉现象。内外底各有六个支钉痕。口径 17.5、底径 6.2、通高 7.5 厘米
（图四一，1；彩版三四，6）。

　　T1729②:3，残。侈口，圆唇，斜直腹，腹较浅，底部内凹。器壁较厚。外近底处
有刻划的菊瓣纹。胎灰白色，内外均青釉，部分釉面脱落，釉色偏黄，光泽度较好，釉
面粘有窑渣。内满釉，外施釉不及底，有流釉现象。内外底均有支钉痕。口径 16.2、底

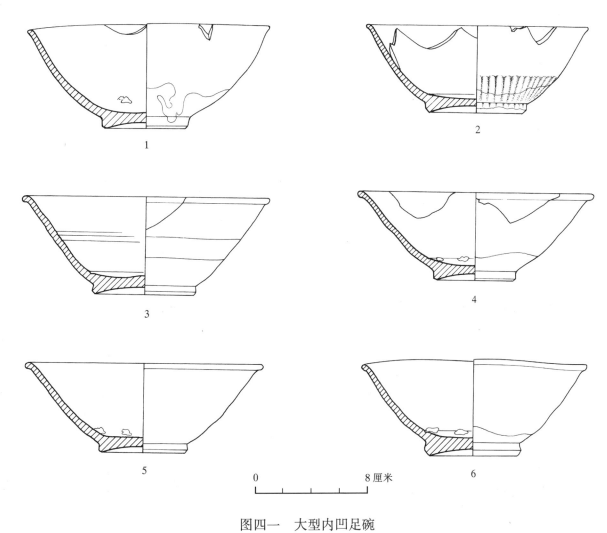

图四一 大型内凹足碗

1.A 型 T1229②:41　2.A 型 T1729②:3　3.B 型 T1229②:21　4.B 型 T1330②:5
5.B 型 T1330②:17　6.B 型 T1229②:8

径 7.3、通高 6.2 厘米（图四一，2；彩版三五，1）。

B 型　13 件。口沿外卷。

T1229②:21，修复。侈口，圆唇，斜直腹，腹较浅，底部内凹。器壁较厚。胎灰白色，内外均青釉，釉色发黄，光泽度差，釉面粘有窑渣。内满釉，釉面基本剥落，外施釉不及底，有流釉现象，大部分釉面已剥落。内外底均有支钉痕。口径 17.9、底径 7.5、通高 6.9 厘米（图四一，3；彩版三五，2）。

T1330②:5，修复。侈口，圆唇，斜直腹，腹较浅，底部内凹。器壁较厚。胎灰白色，内外均青釉，釉色略显黄，釉面光亮。内满釉，部分釉面剥落，外施釉不及底，部分釉面粘有窑渣。内外底各有五个支钉痕。口径 17.3、底径 6、通高 6.2 厘米（图四一，

4；彩版三五，3）。

T1330②:17，修复。侈口，圆唇，斜直腹，腹较浅，底部内凹。器壁较厚。胎铁灰色，内外均青釉，釉色泛黄，光泽度差，部分釉面脱落。内满釉，外施釉不及底，有流釉现象。内外底各有六个支钉痕。口径17.2、底径6.4、通高6.3厘米（图四一，5；彩版三五，4）。

T1229②:8，修复，变形。侈口，圆唇，斜直腹，腹较浅，底部内凹。器壁较厚。胎铁灰色，内外均青釉，釉色发黄，光泽度差。内满釉，外施釉不及底，有流釉现象。内底六个支钉痕，外底有七个支钉痕。口径16.5、底径7、通高6.8厘米（图四一，6；彩版三五，5）。

C型　5件。口沿外撇。

T1330②:8，修复。侈口，圆唇，斜直腹，腹较浅，底部内凹。器壁较厚。外腹部有轮旋纹。胎铁灰色，内外均青釉，釉色泛黄，光泽度差。内满釉，内底有支钉痕；外施釉不及底，有流釉现象。外底见有七个支钉痕。口径17、底径6.4、通高6.4厘米（图四二，1；彩版三五，6）。

T1229②:74，残。侈口，圆唇，弧腹，腹较浅，底部内凹。器壁稍薄。胎灰白色，内外均青釉，釉色泛黄，光泽度差，釉面粘有窑渣。内满釉，内底有支钉痕；外施釉不及底，有流釉现象。外底见有六个支钉痕。口径16.6、底径6.2、通高6.2厘米（图四二，2；彩版三六，1）。

T1229②:69，残，变形。侈口，圆唇，斜直腹，腹较浅，底部内凹。器壁稍薄。胎灰白色，内外均青釉，釉色泛黄，光泽度差，釉面粘有窑渣。内满釉，内底有六个支钉痕；外施釉不及底，有流釉现象。外底也有支钉痕。口径16、底径5.5、通高6.2厘米（图四二，3；彩版三六，2）。

T1229②:110，残。侈口，圆唇，腹微弧，腹较浅，底部内凹。器壁稍薄。胎灰白色，内外均青釉，釉色泛黄，光泽度差。内满釉，内底有六个支钉痕；外施釉不及底，有流釉现象。外底也有支钉痕。口径17.2、底径6.6、通高6.4厘米（图四二，4；彩版三六，3）。

T1229②:100，残。侈口，圆唇，斜直腹，腹较浅，底部内凹。器壁稍薄。胎灰白色，内外均青釉，釉色特黄，光泽度差。内满釉，外施釉不及底，内外底各有六个支钉痕。口径16.6、底径6.4、通高6.1厘米（图四二，5；彩版三六，4）。

D型　3件。花口。

T1330②:13，修复。侈口，口部用凹槽分为四瓣呈葵花状，卷沿外撇，圆唇，斜直腹，腹较浅，底部内凹。器壁较厚。胎灰白色，内外均青釉，釉色泛黄，光泽度差，釉面粘有窑渣。内满釉，外施釉不及底，有流釉现象。内外底均有支钉痕。口径16.6、底径6.4、通高6.4厘米（图四二，6；彩版三六，5）。

　　T1229②:96，残。侈口，口部和腹部用凹槽分为数瓣呈葵花状，卷沿外撇，圆唇，

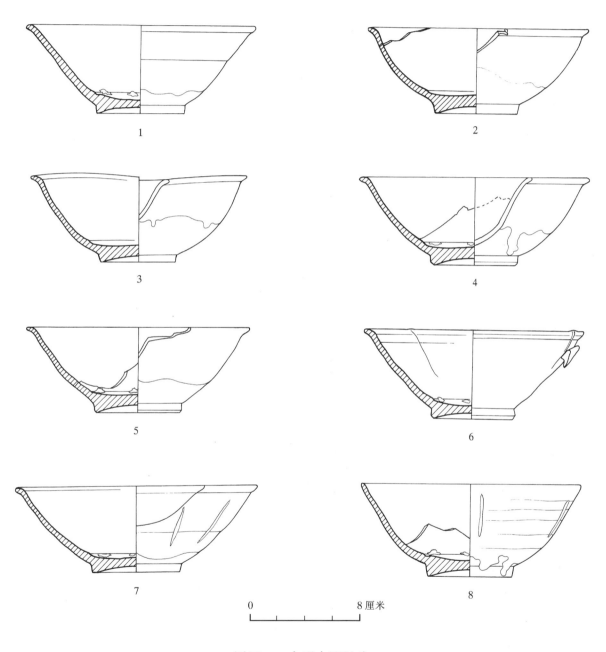

图四二　大型内凹足碗

1.C型 T1330②:8　2.C型 T1229②:74　3.C型 T1229②:69　4.C型 T1229②:110　5.C型 T1229②:100

6.D型 T1330②:13　7.D型 T1229②:96　8.D型 T1129②:22

腹微弧，腹较浅，底部内凹。器壁较薄。胎灰白色，内外均青釉，釉色泛黄，光泽度差。内满釉，外施釉不及底。内外底均有六个支钉痕。口径18、底径6.4、通高6.2厘米（图四二，7；彩版三六，6）。

T1129②：22，残。侈口，腹部用凹槽分为数瓣呈葵花状，圆唇，上腹较直，下腹微弧，腹较浅，底部内凹。器壁较厚。胎铁灰色，内外均青釉，釉色泛黄，光泽度差，釉面粘有窑渣。内满釉，外施釉不及底，有流釉现象。内外底均有支钉痕。口径16.5、底径6.4、通高6.7厘米（图四二，8；彩版三七，1）。

（2）中型内凹足碗　42件。直径大于11厘米小于16厘米。其中一件酱釉、二件内刻花、一件外刻菊瓣。根据口沿差异分为四型：

A型　18件。口沿斜直。均青釉，其中一件外刻划菊瓣。

T1129②：9，修复，变形。敞口，圆唇，斜直腹，腹较浅，底部内凹。器壁较厚。胎铁灰色，内外均青釉，釉色青中泛黄，光泽度差。内满釉，内底有支钉痕。外施釉不及底，外底均有四个支钉痕。口径12.4、底径4.6、通高4.3厘米（图四三，1；彩版三七，2）。

T1330②：33，修复。侈口，圆唇，腹弧，腹较浅，底部内凹。器壁较厚。胎灰白色，内外均青釉，釉色青中泛黄，光泽度较好。内满釉，内底有支钉痕；外施釉至足根，底部不施釉，外釉面粘满窑渣。内外底各有五个支钉痕。口径12.4、底径4.7、通高4.6厘米（图四三，2；彩版三七，3）。

采：3，修复。侈口，圆唇，腹弧，腹较浅，底部内凹。器壁较厚。胎灰白色，内外均青釉，釉色泛黄。内满釉，釉面部分脱落；外施釉不及底，绝大部分釉面已剥落。口径15、底径6.4、通高5.8厘米（图四三，3）。

T1330②：36，修复。侈口，尖唇，腹弧，腹较浅，底部内凹。上腹壁较薄，下腹壁较厚。胎灰白色，内外均青釉，釉色略泛黄。内满釉，外施釉不及底，有流釉现象。内外底各有六个支钉痕。口径12.5、底径5.3、通高4.2厘米（图四三，4；彩版三七，4）。

T1129②：8，修复。侈口，尖圆唇，腹弧，腹较浅，腹部用凹槽分成四瓣，底部内凹。器壁较厚。胎灰白色，内外均青釉，釉色泛黄，釉面粘满窑渣。内满釉，内底五个支钉痕；外施釉不及底，有流釉现象，外底也有支钉痕。口径11.2、底径4.5、通高4.5厘米（图四三，5）。

B型　10件。口沿外卷。均青釉。

T1229②：6，完整。侈口，圆唇，腹微弧，腹较浅底部内凹。器壁较厚。胎灰白色，

图四三 中型内凹足碗

1.A型 T1129②:9　2.A型 T1330②:33　3.A型采:3　4.A型 T1330②:36　5.A型 T1129②:8　6.B型 T1229②:6
7.B型 T1229②:19　8.B型 T1629②:7　9.B型 T1229②:15　10.B型 T1229②:5　11.其他 T0620②:1

内外均青釉，釉色青绿。内满釉，外施釉不及底，有流釉现象，内外底均有支钉痕。口径12.8、底径5.7、通高4.7厘米（图四三，6；彩版三七，5）。

T1229②:19，修复。侈口，尖圆唇，斜直腹，腹较浅，底部内凹。器壁较厚。胎灰白色，内外均青釉，釉色青绿。内满釉，内底有五个支钉痕；外施釉至足根，底部不施釉，有流釉现象，釉面粘有窑渣，外底也见有支钉痕。口径13.1、底径5.6、通高4.8厘米（图四三，7；彩版三七，6）。

T1629②:7，修复。侈口，圆唇，斜直腹，腹较浅，底部内凹。上腹壁较薄，下腹壁较厚。胎灰白色，内外均青釉，釉色特黄。内满釉，外施釉不及底，釉面大部分已脱落。口径12.8、底径5、通高5厘米（图四三，8；彩版三八，1）。

T1229②:15，修复。侈口，尖圆唇，腹微弧，腹较浅，底部内凹。器壁较厚。胎灰白色，内外均青釉，釉色青绿。内满釉，内底有六个支钉痕，外施釉不及底，部分釉面脱落，有流釉现象，釉面粘有窑渣。口径13.2、底径4.9、通高4.7厘米（图四三，9；彩版三八，2）。

T1229②:5，略残，变形。侈口，圆唇，腹微弧，腹较浅，底部内凹。器壁较厚。胎铁灰色，内外均青釉，釉色泛黄。内满釉，外施釉不及底，有流釉现象，釉面粘有窑渣。内外底各有六个支钉痕。口径12.8、底径4.6、通高5厘米（图四三，10；彩版三八，3）。

C型　10件。口沿外撇。均青釉。其中一件内刻波浪和菊花纹。

T1730②:45，修复。侈口，尖圆唇，弧腹，腹较浅，底部内凹。器壁较厚。胎铁灰色，内外均青釉。内满釉，釉色泛黄，内底刻有九瓣菊花纹，内腹壁刻划波浪纹，内底6个支钉痕，外施釉不及底，釉深绿色，部分釉面脱落。口径14.3、底径5.5、通高4.8厘米（图四四，1；彩版三八，4、5）。

T1129②:12，修复。侈口，圆唇，腹微弧，腹较浅，底部内凹。器壁稍薄。胎灰白色，内外均青釉，釉色发黄。内满釉，釉面大部分已脱落，内底见有支钉痕，外施釉不及底，有流釉现象，部分釉面脱落。口径14.2、底径5.4、通高5厘米（图四四，2；彩版三八，6）。

D型　4件。花口。均青釉。

T1229②:28，口部略残。侈口，口部用凹槽分隔五瓣呈菊瓣状，尖圆唇，弧腹，腹较浅，底部内凹。上腹壁薄，下腹壁厚。外壁腹部刻划菊瓣纹。胎铁灰色，内外均青釉，釉色泛黄，部分釉面脱落。内满釉，外施釉不及底。内外底均有支钉痕。口径12.8、底径5.2、通高5.1厘米（图四四，3；彩版三九，1）。

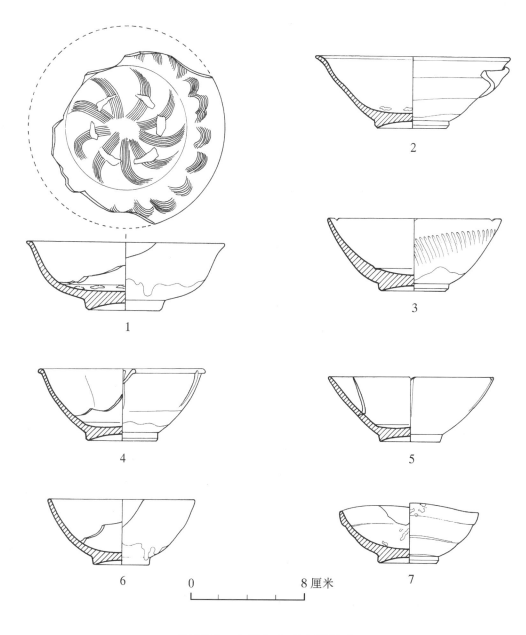

图四四　中型和小型内凹足碗

1.C 型中型内凹足碗 T1730②:45　2.C 型中型内凹足碗 T1129②:12　3.D 型中型内凹足碗 T1229②:28　4.D 型中型
内凹足碗 T1428②:34　5.D 型中型内凹足碗 T1129②:23　6. 小型内凹足碗 T1329②:8　7. 小型内凹足碗 T1030②:8

T1428②:34，残。侈口，口部和腹部用凹槽分隔五瓣呈菊瓣状，口沿外卷，尖圆唇，弧腹，腹较浅，底部内凹。器壁较薄。胎灰白色，内外均青釉，釉色泛黄，部分釉面脱落，釉面粘有窑渣。内满釉，外施釉不及底。外底见有五个支钉痕。口径 12、底径5.2、通高 5.1 厘米（图四四，4；彩版三九，2）。

T1129②:23，残。侈口，口部和腹部用凹槽分隔五瓣呈菊瓣状，口沿外卷，尖圆唇，弧腹，腹较浅，底部内凹。器壁较薄。胎灰白色，内外均青釉，釉色泛黄，部分釉面脱落，釉面粘有窑渣。内满釉，外施釉不及底。外底见有五个支钉痕。口径12.1、底径4.5、通高4.6厘米（图四四，5；彩版三九，3）。

其他　1件。酱釉。内刻花。

T0620②:1，修复。侈口，斜折沿，方唇，直腹，腹较浅，底部内凹。器壁较厚。胎灰白色，酱釉。外施釉不及底，内施釉只至口沿处。釉色光亮。内底心有同心圆纹，腹内壁刻弧形菊瓣。外底见有5个支钉痕。口径13.6、底径6.5、通高4.6厘米（图四三，11；彩版三九，4）。

（3）小型内凹足碗　4件。口径小于或等于11厘米。其中一件酱釉，三件青釉。

T1329②:8，修复。侈口，口沿斜直，尖圆唇，弧腹，腹较深，底部内凹。上腹壁较薄，下腹壁较厚。胎铁灰色，内外均酱釉，釉面粘有窑渣，部分釉面已脱落。内满釉，外施釉不及底，有流釉现象。外底见有支钉痕。口径10.6、底径4.1、通高4.6厘米（图四四，6；彩版三九，5）。

T1030②:8，修复，变形。侈口，口沿斜直，尖圆唇，弧腹，腹较浅，底部内凹。腹壁较厚。胎铁灰色，内外均青釉，釉面粘有窑渣，部分釉面已脱落。内满釉，外施釉不及底，有流釉现象。外底见有支钉痕。口径10.2、底径4.5、通高4.2厘米（图四四，7；彩版三九，6）。

3．圈足碗　472件。其中青釉347件，占圈足碗的73.52%；酱釉107件，占22.67%；外青釉内酱釉17件，占3.6%；外酱釉内青釉1件，占0.21%。根据口部直径大小可分为三类：第一类大于或等于16厘米，称为大型碗；第二类大于11厘米小于16厘米，称为中型碗；第三类小于或等于11厘米，称为小型碗。

（1）大型圈足碗　155件。口径大于或等于16厘米，根据腹的深浅可分两型：

A型　10件。深腹。多刻花。依据口沿差异分为三个亚型：

Aa型　2件。口沿斜直。

T1529②:1，残。口近直，口沿斜直，圆唇，弧腹，矮圈足，腹壁较厚。上腹壁有两道凹弦纹。胎灰白色，内外均青釉，釉色略显黄，釉面粘有窑渣，部分釉面已脱落。内满釉，外施釉不及底。圈足上有支钉痕。口径19.4、底径7.2、通高9.8厘米（图四五，1；彩版四〇，1）。

T1029②:25，修复。侈口，口沿斜直，圆唇，弧腹，矮圈足。上腹壁较薄，下腹壁较厚。腹内壁用凹槽分成十格，每格刻划纵向波浪纹；腹外壁刻划菊瓣，外腹中部有一周凹弦纹。胎铁灰色，内外均青釉，呈深绿色，釉面光亮。内满釉，外施釉不及底，有流釉现象。内底和圈足上各有六个支钉痕。口径 17.9、底径 7.4、通高 8 厘米（图四五，2；彩版四〇，2、3）。

Ab 型　6 件。口沿外卷。均刻花。

T1029②：26，修复。侈口，方唇，弧腹，矮圈足。上腹壁较薄，下腹壁较厚。腹内壁刻划四瓣莲花纹。胎灰白色，内外均青釉，呈深绿色，釉面光亮。内满釉，外施釉不及底，有流釉现象。内底和圈足上均见有支钉痕。口径 19.6、底径 8.2、通高 8.2 厘米（图四六，1；彩版四〇，4、5）。

T1629②：15，修复。侈口，圆唇，弧腹，矮圈足。器壁较薄。腹内壁刻划四瓣莲花纹。胎灰白色，内外均青釉，呈酱绿色，釉面光亮。内满釉，内底有七个支钉痕；外施釉不及底，有流釉现象。圈足上见有支钉痕。口径 18.7、底径 7.2、通高 7.6 厘米（图四六，2；彩版四〇，6）。

T1629②：34，残。侈口，尖圆唇，弧腹，矮圈足。器壁较厚。腹内壁刻莲瓣纹。胎灰白色，内外均青釉，釉深绿色。内满釉，釉面光亮，内底有八个支钉痕；外施釉不及底，釉面粘有粘有窑渣，圈足有支钉痕。内底和圈足各有五个支钉痕。口径 18.2、底径 7.2、通高 8.3 厘米（图四六，3；彩版四一，1、2）。

T1430②：7，修复。侈口，尖圆唇，弧腹，矮圈足。器壁较薄。腹内壁刻划莲瓣纹。

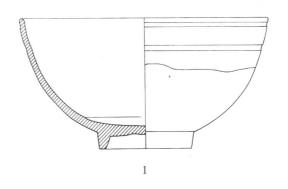

1

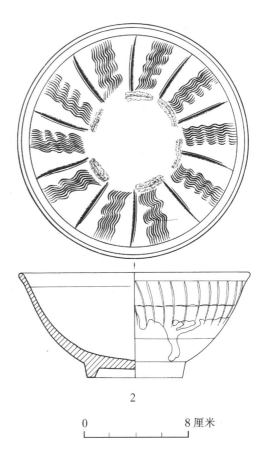

2

0　　　　　　　8 厘米

图四五　大型圈足碗
1.Aa 型 T1529②:1　2.Aa 型 T1029②:25

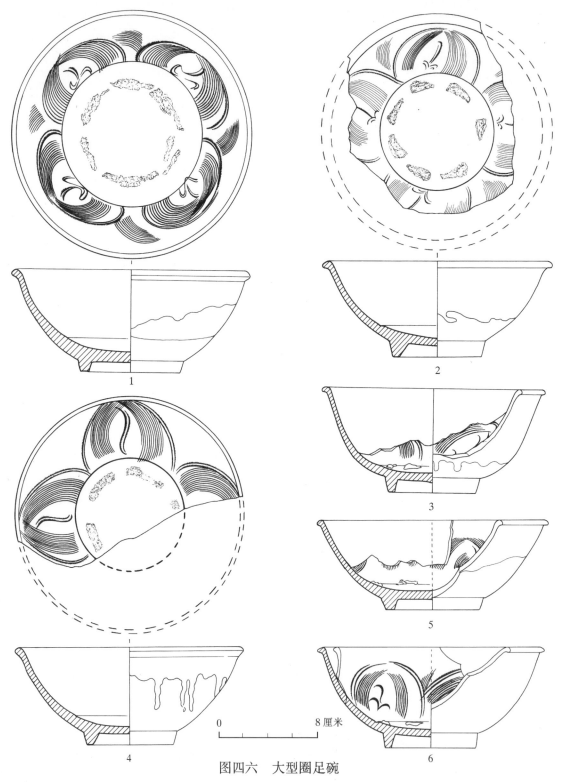

图四六　大型圈足碗

1.Ab 型 T1029②:26　2.Ab 型 T1629②:15　3.Ab 型 T1629②:34　4.Ab 型 T1430②:7
5.Ab 型 T1328②:41　6.Ab 型 T1528②:18

胎灰白色，内外均青釉，呈酱绿色，釉面光亮。内满釉，外施釉不及底，有流釉现象。内底和圈足均见有支钉痕。口径 19、底径 7.2、通高 7.7 厘米（图四六，4；彩版四一，3、4）。

T1328②：41，残。侈口，尖唇，腹微弧，矮圈足。器壁较厚。腹内壁刻有梳形纹。胎灰白色，内外均青釉，酱绿色，釉面部分脱落。内满釉，内底有支钉痕，外施釉至上腹部，有流釉现象。口径 18.9、底径 7.7、通高 7.2 厘米（图四六，5；彩版四一，5、6）。

T1528②：18，残。侈口，口沿外卷，尖唇，弧腹，矮圈足。器壁较厚。腹内壁刻莲瓣纹。胎灰白色，内外均青釉，釉色泛黄，釉面部分脱落，釉面粘有窑渣。内满釉，外施釉不及底。内底和圈足各有五个支钉痕。口径 18.7、底径 7.5、通高 7.9 厘米（图四六，6）。

Ac 型　5 件。口沿外撇。

T1630②：12，残。侈口，卷沿圆唇，弧腹，圈足较矮，圈足底心微下弧。腹壁较厚。腹内壁刻划莲瓣纹，叶边用两根粗而深的线条刻划，叶子形状为近椭圆形，叶脉用粗而深的弧线勾勒。胎灰白色，内外均青釉，釉呈酱绿色。内满釉，部分釉面脱落，釉面光亮。外施釉不及底，釉面粘有窑渣。内底和圈足周边均有支钉痕。口径 17.6、底径 7.6、通高 8.3 厘米（图四七，1；彩版四二，1）。

T1629②：14，修复。侈口，尖圆唇，腹微弧，矮圈足。器壁较薄。腹内壁和内底刻划水草与团菊。胎灰白色，内外均青釉，呈深绿色，釉面光亮。内满釉，外施釉不及底，有流釉现象。圈足上见有六个支钉痕。口径 18、底径 6.4、通高 8 厘米（图四七，2；彩版四二，2、3）。

T1430②：9，修复。侈口，圆唇，弧腹，矮圈足。器壁较薄。腹内壁刻划四瓣莲花纹。胎灰白色，内外均青釉。内满釉，釉色泛黄，部分釉面脱落；外施釉不及底，釉呈深绿色，有流釉现象，釉面粘有窑渣。内底有一圈支钉痕。口径 19.6、底径 7.8、通高 8.3 厘米（图四七，3；彩版四二，4）。

T1430②：13，残。侈口，尖唇，弧腹，圈足较高，圈足底心下凸。上腹壁较薄，下腹壁较厚。内腹壁刻划写意莲瓣纹，花瓣用多根线条刻划，形状近椭圆形，叶脉用线条随意勾勒。胎灰白色，内外均青釉，釉色绿中略显黄。内满釉，釉色青略显黄，釉面光亮；外施釉不及底，釉色青绿，釉面粘有窑渣。内底和圈足周边均有支钉痕。口径 17.9、底径 7.6、通高 8.3 厘米（图四七，4；彩版四二，5）。

T1629②：19，残。侈口，尖圆唇，弧腹，圈足较高，圈足底心略下弧。上腹壁较

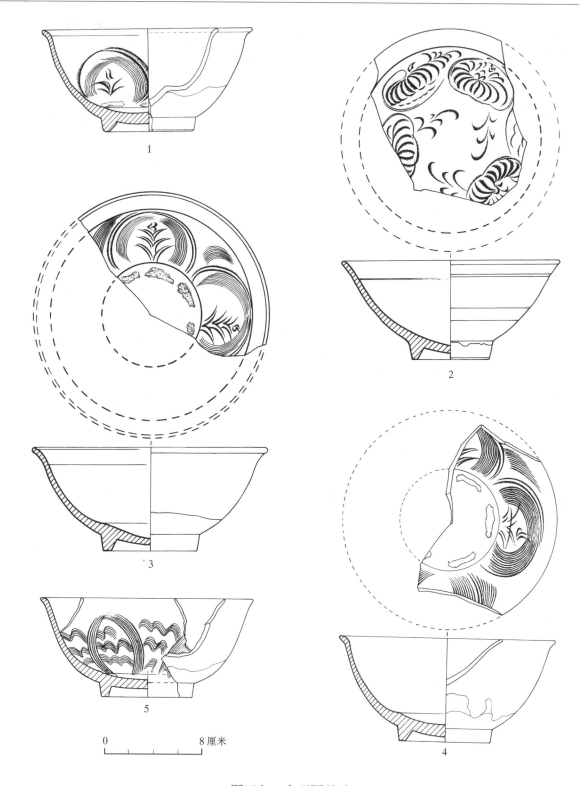

0　　　　　　8厘米

图四七　大型圈足碗

1.Ac 型 T1630②:12　　2.Ac 型 T1629②:14　　3.Ac 型 T1430②:9　　4.Ac 型 T1430②:13　　5.Ac 型 T1629②:19

薄，下腹壁较厚。腹内壁刻划莲瓣纹，花瓣用多根线条刻划，花瓣形状为近椭圆形，叶脉用曲线勾勒成水波纹，叶瓣之间用水波纹间隔。胎灰白色，内外均青釉，釉色略显黄。内满釉，釉面洁净光亮，有冰裂纹；外施釉不及底，釉面部分脱落。内底和圈足周边均有支钉痕。口径17.8、底径7.5、通高7.9厘米（图四七，5；彩版四二，6）。

B型　145件。腹较浅。根据口沿差异分两个亚型：

Ba型　117件。口沿斜直。其中青釉106件，酱釉11件。

T0221②：174，残。侈口，方唇，弧腹，圈足较矮，圈足底心较平。腹壁较厚。素面。胎灰白色，内外均酱釉。内满釉，釉面洁净光亮，釉面有冰裂纹，内底有支钉痕；外施釉不及底，有流釉现象，釉面部分脱落。口径16.3、底径7.1、通高6.5厘米（图四八，1；彩版四三，1）。

T0221②：231，残。侈口，尖唇，弧腹，圈足较矮，圈足底心较平。腹壁较厚。腹内壁刻划写意莲瓣纹，花瓣用多根线条刻划，花瓣形状为近椭圆形，瓣心用弧线勾勒成梳形纹。胎灰白色，内外均青釉，釉色青绿。内满釉，釉面洁净光亮，有冰裂纹；外施釉不及底，有流釉现象，釉面多脱落。内底和圈足周边均有支钉痕。口径16.6、底径7、通高6.4厘米（图四八，2；彩版四三，2）。

T0221②：118，修复。侈口，尖圆唇，腹微弧，矮圈足。器壁较厚。素面。胎灰白色，器内酱褐釉，满釉；器外青釉，釉呈酱绿色，施釉不及底，有流釉现象。内外底各有六个支钉痕。口径16、底径7.2、通高5.7厘米（图四八，3；彩版四三，3）。

T1428②：15，残。侈口，尖圆唇，腹微弧，矮圈足。器壁较厚。素面。胎灰白色，内外皆青釉，釉色略泛黄，釉面粘有窑渣，部分釉脱落。内满釉，外施釉至上腹部。内外底各有6个支钉痕。口径18.2、底径7.4、通高6.2厘米（图四八，4）。

T0221②：110，残。侈口，尖唇，腹微弧，矮圈足。器壁较厚。腹内壁刻划梳形纹。胎灰白色，内外皆青釉，釉色泛黄，部分釉面脱落。内满釉，外釉不及底，有流釉现象。内底有六个支钉痕，圈足上也有支钉痕。口径16.9、底径6.8、通高6.1厘米（图四八，5；彩版四三，4）。

T0221②：20，底开裂。侈口，尖圆唇，腹微弧，矮圈足。器壁较厚。素面。胎铁灰色，内外皆青釉。内满釉，釉色泛黄；外施釉只至上腹部，釉色青绿，光泽度较好。内底和圈足各有六个支钉痕。口径17.4、底径7.9、通高6.3厘米（图四八，6；彩版四三，5）。

T0221②：64，残。侈口，尖圆唇，腹微弧，矮圈足。器壁较厚。腹内壁刻划梳形纹。胎铁灰色，内外皆青釉。内满釉，釉色青绿，光泽度好；外施釉只至上腹部，釉色

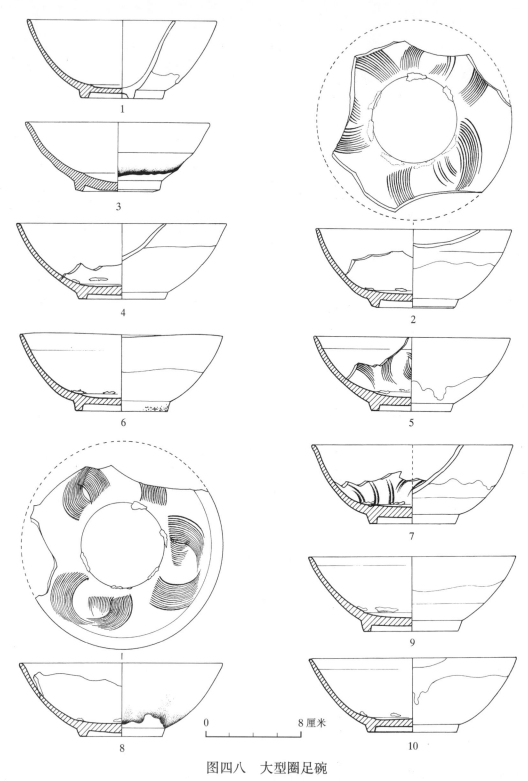

图四八 大型圈足碗

1.Ba型 T0221②:174　2.Ba型 T0221②:231　3.Ba型 T0221②:118　4.Ba型 T1428②:15　5.Ba型 T0221②:110

6.Ba型 T0221②:20　7.Ba型 T0221②:64　8.Ba型 T0221②:31　9.Ba型 T0221②:19　10.Ba型 T1428②:5

略显黄，釉面粘有窑渣，部分釉面脱落。内底有六个支钉痕，圈足上也有支钉痕。口径17.3、底径7.4、通高6.5厘米（图四八，7；彩版四三，6）。

T0221②:31，修复。侈口，尖圆唇，腹微弧，矮圈足。器壁较厚。腹内壁刻划三瓣莲花纹。胎灰白色，内外皆青釉，釉色青绿，光泽度好。内满釉，外施釉不及底，釉面粘有窑渣，部分釉面脱落。内外底各有五个支钉痕。口径17.5、底径7.1、通高6.1厘米（图四八，8；彩版四四，1、2）。

T0221②:19，腹开裂。侈口，尖唇，腹微弧，腹较浅，矮圈足。器壁较厚。素面。胎铁灰色，内外皆青釉，釉色泛黄，釉面粘有窑渣，部分釉面脱落，釉面光泽度较差。内满釉，外施釉至上腹。内底有六个支钉痕。口径17.6、底径8.1、通高6.2厘米（图四八，9；彩版四四，3）。

T1428②:5，修复。侈口，尖圆唇，腹微弧，矮圈足。器壁较厚。素面。胎铁灰色，内外皆青釉，釉色泛黄，部分釉面脱落，釉面光泽度较差。内满釉，外施釉不及底，有流釉现象。内底和圈足各有6个支钉痕。口径17.6、底径7.6、通高6.1厘米（图四八，10；彩版四四，4）。

Bb型　28件。口沿外撇。青釉13件，酱釉13件，外青釉内酱釉2件。

T0221②:113，残。侈口，平折沿，圆唇，腹微弧，圈足稍高，圈足底心下凸。上腹壁薄，下腹壁较厚。腹内壁用多根线条刻划水波纹，线条流畅，如夹浪奔腾的江水向前涌动，动感颇好。胎灰白色，内青釉，满釉，釉呈酱绿色，釉面洁净光亮。外酱釉，釉面光泽度好，部分釉面粘有窑渣，施釉到圈足，圈足内不施釉。内底和圈足周边均有支钉痕。口径16.6、底径6.2、通高6.2厘米（图四九，1；彩版四四，5）。

T0221②:297，残。侈口，圆唇，弧腹，圈足较矮，圈足底心较平。上腹壁薄，下腹壁较厚。内腹壁刻划写意莲瓣纹，花瓣用多根线条刻划，花瓣形状为近椭圆形，瓣心用弧线勾勒成梳形纹。胎灰白色，内外均青釉，釉色泛黄，部分釉面脱落，釉面洁净光亮。内满釉，外施釉不及底。内底和圈足周边均有支钉痕。口径17.2、底径6.8、通高6.5厘米（图四九，2；彩版四四，6）。

T1629②:21，残。侈口，圆唇，腹微弧，矮圈足。上腹壁稍薄，下腹壁略厚。腹内壁刻莲瓣纹。胎灰白色，内外均青釉，深绿色，釉面部分脱落。内满釉，外施釉不及底，有流釉现象。内底和圈足各有五个支钉痕。口径16.4、底径7.3、通高6.6厘米（图四九，3；彩版四五，1）。

T0221②:35，修复。侈口，圆唇，弧腹，矮圈足。上腹壁稍薄，下腹壁略厚。内腹壁刻莲瓣纹。胎铁灰色，内外均酱釉，颜色较深，釉面粘有窑渣，釉面部分脱落。内满

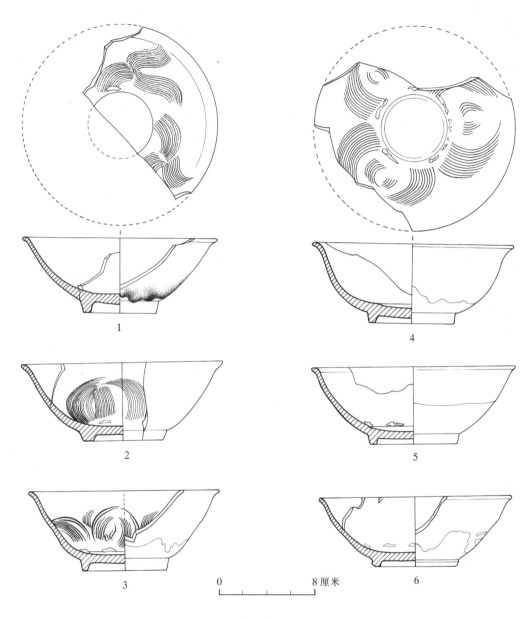

图四九　大型圈足碗

1.Bb 型 T0221②:113　2.Bb 型 T0221②:297　3.Bb 型 T1629②:21　4.Bb 型 T0221②:35
5.Bb 型 T0221②:33　6.Bb 型 T0221②:162

釉，外施釉不及底。内底有五个支钉痕，圈足上有 6 个支钉痕。口径 17.1、底径 7.2、通高 6.6 厘米（图四九，4；彩版四五，2）。

　　T0221②:33，修复。侈口，圆唇，弧腹，矮圈足。腹壁较厚。素面。胎灰白色，内外均酱釉，颜色较深，光泽度好，釉面部分脱落。内满釉，外施釉到上腹部。内底和圈足各有六个支钉痕。口径 17.3、底径 7.4、通高 6.4 厘米（图四九，5；彩版四五，3）。

T0221②:162，残。侈口，圆唇，弧腹，矮圈足。上腹壁稍薄，下腹壁略厚。素面。胎铁灰色，内外均青釉，浅绿色，釉面粘有窑渣，釉面部分脱落。内满釉，内底有七个支钉痕；外施釉不及底，有流釉现象，圈足上有支钉痕。口径16.4、底径7.2、通高5.8厘米（图四九，6；彩版四五，4）。

（2）中型圈足碗 293件。口径大于11厘米小于16厘米。根据腹的深浅分两型：

A型 39件。深腹碗。根据口沿的差异分为三个亚型：

Aa型 12件。口沿斜直。

T1730②:21，修复。侈口，尖圆唇，腹微弧，矮圈足。上腹壁较薄，下腹壁较厚。素面。胎灰白色，内外均酱釉。内满釉，外施釉不及底，有流釉现象，釉面粘有粘有窑渣，部分釉面脱落。圈足上有支钉痕。口径12.2、底径4.6、通高5.1厘米（图五〇，1；彩版四五，5）。

T1630②:7，修复。侈口，尖圆唇，腹微弧，圈足较高。腹壁较厚。腹内壁刻划莲瓣纹、花瓣内刻波浪状纹。胎土红色，内外均青釉，釉深绿色，釉面光泽度好。内满釉，内底釉面粘有窑渣，外施釉不及底，有流釉现象。圈足上有六个支钉痕。口径14、底径5.8、通高7.1厘米（图五〇，2；彩版四五，6）。

T1730②:32，残。侈口，圆唇，腹微弧，圈足较高。腹壁较厚。内腹刻划莲瓣纹、瓣脉成三角形纹。胎灰白色，内外均青釉，釉酱绿色，釉面光泽度好。内满釉，外施釉不及底，有流釉现象。内底和圈足上均有支钉痕。口径15、底径6.1、通高7.1厘米（图五〇，3；彩版四六，1、2）。

T1629②:16，残。侈口，尖圆唇，腹微弧，圈足较高。上腹壁较薄，下腹壁较厚。内腹壁刻划莲瓣纹、瓣中心刻团菊、波浪形纹和梳形纹。胎灰白色，内外均青釉。内满釉，釉色泛黄，釉面润滑，光泽度较好，部分釉面脱落；外施釉至圈足上端，釉色深绿，有流釉现象，釉面粘有窑渣，部分釉面脱落。圈足上有支钉痕。口径15.5、底径6.1、通高7.1厘米（图五〇，4；彩版四六，3）。

T1229②:17，修复。侈口，尖唇，弧腹，圈足较高。上腹壁较薄，下腹壁较厚。素面。胎灰白色，内外均青釉，釉色泛黄，釉面润滑，光泽度较好，部分釉面脱落。内满釉，外施釉至圈足，圈足内无釉。内底有七个支钉痕。外下腹壁也有一圈支钉痕。口径11.9、底径4.6、通高5.6厘米（图五〇，5；彩版四六，4）。

T1528②:8，残。侈口，尖唇，弧腹，腹较深，圈足较高。上腹壁较薄，下腹壁较厚。腹内壁写意刻莲瓣纹，叶脉随意勾勒。胎灰白色，内外均青釉，釉色略泛黄，釉面润滑，光泽度好，部分釉面脱落。内满釉，外施釉不及底。内底和圈足各有五个支钉

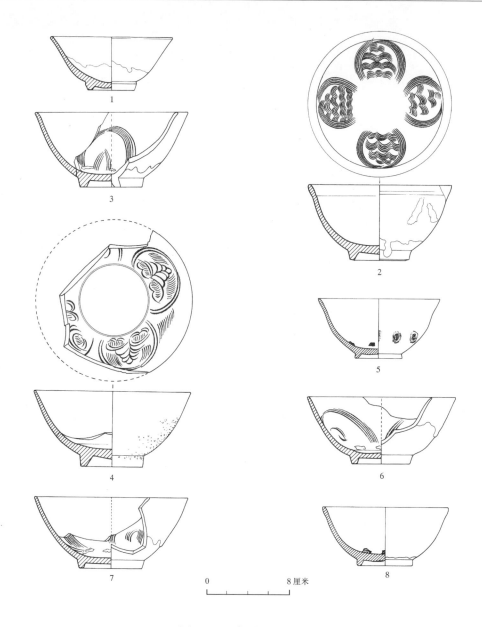

图五〇　中型圈足碗

1. Aa 型 T1730②:21　2. Aa 型 T1630②:7　3. Aa 型 T1730②:32　4. Aa 型 T1629②:16　5. Aa 型 T1229②:17

6. Aa 型 T1528②:8　7. Aa 型 T1330②:56　8. Aa 型 T1229②:27

痕。口径 14.4、底径 5.6、通高 6.4 厘米（图五〇，6；彩版四六，5）。

T1330②:56，残。侈口，尖唇，腹微弧，圈足较高。腹壁较厚。内腹壁刻莲瓣纹，叶脉清晰。胎铁灰色，内外均青釉，釉色略泛黄，釉面粘窑渣，部分釉面脱落。内满釉，外施釉不及底。内底和圈足各有六个支钉痕。口径 15.2、底径 6.2、通高 6.8 厘米（图五〇，7；彩版四六，6）。

T1229②:27，修复。侈口，尖唇，弧腹，圈足较高。腹壁较厚。素面。胎灰白色，内外均青釉，釉色稍泛黄，釉面光亮。内满釉，外施釉不及底。内底和圈足均有支钉痕。口径12.3、底径5.4、通高5.6厘米（图五〇，8；彩版四七，1）。

Ab 型　2件。口沿外卷，均青釉、素面。

T1730②:41，残。侈口，圆唇，弧腹，圈足较高，圈足中心下凸。腹壁较厚。素面。胎灰白色，内外均青釉，釉色泛黄，釉面多脱落。内满釉，外施釉不及底。内底有六个支钉痕，圈足周边也有支钉痕。口径14、底径5.6、通高6.4厘米（图五一，1；彩版四七，2）。

T1428②:9，残。侈口，圆唇，弧腹，圈足较高，圈足底心较平。腹壁较厚。素面。胎灰白色，内外均青釉，釉色泛黄，釉面多脱落。内满釉，外施釉不及底，有流釉现象。内底和圈足周边均有支钉痕。口径15、底径6、通高6.5厘米（图五一，2；彩版四七，3）。

Ac 型　25件。口沿外撇，均青釉，绝大多数有刻花，只有一件素面。

T1328②:42，残。侈口，卷沿，尖圆唇，弧腹，圈足略高，圈足底心下弧。上腹壁薄，下腹壁较厚。内腹壁刻划莲瓣纹，瓣边用多根线条刻划，形状为近椭圆形，瓣心用弧线随意勾勒。胎灰白色，内外均青釉，釉深绿色，部分釉面脱落。内满釉，外施釉不及底，釉面粘有窑渣。内底和圈足周边均有支钉痕。口径13.7、底径6、通高7.1厘米（图五一，3；彩版四七，4）。

T1730②:25，修复。侈口，圆唇，弧腹，圈足较高，圈足底心下凸。上腹壁较薄，下腹壁较厚。内腹刻四瓣莲花纹，瓣心用线条勾勒成椭圆形，线条清晰。胎灰白色，内外均青釉，釉色泛黄，釉面光亮，部分釉面粘有窑渣。内满釉，外施釉不及底，有流釉现象。内底和圈足周边有六个支钉痕。口径15.2、底径5.4、通高7厘米（图五一，4；彩版四七，5）。

T1730②:13，修复。侈口，圆唇，弧腹，圈足较高，圈足底心略下凸。上腹壁较薄，下腹壁较厚。腹内壁刻四瓣莲花纹，花瓣边用四根线条刻划，形状为近椭圆形，花瓣内用线条勾勒成花蕾纹，线条流畅清晰。胎灰白色，内外均青釉，釉色绿中略显黄，釉面光亮，部分釉面粘有窑渣。内满釉，外施釉不及底，有流釉现象。内底有五个支钉痕，圈足周边也有支钉痕。口径14.8、底径5.5、通高7厘米（图五一，5；彩版四八，1、2）。

采:16，修复。侈口，尖圆唇，弧腹，圈足较高，圈足底心下凸。上腹壁较薄，下腹壁较厚。腹内壁刻写意四瓣莲花纹，花瓣边用多根线条刻划，形状为近椭圆形，叶脉

图五一　中型圈足碗

1.Ab 型 T1730②:41　2.Ab 型 T1428②:9　3.Ac 型 T1328②:42　4.Ac 型 T1730②:25

5.Ac 型 T1730②:13　6.Ac 型采:16　7.Ac 型 T1730②:1　8.Ac 型 T1730②:26

用线条随意勾勒。胎灰白色，内外均青釉，釉呈酱绿色，釉面多脱落。内满釉，外施釉不及底，有流釉现象。内底有六个支钉痕，圈足周边也有支钉痕。口径 14.8、底径 6.4、通高 5.8 厘米（图五一，6；彩版四七，6）。

T1730②:1，修复。侈口，圆唇，弧腹，圈足较高，圈足底心较平。上腹壁较薄，下腹壁较厚。腹内壁刻莲瓣纹，花瓣边用两根较粗的线条刻划，形状为近椭圆形，叶脉用一些曲线刻划，线条流畅清晰；内底中心有印花菊花纹。外腹壁刻菊瓣纹。胎灰白色，内外均青釉，釉色绿中略显黄，釉面光亮，釉面粘有窑渣，少许釉面脱落。内满釉，外施釉不及底。内底和圈足周边各有六个支钉痕。口径15、底径5.8、通高6.7厘米（图五一，7；彩版四八，3、4）。

T1730②:26，修复。侈口，尖唇，弧腹，圈足较高，圈足底心较平。上腹壁较薄，下腹壁较厚。腹内壁刻四瓣莲花纹，花瓣边用四根线条刻划，形状为近椭圆形，花瓣内用线条勾勒成写意花蕾纹。线条流畅清晰。胎灰白色，内外均青釉。内满釉，釉色青绿，釉面润洁，光泽度好；外施釉不及底，有流釉现象，釉色泛黄，釉面粘有窑渣。内底和圈足周边各有五个支钉痕。口径14.5、底径5.7、通高7厘米（图五一，8；彩版四八，5）。

T1730②:31，残。侈口，尖唇，弧腹，圈足较高，圈足底心下凸。腹壁较厚。腹内壁刻划四瓣莲花纹，花瓣边用多根线条刻划，形状为近椭圆形，叶脉用线条勾勒成水波纹，叶瓣之间有随意刻划的水草间隔。胎灰白色，内外均青釉，釉色青绿，釉面粘有窑渣。内满釉，外施釉不及底，有流釉现象。内底有五个支钉痕，圈足周边也有支钉痕。口径15.2、底径5.4、通高6.9厘米（图五二，1；彩版四八，6）。

T1629②:20，残。侈口，尖唇，弧腹，圈足较高，圈足底心较平。上腹壁较薄，下腹壁较厚。腹内壁刻划四瓣莲花纹，花瓣用多根线条刻划，形状为近椭圆形，叶脉用曲线勾勒。胎灰白色，内外均青釉，釉色略显黄。内满釉，釉面洁净光亮，有冰裂纹；外施釉不及底，有流釉现象，釉色青绿，釉面粘有窑渣。内底有六个支钉痕，圈足周边也有支钉痕。口径14.6、底径5.3、通高6.9厘米（图五二，2；彩版四九，1）。

T1629②:33，残。侈口，尖唇，弧腹，圈足较高，圈足底心较平。上腹壁较薄，下腹壁较厚。腹内壁刻划莲瓣纹，花瓣边用两根粗线条刻划，形状为近椭圆形，叶脉用曲线勾勒，叶瓣之间用梳形纹间隔。胎灰白色，内外均青釉，釉色略显黄。内满釉，釉面洁净光亮，部分釉面脱落；外施釉不及底，有流釉现象，釉面粘有窑渣。内底有支钉痕。口径15.3、底径6.8、通高6.3厘米（图五二，3；彩版四九，2）。

T1528②:7，残。侈口，尖唇，弧腹，圈足较高，圈足底心下凸。上腹壁较薄，下腹壁较厚。腹内壁刻划四瓣莲花纹，花瓣边用多根线条刻划，形状为近椭圆形，叶心用数根曲线勾勒成椭圆形。胎灰白色，内外均青釉，釉呈酱绿色。内满釉，釉面洁净光亮，有冰裂纹；外施釉不及底，釉面粘有窑渣。内底有六个支钉痕，圈足周边也有支钉痕。口径15.6、底径5.8、通高7.4厘米（图五二，4；彩版四九，3）。

　　T1629②:17，残。侈口，尖圆唇，弧腹，圈足较高，圈足底心较平。上腹壁较薄，下腹壁较厚。腹内壁刻划莲瓣纹，花瓣边用两根粗而深的线条刻划，形状为近椭圆形，瓣心用弧线勾勒成兰叶纹。胎灰白色，内外均青釉，釉色略显黄。内满釉，釉面洁净光

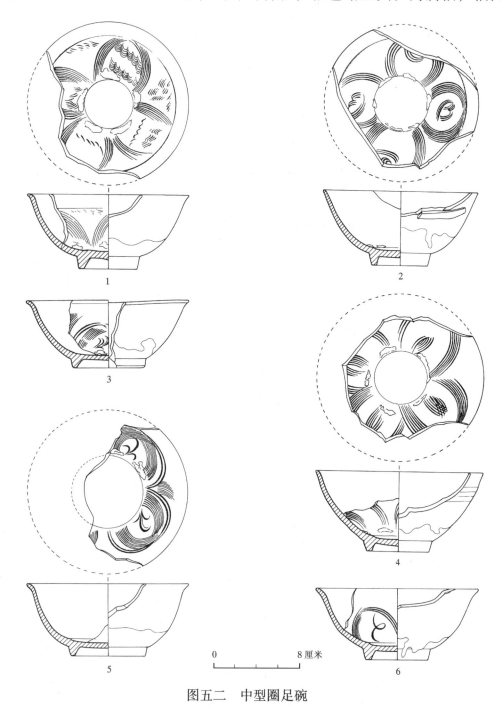

0　　　　　　　　8厘米

图五二　中型圈足碗

1.Ac 型 T1730②:31　2.Ac 型 T1629②:20　3.Ac 型 T1629②:33　4.Ac 型 T1528②:7
5.Ac 型 T1629②:17　6.Ac 型 T1428②:33

亮，有冰裂纹，部分釉面脱落；外施釉不及底，釉面粘有窑渣。内底和圈足周边均有支钉痕。口径 15.4、底径 7、通高 6.7 厘米（图五二，5；彩版四九，4）。

T1428②:33，残。侈口，尖唇，弧腹，圈足较高，圈足底心较平。腹壁稍薄。腹内壁刻划写意莲瓣纹，花瓣边用多根线条刻划，形状为近椭圆形，瓣心用曲线随意勾勒。胎灰白色，内外均青釉，釉色略显黄。内满釉，釉面洁净光亮，有冰裂纹；外施釉不及底，有流釉现象，釉面粘满窑渣。内底和圈足周边均有支钉痕。口径 15.2、底径 5.8、通高 6.6 厘米（图五二，6；彩版四九，5）。

B 型　254 件。腹较浅。根据口沿的差异分为两个亚型。

Ba 型　173 件。口沿斜直。其中酱釉 44 件，内酱釉外青釉 13 件，青釉 122 件。酱釉及内酱釉外青釉均素面，青釉中有刻花的 11 件。

T0221②:158，残。侈口，尖唇，腹微弧，圈足较矮，圈足底心微下弧。腹壁较厚。腹内壁刻划写意莲瓣纹，花瓣边用多根线条刻划，形状为近椭圆形，瓣心用直线勾勒成梳形纹。胎灰白色，内外均青釉，釉色略显黄。内满釉，釉面洁净光亮，有冰裂纹。外施釉至上腹部，有流釉现象，釉色光泽度好。内底和圈足周边均有支钉痕。口径 15.3、底径 6.6、通高 6.3 厘米（图五三，1；彩版四九，6）。

T0222②:23，残。侈口，尖唇，腹斜直，圈足较矮，圈足底心微下弧。上腹壁较薄，下腹壁较厚。腹内壁刻划写意莲瓣纹，花瓣边用多根线条刻划，形状为近椭圆形，瓣心用弧线勾勒成梳形纹。胎灰白色，内外均青釉。内满釉，釉色偏黄，釉面光洁，有冰裂纹。外施釉不及底，有流釉现象，釉呈酱绿色，部分釉面脱落，釉色光泽度好。内底和圈足周边均有支钉痕。口径 15.3、底径 6.3、通高 4.9 厘米（图五三，2；彩版五〇，1）。

T0221②:29，修复。侈口，圆唇，弧腹，圈足较矮，圈足底心下弧。腹壁较厚。素面。胎灰白色，内外均青釉，釉色泛黄。内满釉，釉面洁净光亮；外施釉不及底，有流釉现象，釉面粘有窑渣，部分釉面脱落。内底有六个支钉痕，圈足周边也有支钉痕。口径 15.4、底径 6.7、通高 5.6 厘米（图五三，3；彩版五〇，2）。

T1730②:18，修复。侈口，尖唇，腹微弧，圈足较矮，圈足底心下弧。上腹壁薄，下腹壁较厚。素面。胎土红色，内外均青釉，釉色泛黄，光泽度好。内满釉，釉面洁净光亮；外施釉不及底，有流釉现象。内底有五个支钉痕，圈足周边也有支钉痕。口径 15、底径 6.3、通高 5.4 厘米（图五三，4；彩版五〇，3）。

T0222②:9，修复。侈口，尖唇，弧腹，圈足较矮，圈足底心下弧。上腹壁薄，下腹壁较厚。外腹壁上部有凹弦纹一道，内底心有同心圆纹。胎灰白色，内外均青釉，釉色青中泛黄，光泽度好，部分釉面脱落。内满釉，有冰裂纹。外施釉不及底，有流釉现象。内底有五个支钉痕，圈足周边也有支钉痕。口径 15.5、底径 6.6、通高 5.2 厘米（图五三，5；彩版五〇，4）。

　　T1730②:19，修复，变形。侈口，尖唇，腹微弧，圈足较矮，圈足底心较平。上腹壁薄，下腹壁较厚。素面。胎铁灰色，内外均青釉，釉色泛黄，釉面洁净。内满釉，外

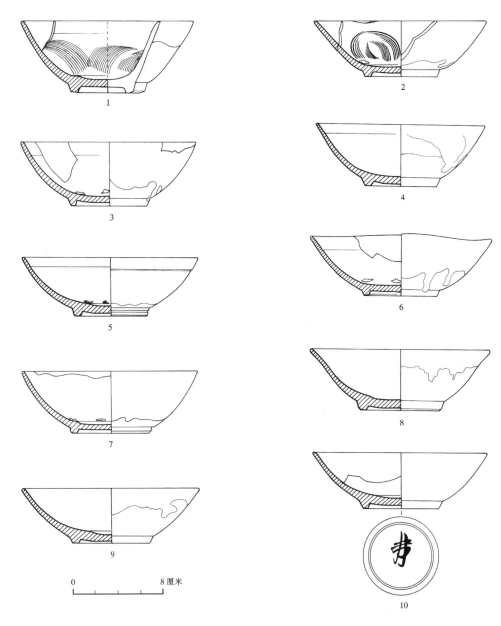

图五三　中型圈足碗

1.Ba 型 T0221②:158　　2.Ba 型 T0222②:23　　3.Ba 型 T0221②:29　　4.Ba 型 T1730②:18　　5.Ba 型 T0222②:9

6.Ba 型 T1730②:19　　7.Ba 型采:17　　8.Ba 型 T1730②:14　　9.Ba 型采:4　　10.Ba 型 T0221②:39

施釉不及底，有流釉现象，釉面厚薄不均。内底和圈足周边均有支钉痕。口径16、底径6.4、通高5.4厘米（图五三，6；彩版五〇，5）。

采:17，修复。侈口，尖唇，腹微弧，圈足较矮，圈足底心下弧。腹壁较厚。素面。胎铁灰色，碗内壁施酱釉，外壁施青釉，釉面粘有窑渣，部分釉面脱落。内满釉，外施釉不及底。内底有六个支钉痕，圈足周边也有支钉痕。口径15.5、底径7.2、通高5.4厘米（图五三，7；彩版五〇，6）。

T1730②:14，修复。侈口，尖唇，腹微弧，圈足较矮，圈足底心下弧。上腹壁薄，下腹壁较厚。素面。胎铁灰色，碗内壁施酱釉，满釉，釉面部分剥落，内底有六个支钉痕；外壁施青釉，釉色青绿，釉不及底，有流釉现象，釉面粘有窑渣，圈足周边有支钉痕。口径15.9、底径7.4、通高5.4厘米（图五三，8；彩版五一，1）。

采:4，修复。侈口，尖圆唇，弧腹微弧，圈足较矮，圈足底心下弧。上腹壁薄，下腹壁较厚。素面。胎灰白色，内外均酱釉，釉面部分剥落。内满釉，外施釉不及底，有流釉现象。内底和圈足周边均有支钉痕。口径15.7、底径6.9、通高4.8厘米（图五三，9；彩版五一，2）。

T0221②:39，残。侈口，尖唇，腹微弧，圈足较矮，圈足底心较平。上腹壁薄，下腹壁较厚。素面。胎灰白色，内外均青釉，釉深绿色，光泽度好。内满釉，外施釉不及底，有流釉现象，外壁与另一碗粘连。内底有六个支钉痕，圈足内用酱釉写一"弗"字。口径15.5、底径6.7、通高4.9厘米（图五三，10；彩版五一，3）。

Bb型 81件。口沿外撇。青釉54件，其中17件有刻花。酱釉22件，均素面。内酱釉外青釉6件，其中一件刻花。

T0221②:208，残。侈口，圆唇，腹微弧，矮圈足。上腹壁较薄，下腹壁较厚。素面。胎灰白色，内酱褐釉，满釉，少许釉面脱落，釉面光泽度好；外青釉，釉色泛黄，施釉不及底，釉面粘有窑渣。内底和圈足均有支钉痕。口径15.3、底径6.6、通高6.2厘米（图五四，1；彩版五一，4）。

采:1，修复。侈口，斜折沿，圆唇，弧腹，圈足较矮，圈足底心下凸。上腹壁薄，下腹壁较厚。腹内壁刻划四瓣莲花纹，花瓣边用两根粗而深的线条刻划，花瓣形状为近椭圆形，瓣心用点状线勾勒成梳形纹，花瓣之间用点状线条刻成的梳形纹间隔。胎灰白色，内外均青釉，釉呈酱绿，部分釉面脱落，釉面洁净光亮。内满釉，外施釉不及底。圈足周边有六个支钉痕。口径15.5、底径5.9、通高5.6厘米（图五四，2；彩版五一，5、6）。

T1529②:14，残。侈口，圆唇，弧腹，圈足较矮，圈足底心较平。上腹壁薄，下腹

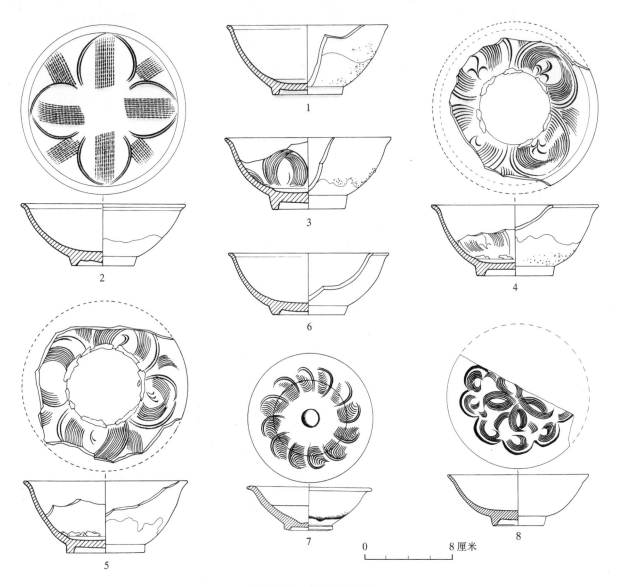

图五四　中型圈足碗

1.Bb 型 T0221②:208　　2.Bb 型采:1　　3.Bb 型 T1529②:14　　4.Bb 型 T1629②:18　　5.Bb 型 T1630②:11

6.Bb 型 T0221②:102　　7.Bb 型 T0221②:4　　8.Bb 型采:6

壁较厚。腹内壁刻划莲瓣纹，瓣边用多根线条刻划，花瓣形状为近椭圆形，瓣心弧线随意勾勒，花瓣之间用弧状梳形纹间隔。胎铁灰色，内外均青釉，釉色泛黄，部分釉面脱落，釉面粘有窑渣。内满釉，外施釉不及底。内底有七个支钉痕，圈足周边也有支钉痕。口径 15.8、底径 7、通高 6.5 厘米（图五四，3；彩版五二，1）。

T1629②:18，残。侈口，圆唇，弧腹，圈足较矮，圈足底心较平。腹壁较厚。腹内壁刻划四瓣莲花纹，瓣边用多根线条刻划，花瓣形状为近椭圆形，瓣心用粗而深的弧线勾勒成兰叶纹，花瓣之间用浅浅的弧状梳形纹间隔。胎铁灰色，内外均青釉，釉色泛黄。内满釉，釉面部分脱落，内底有七个支钉痕。外施釉不及底，釉面粘有窑渣。圈足周边也有支钉痕。口径 15.7、底径 7.2、通高 6.4 厘米（图五四，4；彩版五二，2）。

T1630②:11，残。侈口，圆唇，弧腹，圈足较矮，圈足底心较平。上腹壁薄，下腹壁较厚。腹内壁刻划莲瓣纹，瓣边用多根线条刻划，花瓣形状为近椭圆形，瓣心弧线随意勾勒，花瓣之间用弧状梳形纹间隔。胎灰白色，内外均青釉。内满釉，釉深绿色，釉面较光洁，内底有七个支钉痕；外施釉不及底，釉色偏黄，釉面气孔较多，有流釉现象，釉面粘有窑渣。圈足周边有支钉痕。口径 15.5、底径 7.4、通高 6.6 厘米（图五四，5；彩版五二，3）。

T0221②:102，残。侈口，口沿外撇，尖圆唇，弧腹，圈足较矮，圈足底心下弧。上腹壁薄，下腹壁较厚。素面。胎铁灰色，内外均青釉，釉色泛黄，釉面较光亮。内满釉，外施釉不及底。内底和圈足周边均有支钉痕。口径 15.2、底径 6.8、通高 5.6 厘米（图五四，6；彩版五二，4）。

T0221②:4，修复。侈口，圆唇，腹微弧，圈足较矮，圈足底心较平。腹壁较厚。腹内壁刻划葵花纹，线条清晰。胎灰白色，内外均青釉，釉青绿色。内满釉，有冰裂纹，釉面润洁，釉色明亮，光泽度好；外施釉不及底，釉面部分脱落。内底有四个支钉痕。口径 11.9、底径 4.6、通高 4 厘米（图五四，7；彩版五二，5）。

采:6，残。修复。侈口，尖唇，弧腹，圈足稍高，圈足底心较平。上腹壁薄，下腹壁较厚。腹内壁上部用弧线刻划如意云气纹，碗心用曲线刻成如意结，线条粗中有细，层次分明。胎灰白色，内外均青釉，釉呈豆青色，釉面光洁，晶莹剔透，观感极好。内满釉，外施釉至圈足底部，足心不施釉。圈足周边有四个支钉痕。口径 13.4、底径 4.8、通高 4.7 厘米（图五四，8；彩版五三，1、2）。

T0221②:305，残。侈口，斜折沿，尖唇，腹微弧，圈足较矮，圈足底心较平。腹壁较厚。素面。胎铁灰色，内外均青釉，釉色泛黄，部分釉面脱落。内满釉，外施釉不及底，有流釉现象，外腹壁与另一残碗粘连。内底和圈足周边各有五个支钉痕。口径 15.4、底径 6.3、通高 5.1 厘米（图五五，1；彩版五二，6）。

T0224②:9，残。侈口，圆唇，腹微弧，圈足较矮，圈足底心下弧。腹壁较厚。内底中心有模印的菊花。胎铁灰色，内外均青釉，釉色泛黄。内满釉，部分釉面脱落；外施釉不及底，釉面大多脱落。内底和圈足周边各有六个支钉痕。口径 15.4、底径 6.6、通高 4.6 厘米（图五五，2；彩版五三，3）。

T0221②:126，修复。侈口，尖圆唇，弧腹，圈足较矮，圈足底心下弧。上腹壁较

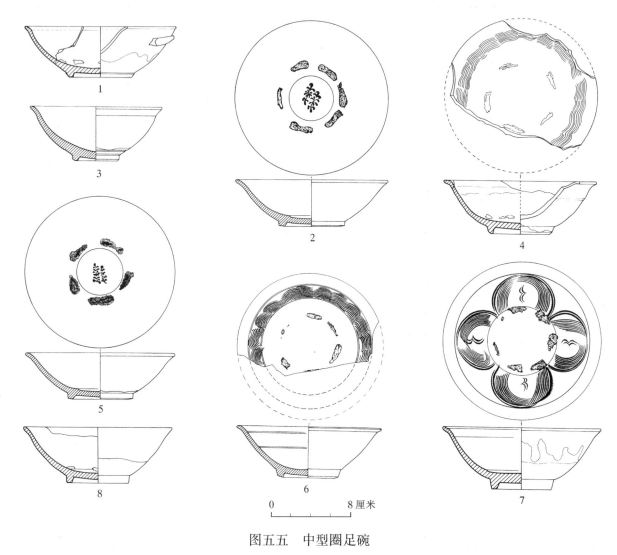

图五五　中型圈足碗

1. Bb 型 T0221②:305　2. Bb 型 T0224②:9　3. Bb 型 T0221②:126　4. Bb 型 T0221②:112
5. Bb 型 T1130②:35　6. Bb 型 T0221②:32　7. Bb 型 T1430②窑内:2　8. Bb 型 T0221②:34

薄，下腹壁较厚。素面。胎灰白色，内外均酱釉，釉面光亮。内满釉，有冰裂纹；外施釉不及底，釉面部分脱落。口径 13.4、底径 4.8、通高 5.4 厘米（图五五，3；彩版五三，4）。

T0221②:112，残。侈口，尖唇，弧腹，圈足较矮，圈足底心较平。腹壁较厚。腹内壁上部有一周凹弦纹，弦纹刻划水波纹。胎灰白色，内外均青釉，釉深绿色，釉面光亮。内满釉，部分釉面脱落；外施釉到圈足，圈足内不施釉，釉面粘有窑渣，有流釉现象。内底和圈足周边各有五个支钉痕。口径 15.3、底径 6.4、通高 5.3 厘米（图五五，4；彩版五三，5）。

T1130②:35，修复。侈口，圆唇，腹微弧，圈足较矮，圈足底心微下弧。腹壁较厚。内底中心有模印的菊花。胎灰白色，内外均青釉。内满釉，釉面光亮，部分釉面脱落；外施釉不及底，釉面粘有窑渣。内底和圈足周边各有五个支钉痕。口径 15.3、底径 6.6、通高 4.6 厘米（图五五，5；彩版五三，6）。

T0221②:32，修复。侈口，尖圆唇，腹微弧，圈足较矮，圈足底心下弧。腹壁较厚。腹内壁有两周轮旋纹，弦纹内刻划水波纹。胎灰白色，内外均青釉。内满釉，釉浅绿色，釉面部分脱落，釉面洁净，光泽度较好；外釉不及底，有冰裂纹；外施釉不及底，釉色泛黄，釉面粘满窑渣。内底和圈足周边各有六个支钉痕。口径 14.8、底径 6.2、通高 5.1 厘米（图五五，6；彩版五四，1）。

T1430②窑内:2，修复。侈口，圆唇，弧腹，圈足较高，圈足底心较平。上腹壁较薄，下腹壁较厚。腹壁上部有一周凹弦纹，弦纹下刻划四瓣莲花纹，花瓣边用两根粗而深的弧线刻划，花瓣呈椭圆形，瓣心用曲线随意勾勒，线条清晰流畅。胎灰白色，内外均酱釉，釉面洁净光亮，少许釉面脱落。内满釉，外施釉不及底。内底和圈足周边各有六个支钉痕。口径 16、底径 6 径、通高 6.2 厘米（图五五，7；彩版五四，2、3）。

T0221②:34，修复。侈口，圆唇，弧腹，圈足较矮，圈足底心较平。上腹壁较薄，下腹壁较厚。素面。胎灰白色，内外均酱釉，釉面洁净光亮，少许釉面脱落。内满釉，外施釉不及底，有流釉现象。内底有五个支钉痕，圈足周边有六个支钉痕。口径 15.2、底径 6.4、通高 5.6 厘米（图五五，8；彩版五四，4）。

（3）小型圈足碗　24 件。口径小于或等于 11 厘米。根据口沿的差异分为两型：

A 型　11 件。口沿斜直。青釉 2 件，其中一件刻花；酱釉 10 件，其中一件刻花。

T0321②:3，残。侈口，尖圆唇，腹微弧较浅，圈足较矮，圈足底心下弧。上腹壁较薄，下腹壁较厚。外腹壁有数周凹弦纹。胎灰白色，内外均酱釉。内满釉，有冰裂纹；外施釉不及底，有流釉现象，釉面粘有窑渣，釉面部分脱落。圈足周边有支钉痕。口径 11.5、底径 4.9、通高 4.3 厘米（图五六，1；彩版五四，5）。

T1329②:12，修复。侈口，尖唇，弧腹较深，圈足较矮，圈足底心下凸。上腹壁较薄，下腹壁较厚。腹外壁有数周凹弦纹，腹内壁用弧线刻划水草纹。胎灰白色，内外均酱釉，釉面光亮。内满釉，外施釉不及底，有流釉现象。口径 10、底径 3.8、通高 4.7 厘米（图五六，2；彩版五四，6）。

T1730②:20，修复。侈口，尖唇，弧腹，较浅，圈足较矮，圈足底心下凸。上腹壁较薄，下腹壁较厚。素面。胎灰白色，内外均酱釉，釉面光亮。内满釉，外施釉不及底，有流釉现象。圈足周边有五个支钉痕。口径 11.1、底径 4.7、通高 4.2 厘米（图五六，3；彩版五五，1）。

T1730②：2，修复。侈口，尖圆唇，弧腹较深，圈足略高，圈足底心下凸。上腹壁较薄，下腹壁较厚。腹内壁刻划写意几何形纹。胎铁灰色，内外均青釉，釉呈豆青色，釉面光亮。内满釉，釉面洁净，有冰裂纹，釉面少许脱落。外施釉至圈足，圈足内不施釉，釉面粘有窑渣，部分釉面脱落。圈足周边有支钉痕。口径10.3、底径3.8、通高4.8厘米（图五六，4；彩版五五，2、3）。

T1329②：9，修复。侈口，尖唇，弧腹较浅，圈足略高，圈足底心微下弧。腹壁较

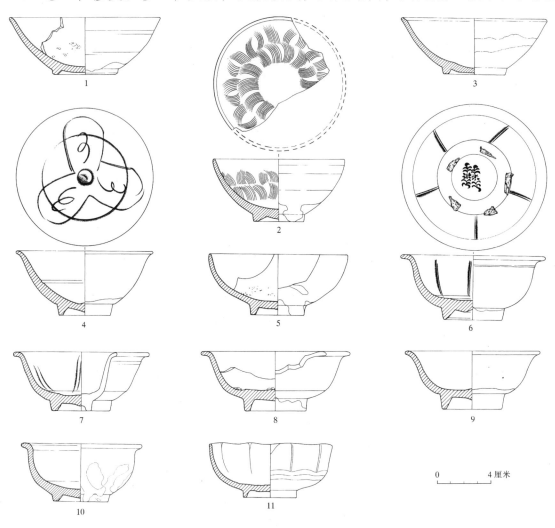

图五六　小型圈足碗

1. A型 T0321②：3　2. A型 T1329②：12　3. A型 T1730②：20　4. A型 T1730②：2　5. A型 T1329②：9
6. B型 T1428②：19　7. B型 T0221②：150　8. B型 T0221②：149　9. B型 T0221②：5　10. B型 T1330③：1
11. C型 T1630②：4

厚。素面。胎铁灰色，内外均青釉。内满釉，釉深绿色，部分釉面粘有窑渣。外施釉至圈足，圈足内不施釉，釉色泛黄，部分釉面脱落。圈足周边有支钉痕。口径 10.5、底径4、通高 4.5 厘米（图五六，5；彩版五五，4）。

B 型　12 件。口沿外撇。

T1428②:19，修复。侈口，宽卷沿，圆唇，弧腹较浅，圈足略高，圈足底心内凹。腹壁较厚。腹内壁用凹槽分为五瓣，内底心有模印的菊花纹。胎铁灰色，内外均青釉，釉深绿色，釉面洁净，釉色明亮，内外釉面均有冰裂纹。内满釉，外施釉不及底。内底有五个支钉痕，圈足周边也有支钉痕。口径 10.9、底径 4.4、通高 4.8 厘米（图五六，6；彩版五五，5）。

T0221②:150，残。侈口，宽卷沿，圆唇，弧腹较浅，圈足略高，圈足底心下凸。腹壁较厚。腹内壁用凹槽分为数瓣。胎灰白色，内外均青釉，釉色偏黄，釉面洁净，釉色明亮，部分釉面脱落。内满釉，外施釉至圈足，圈足内不施釉，有流釉现象。圈足周边有支钉痕。口径 10.4、底径 4.4、通高 4.4 厘米（图五六，7）。

T0221②:149，残。侈口，口沿外撇，圆唇，弧腹较浅，圈足略高，圈足底心较平。腹壁较厚。素面。胎灰白色，内外均青釉，釉色较暗，呈酱青色，釉面粘有窑渣，部分釉面脱落，内外釉面均有很细的冰裂纹。内满釉，外施釉至圈足，圈足内不施釉，有流釉现象。内底有四个支钉痕，圈足周边也有支钉痕。口径 11.4、底径 4.7、通高 4.4 厘米（图五六，8）。

T0221②:5，修复。侈口，口沿外撇，圆唇，弧腹，腹较浅，圈足略高，圈足底心下凸。腹壁较厚。胎铁灰色，内外均酱釉，釉面多脱落。内满釉，外施釉至圈足，圈足内不施釉。口径 10.3、底径 4.6、通高 4.3 厘米（图五六，9；彩版五五，6）。

T1330③:1，完整。侈口，宽卷沿，圆唇，弧腹较浅，圈足略高，圈足底心下凸。腹壁较厚。内腹壁上部有两周轮旋纹，外腹壁上部有三周凹弦纹。胎灰白色，内外均酱釉，釉面粘有窑渣，部分釉面脱落。内满釉，外施釉不及底，有流釉现象。圈足周边有支钉痕。口径 9.2、底径 4.2、通高 4.3 厘米（图五六，10；彩版五六，1）。

C 型　1 件。花口。

T1630②:4，略残。口近直，方唇，弧腹，腹较深，矮圈足，圈足底心较平。口部与腹部用凹槽分为八瓣，呈海棠形。腹外壁中部有一周弧形凹弦纹，器内有轮旋痕。灰白色胎，青釉，釉浅绿色，釉面较洁净，光泽度好。内外均满釉。器内多气泡，器外有流釉现象，圈足周边有四个支钉痕。口径 9.4、底径 4.1、通高 4 厘米（图五六，11；彩版五六，2）。

（三）盏　41件。釉色以青釉为主，计25件，占盏类器物的60.98%，次为酱釉，14件，占34.14%。少量器外青釉器内酱釉，2件，占4.8%（附表四）。根据腹的深浅可分两型：

A型　12件。腹较深，根据腹的变化分为两个亚型：

Aa型　4件。腹斜直。

T1730②：48，修复。敞口，卷沿外叠，圆唇，上腹壁薄，下腹壁较厚，平底，底部较厚。素面。胎灰白色，内外均青釉，釉面已脱落。口径8.8、底径3.7、通高2.9厘米（图五七，1；彩版五六，3）。

T1730②：10，修复。敞口，卷沿外叠，圆唇，上腹壁薄，下腹壁较厚，底部微内凹。素面。胎灰白色，内酱釉，满釉；外青釉，施釉不及底。釉面多剥落。口径9.6、底径4.3、通高3.1厘米（图五七，2；彩版五六，4）。

T0221②：139，残。敞口，圆唇，上腹壁薄，下腹壁较厚，平底。素面。胎铁灰色，内外均酱釉，气泡较多，釉面部分剥落。内满釉，釉面较洁净。外施釉不及底，有流釉现象，釉面粘有窑渣。内底有四个支钉痕。口径9.2、底径3.6、通高2.5厘米（图五七，3；彩版五六，5）。

T0221②：140，残。敞口，尖圆唇，腹壁较薄，平底。素面。胎灰白色，内外均酱釉，釉面洁净，釉色明亮，光泽度好，内外釉面均有冰裂纹。内满釉，外施釉不及底，有流釉现象，釉面粘有碎瓷片。内底有支钉痕。口径9.4、底径4.3、通高2.7厘米（图五七，4；彩版五六，6）。

Ab型　8件。腹微弧。

T0221②：8，修复。侈口，圆唇，上腹壁较薄，下腹壁略厚，平底微内凹，底较厚。素面。胎灰白色，内外均酱釉，釉面多剥落。内满釉，外施釉不及底，有流釉现象。内底有四个支钉痕。口径9.5、底径4.4、通高3厘米（图五七，5；彩版五七，1）。

T1730②：11，修复，变形。侈口，尖唇，腹壁较薄，平底，底部较薄。素面。胎灰白色，内外均酱釉，釉面较粗糙，气泡较多，部分釉面脱落。内满釉，外施釉不及底，有流釉现象。口径9.3、底径4.4、通高3厘米（图五七，6；彩版五七，2）。

T1629②：37，残。口微敛，尖圆唇，腹壁略厚，平底，底较薄。素面。胎土红色，内外均青釉，釉色泛黄，釉面粗糙，气泡较多，部分釉面剥落。内满釉，外施釉不及底，有流釉现象。内底有支钉痕。口径9.5、底径4、通高3.2厘米（图五七，7；彩版五七，3）。

B型　29件。浅腹。根据腹部的差异分两个亚型：

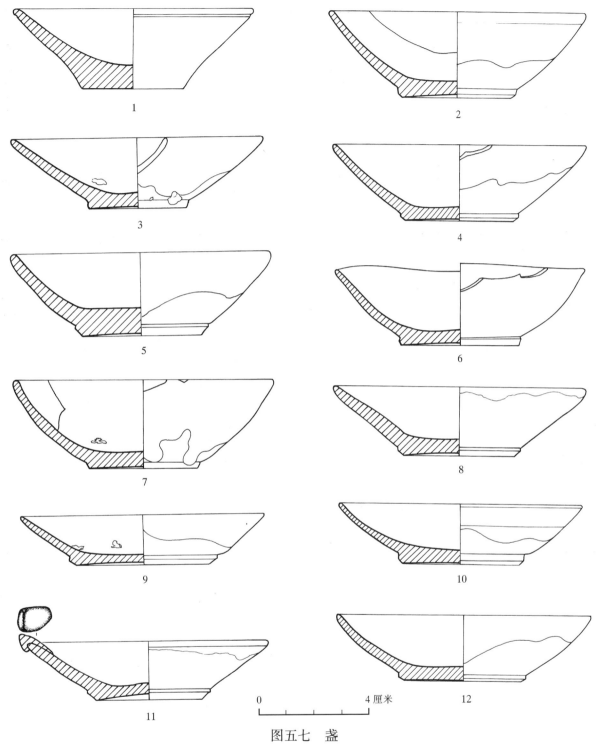

图五七　盏

1.Aa 型 T1730②:48　　2.Aa 型 T1730②:10　　3.Aa 型 T0221②:139　　4.Aa 型 T0221②:140　　5.Ab 型 T0221②:8
6.Ab 型 T1730②:11　　7.Ab 型 T1629②:37　　8.Ba 型采:7　　9.Ba 型 T1429③:7　　10.Ba 型 T1629②:5　　11.Ba 型采:30
12.Bb 型 T1330②:26

Ba 型　15 件。斜直腹。

采:7，修复。侈口，尖唇，腹壁略厚，底微内凹，底部稍薄。素面。胎灰白色，内外均酱釉。内满釉，外只有口沿下有釉，有流釉现象。内底有四个支钉痕。口径 9.4、底径 4.5、通高 2.5 厘米（图五七，8；彩版五七，4）。

T1429③:7，略残。侈口，尖唇，腹壁较薄，底微内凹，底部稍薄。素面。胎铁灰色，内外均酱釉，釉面粗糙，气泡较多，光泽度差，部分釉面脱落。内满釉，外放釉不及底，有流釉现象。内底有四个支钉痕。口径 8.8、底径 4.9、通高 1.8 厘米（图五七，9；彩版五七，5）。

T1629②:5，修复。侈口，尖唇，腹壁较薄，平底，底部稍厚。素面。胎灰白色，内外均酱釉，釉面较粗糙，气泡较多，光泽度较差，釉面大多剥落。内满釉，外施釉不及底，有流釉现象。内底有四个支钉痕。口径 9、底径 4.6、通高 2.2 厘米（图五七，10；彩版五七，6）。

采:30，修复。侈口，尖圆唇，腹壁较厚，底部内凹，底部较薄。素面。口沿部分有一个釉接的短把。胎灰白色，内外均酱釉，釉面较洁净，釉面明亮，光泽度较好。内满釉，外只有近口沿处有釉，有流釉现象。内外底各有四个支钉痕。口径 8.7、底径 3.9、通高 2.1 厘米（图五七，11）。

Bb 型　14 件。微弧腹。

T0222②:2，修复。侈口，尖唇，腹壁较厚，底微内凹，底部较厚。素面。外底有三周凹弦纹，弦纹内有用尖状器刻划的粗而深的正楷"大"字。胎铁灰色，内酱釉，釉面多脱落；外青釉，半釉，下腹及底不施釉，气泡较多，光泽度较差，釉面大多剥落。内满釉，外施釉不及底，釉面多脱落。外底边缘有四个支钉痕。口径 9.1、底径 4.3、通高 2.6 厘米（图五八，1；彩版五八，1、2）。

T1330②:26，完整。侈口，尖唇，腹壁较薄，平底，底部较厚。素面。胎铁灰色，内外均酱釉，釉面多脱落，釉面粗糙，气泡多，光泽度差。内满釉，外施釉不及底。内底和外底边缘各有四个支钉痕。口径 9.5、底径 4.7、通高 2.4 厘米（图五七，12；彩版五八，3）。

T0421②:4，残。侈口，尖唇，腹壁较薄，平底，底部较薄。外底中部用锐器刻划一"又"字符号。胎灰白色，内外均酱釉，釉面粗糙斑驳，气泡多，光泽度差。内满釉，外施釉不及底。内底有四个支钉痕。口径 9、底径 4.7、通高 2.1 厘米（图五八，2；彩版五八，4）。

T0620②:8，残，变形。侈口，尖唇，腹壁较薄，平底，底部较薄。素面。胎灰白色，内外均酱釉，釉面洁净，釉色明亮，光泽度好。内满釉，外只有近口沿处有釉，有流釉现象。内底有支钉痕。口径8.8、底径4.6、通高2.4厘米（图五八，3；彩版五八，5）。

　　T1429②:6，残。侈口，尖唇，腹壁稍厚，底微内凹，底部较厚。素面。胎灰白色，

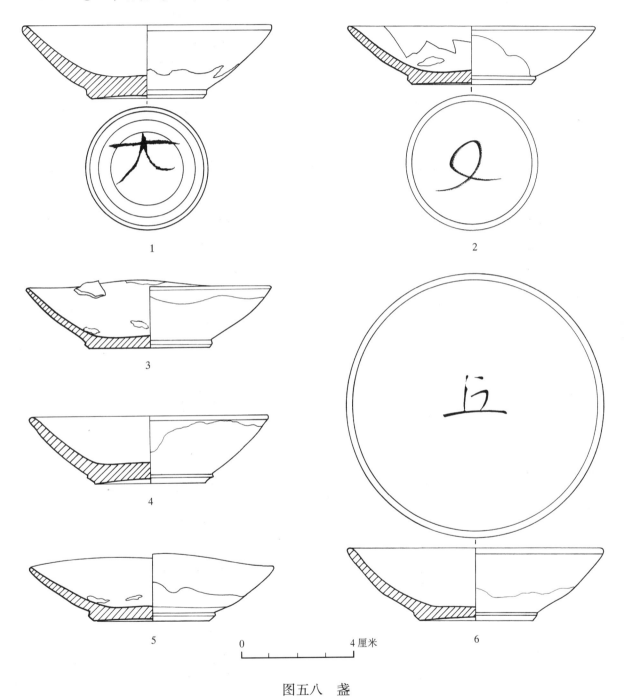

图五八　盏

1.Bb 型 T0222②:2　　2.Bb 型 T0421②:4　　3.Bb 型 T0620②:8　　4.Bb 型 T1429②:6　　5.Bb 型 T0224②:3
6.Bb 型 T0222②:30

内外均酱釉，釉面多脱落。内满釉，外施釉不及底，有流釉现象。外底边缘有四个支钉痕。口径 8.6、底径 4.5、通高 2.4 厘米（图五八，4；彩版五八，6）

　　T0224②：3，残，变形。侈口，尖唇，腹壁较薄，平底，底部较薄。素面。胎灰白色，内外均酱釉，釉面部分剥落。内满釉，外部分釉不及底，有流釉现象。内底有四个支钉痕。口径 8.8、底径 4.6、通高 2.4 厘米（图五八，5；彩版五九，1）。

　　T0222②：30，残。侈口，尖圆唇，腹壁较薄，底部略内凹，底部较薄。内底心有一用锐器刻划的粗而深的"丘"字。胎灰白色，内外均酱釉。内满釉，釉面基本脱落；外施釉不及底，釉色较暗，气孔较多，部分釉面脱落，有流釉现象。口径 9.4、底径 4.5、通高 2.6 厘米（图五八，6；彩版五九，2、3）。

　　（四）盘　80 件。主要有青釉和酱釉两类，青釉 57 件，占多数，为盘类器的 71.25%，酱釉 23 件，占盘类器的 28.75%（附表五）。器物多素面，少量器内腹壁有刻花。底部较厚。根据腹部和足部的差异可分为四型：

　　A 型　15 件。弧腹，饼足略内凹。

　　Aa 型　8 件。口沿斜直。

　　T1229②：22，修复。侈口，圆唇，腹壁较厚。素面。胎灰白色，内外均青釉，釉面多脱落。内满釉，外半釉，下腹及底不施釉。内底有六个支钉痕，外底也有支钉痕。口径 15.1、底径 6.4、通高 3.6 厘米（图五九，1；彩版五九，4）。

　　T1229②：62，残。侈口，圆唇，腹壁较厚。素面。胎灰白色，内外均青釉，釉浅绿色。内满釉，釉面较洁净；外釉不及底，釉面粘有窑渣。内外底均有支钉痕。口径 14.8、底径 6.4、通高 3.8 厘米（图五九，2；彩版五九，5）。

　　Ab 型　7 件。口沿外撇。

　　T1229②：3，修复。侈口，尖唇，腹壁较厚。素面。胎灰白色，内外均青釉，釉色泛黄。内满釉，釉面较洁净；外釉不及底，有流釉现象，釉面粘有窑渣，部分釉面脱落。内外底各有四个支钉痕。口径 15.4、底径 6.4、通高 3.7 厘米（图五九，3；彩版五九，6）。

　　T1330②：40，修复。侈口，尖圆唇，腹壁较厚。素面。胎灰白色，内外均青釉，釉色泛黄。内满釉，釉面多脱落；外釉不及底，有流釉现象，釉面粘有窑渣，部分釉面脱落。外底有支钉痕。口径 14.4、底径 5.6、通高 4 厘米（图五九，4；彩版六〇，1）。

　　T1330②：69，残。侈口，圆唇，腹壁较厚。素面。胎灰白色，内外均青釉，釉色泛黄。内满釉，釉面粘有窑渣；外釉不及底，有流釉现象，釉面多脱落。内外底各有六个支钉痕。口径 14.8、底径 6.1、通高 3.4 厘米（图五九，5；彩版六〇，2）。

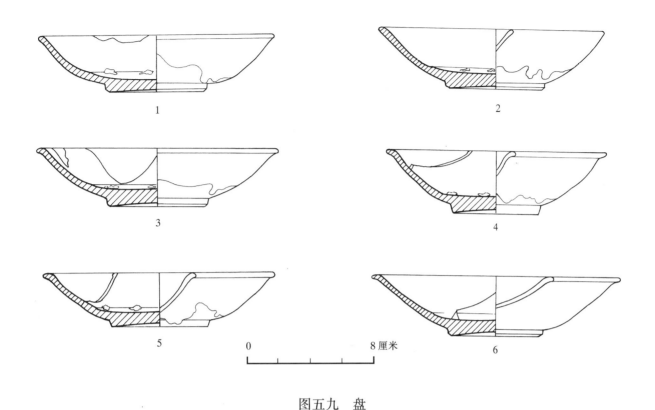

图五九　盘

1.Aa 型 T1229②:22　2.Aa 型 T1229②:62　3.Ab 型 T1229②:3　4.Ab 型 T1330②:40　5.Ab 型 T1330②:69
6.Ab 型 T1030②:44

T1030②:44，残。侈口，尖圆唇，腹壁较厚。素面。胎灰白色，内外均青釉，釉豆青色。内满釉，釉面洁净，光泽度较好；外施釉足根，底部不施釉，有流釉现象，釉面粘有窑渣。内外底均有支钉痕。口径 16.2、底径 6.1、通高 3.8 厘米（图五九，6；彩版六〇，3）。

B 型　37 件。折腹，饼足略内凹。

Ba 型　12 件。口沿斜直

T1330②:22，修复。侈口，尖圆唇，上腹壁薄，下腹壁较厚。素面。胎灰白色，内外均青釉，釉已全部脱落。外底有六个支钉痕。口径 15、底径 6.6、通高 4 厘米（图六〇，1；彩版六〇，4）。

T1229②:23，修复。侈口，圆唇，腹壁较厚。素面。胎灰白色，内外均青釉，釉色泛黄，釉面洁净，釉色较光亮，部分釉面脱落。内满釉，外釉不及底，有流釉现象。外底有六个支钉痕。口径 14.4、底径 6.4、通高 3.2 厘米（图六〇，2；彩版六〇，5）。

T1330②:37，修复。侈口，圆唇，腹壁较厚。素面。胎灰白色，内外均青釉，釉色

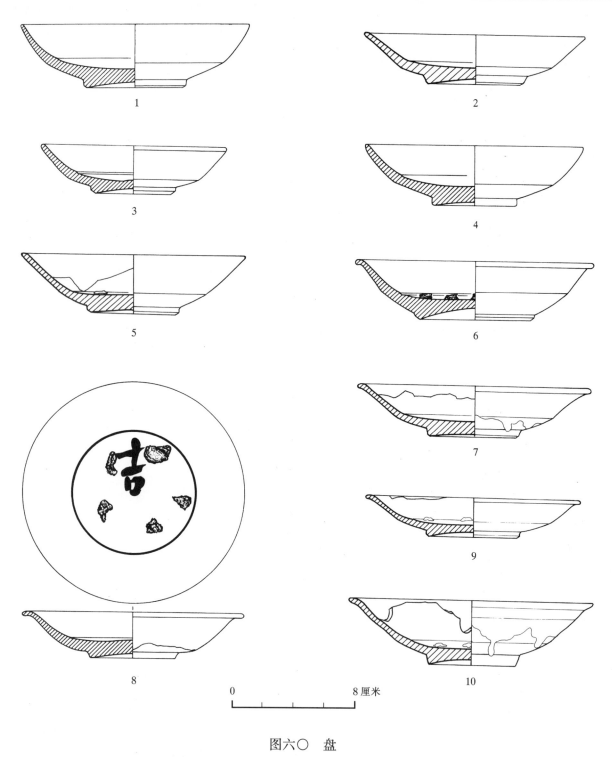

0　　　　　　　　8厘米

图六〇　盘

1.Ba 型 T1330②:22　　2.Ba 型 T1229②:23　　3.Ba 型 T1330②:37　　4.Ba 型 T1730②:22　　5.Ba 型 T1330②:31
6.Bb 型 T1229②:11　　7.Bb 型 T1229②:4　　8.Bb 型 T1330②:46　　9.Bb 型 T1330②:30　　10.Bb 型 T1330②:39

泛黄，釉面大多脱落。内满釉，外釉不及底。外底有六个支钉痕。口径12.1、底径5.4、通高3.1厘米（图六〇，3；彩版六〇，6）。

T1730②:22，修复。侈口，尖圆唇，腹壁较厚。素面。胎灰白色，内外均青釉，釉豆青色。内满釉，釉面完整洁净，釉色明亮，光泽度好；外釉不及底，有流釉现象，釉面粘有窑渣，部分釉面脱落。外底有五个支钉痕。口径14.3、底径5.5、通高3.8厘米（图六〇，4；彩版六一，1）。

T1330②:31，修复。侈口，尖圆唇，腹壁较薄。素面。胎灰白色，内外均青釉，釉色泛黄，部分釉面脱落。内满釉，外施釉至足根，底部不施釉，釉面粘满窑渣。内外底均有支钉痕。口径14.6、底径6、通高3.8厘米（图六〇，5）。

Bb型 15件。口沿外撇。

T1229②:11，略残。侈口，圆唇，上腹壁较薄，下腹壁较厚。素面。胎灰白色，内外均青釉。内满釉，釉色泛黄，釉面洁净，少量釉面脱落；外施釉不及底，釉青绿色，有流釉现象，釉面大多脱落。内底有九个支钉痕，外底也有支钉痕。口径15.6、底径7.6、通高3.8厘米（图六〇，6；彩版六一，2）。

T1229②:4，修复。侈口，圆唇，腹壁较薄。素面。胎灰白色，内外均青釉，釉色泛黄，釉面多脱落。内满釉，外施釉不及底，有流釉现象。口径15.2、底径5.9、通高3.3厘米（图六〇，7）。

T1330②:46，修复。侈口，圆唇，上腹壁较薄，下腹壁较厚。内底用褐釉书写一正楷"吉"字。素面。胎灰白色，内外均青釉，釉浅绿色。内满釉，釉面较洁净，气泡较多，光泽度较差；外施釉不及底，有流釉现象，釉面粘有窑渣。内底有五个支钉痕，外底也有支钉痕。口径14.5、底径5.6、通高3厘米（图六〇，8；彩版六一，3、4）。

T1330②:30，修复。侈口，尖圆唇，腹壁较薄。内底用褐釉书写一正楷"吉"字。素面。胎灰白色，内外均青釉，釉豆青色。内满釉，釉面完整洁净，釉色明亮，光泽度好；外施釉不及底，有流釉现象，釉面粘有窑渣。内底有五个支钉痕。口径14、底径6、通高2.6厘米（图六〇，9；彩版六一，5）。

T1330②:39，修复。侈口，尖圆唇，腹部较深，腹壁较厚。素面。胎灰白色，内外均青釉，釉色泛黄，釉面部分脱落。内满釉，外施釉不及底，有流釉现象。内外底均有支钉痕。口径16、底径5.8、通高4.2厘米（图六〇，10；彩版六一，6）。

Bc型 10件。花口。

T1330②:38，修复，变形。侈口，口沿斜直，口部与腹部用凹槽分成五瓣呈葵花状，圆唇，腹壁较厚。素面。胎灰白色，内外均青釉，釉色泛黄。内满釉，釉面完整洁净，光泽度较好；外釉不及底，有流釉现象，釉面大多脱落。内底有五个支钉痕。口径15.3、底径5.8、通高4.2厘米（图六一，1；彩版六二，1）。

T1330②：29，修复。侈口，口沿外撇，口部与腹部用凹槽分成五瓣呈葵花状，圆唇，腹壁较厚。素面。胎土红色，内外均青釉，釉面已脱落。内满釉，外釉不及底，有流釉现象。内外底各有五个支钉痕。口径15.5、底径5.6、通高3.4厘米（图六一，2）。

T1229②：2，修复。侈口，口沿外撇，口部与腹部用凹槽分成五瓣呈葵花状，圆唇，腹壁稍薄。素面。胎土红色，内外均青釉，釉色泛黄，釉面多脱落。内满釉，外釉不及底，有流釉现象。口径15.6、底径6.5、通高3.9厘米（图六一，3；彩版六二，2）。

T1330②：47，修复。侈口，口沿外撇，口部与腹部用凹槽分成五瓣呈葵花状，圆唇，腹壁较厚。内底用褐釉书写一"吉"字。素面。胎铁灰色，内外均青釉，釉面完好，部分釉面粘有窑渣，釉色明亮，光泽度较好。内满釉，外釉不及底，有流釉现象。内外底均有支钉痕。口径14.7、底径5.8、通高3厘米（图六一，4；彩版六二，3、4）。

T1329②：7，完整，略变形。侈口，口沿外撇，口部与腹部用凹槽分成五瓣呈葵花状，圆唇，腹壁较厚。素面。胎土红色，内外均青釉，釉色泛黄，气泡较多，釉色较暗，光泽度稍差。内满釉，釉面完好；外釉不及底，有流釉现象，少量釉面脱落。内底有七个支钉痕，外底有6个支钉痕。口径15.8、底径6.4、通高3.6厘米（图六一，5；彩版六二，5）。

T1229②：34，修复，略变形。侈口，口沿斜直，口部与腹部用凹槽分成五瓣呈葵花状，尖圆唇，腹壁较厚。素面。胎灰白色，内外均青釉，釉豆青色，釉面洁净，釉色明亮，光泽度极好。内满釉，釉面完好；外釉不及底，少量釉面脱落。内底有六个支钉痕，外底也有支钉痕。口径15、底径5.9、通高4厘米（图六一，6；彩版六二，6）。

T1229②：35，修复，变形。侈口，口沿斜直，口部与腹部用凹槽分成五瓣呈葵花状，尖圆唇，腹壁较厚。素面。胎灰白色，内外均青釉，釉豆青色，有冰裂纹，釉面完好洁净，釉色明亮，光泽度极好。内满釉，外釉不及底。外底有六个支钉痕。口径15.7、底径6、通高4.6厘米（图六一，7；彩版六三，1）。

C型　1件。腹斜直，矮圈足。

T0423②：12，修复。侈口，圆唇，上腹壁较薄，下腹壁较厚，底较平。素面。胎灰白色，内外均青釉，釉泛黄，釉面粘有窑渣，部分釉面脱落。内满釉，外釉不及底，有流釉现象。内底有七个支钉痕。口径20.2、底径6.1、通高4.3厘米（图六二，1；彩版六三，2）。

D型　27件。弧腹，圈足。根据口沿差异分两个亚型：

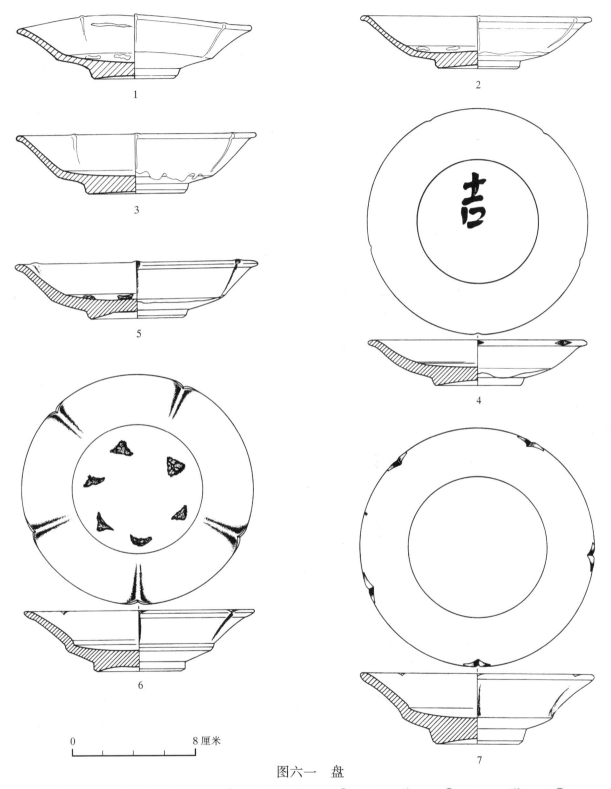

0　　　　　　　　8厘米

图六一　盘

1.Bc型 T1330②:38　2.Bc型 T1330②:29　3.Bc型 T1229②:2　4.Bc型 T1330②:47　5.Bc型 T1329②:7
6.Bc型 T1229②:34　7.Bc型 T1229②:35

Da 型　10件。口沿斜直。

T1730②:23，修复。侈口，圆唇，腹壁较薄，底较平。素面。胎灰白色，内外均酱

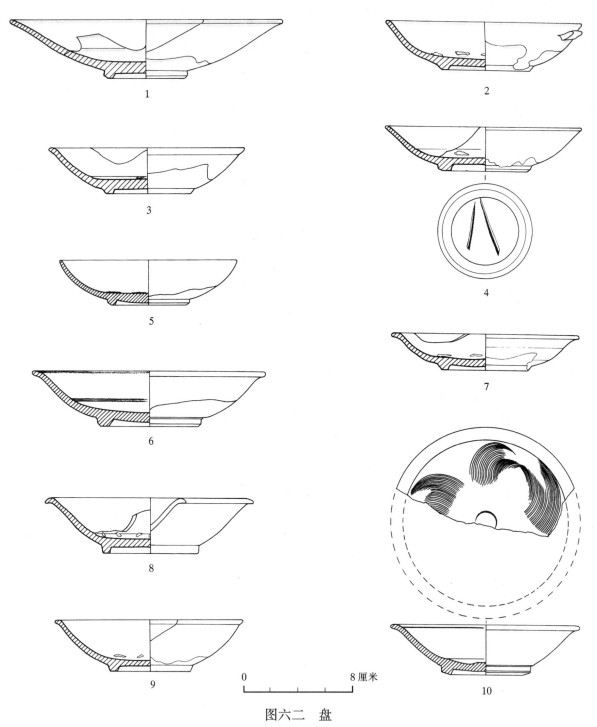

图六二　盘

1.C 型 T0423②:12　2.Da 型 T1730②:23　3.Da 型 T0221②:3　4.Da 型 T0222②:7　5.Da 型 T0422②:5

6.Db 型采:8　7.Db 型 T0222②:6　8.Db 型 T1329②:20　9.Db 型 T1130②:24　10.Db 型 T1529②:6

釉，釉面完好，气泡较多，光泽度较差。内满釉，外釉不及底，有流釉现象。内底有七个支钉痕，圈足上也有支钉痕。口径 14.6、底径 6.6、通高 3.6 厘米（图六二，2；彩版六三，3）。

T0221②:3，修复。侈口，圆唇，腹壁较薄，底较平。素面。胎灰白色，内外均酱釉，气泡较多，光泽度较差。内满釉，釉面完好；外半釉，下腹及圈足不施釉，有流釉现象，釉面部分脱落。内底有六个支钉痕，圈足上也有支钉痕。口径 14.4、底径 6.2、通高 3.4 厘米（图六二，3；彩版六三，4）。

T0222②:7，修复。侈口，圆唇，腹壁较薄，底较平。外底心有刻划的"八"字形符号。素面。胎灰白色，内外均酱釉，釉面粘有窑渣，部分釉面脱落，气泡较多，光泽度较差。内满釉，外釉不及底，有流釉现象。口径 14.6、底径 6.7、通高 3.2 厘米（图六二，4；彩版六三，5）。

T0422②:5，修复。侈口，尖唇，腹壁较薄，底较平。素面。胎灰白色，内外均酱釉，釉面粘有窑渣，部分釉面脱落，气泡较多，光泽度较差。内满釉，外釉不及底，有流釉现象。内底有六个支钉痕，圈足上也有支钉痕。口径 13.1、底径 6、通高 3.3 厘米（图六二，5；彩版六三，6）。

Db 型 17 件。口沿外撇。

采:8，修复。侈口，圆唇，腹壁较厚，底微下弧。素面。胎灰白色，内外均酱釉。内满釉，釉面洁净完好，釉色明亮，光泽度好；外釉不及底，有流釉现象，釉面部分脱落。内底和圈足上各有六个支钉痕。口径 17.3、底径 7.6、通高 4 厘米（图六二，6；彩版六四，1）。

T0222②:6，修复。侈口，圆唇，腹壁较厚，底微下弧。素面。胎灰白色，内外均酱釉，釉面洁净完好，釉色明亮，光泽度好。内满釉，外釉不及底，有流釉现象。内底和圈足上各有五个支钉痕。口径 13.8、底径 6.3、通高 2.6 厘米（图六二，7；彩版六四，2）。

T1329②:20，残。侈口，圆唇，腹壁较厚，底较平。素面。胎铁灰色，内外均青釉，釉深绿色。内满釉，釉面洁净完好，釉色明亮，光泽度好；外施釉至足根，圈足内不施釉，釉面粘有窑渣，部分釉面脱落。内底有十个支钉痕，圈足上也有支钉痕。口径 15.4、底径 7、通高 4.1 厘米（图六二，8）。

T1130②:24，修复。侈口，圆唇，腹壁较薄，底较平。素面。胎铁灰色，内外均青釉，釉色泛黄，釉面洁净，少量釉面脱落。内满釉，外施釉不及底。内底有支钉痕。口径 13.9、底径 6、通高 3.8 厘米（图六二，9；彩版六四，3）。

T1529②:6,修复。侈口,圆唇,腹壁较薄,底微下弧。内腹壁用弧线刻划梳形纹。胎灰白色,内外均青釉,釉豆青色,釉面完好洁净,釉色明亮,光泽度好。内满釉,外施釉至足根,圈足内不施釉。内底有支钉痕。口径 14.1、底径 6.5、通高 3.6 厘米(图六二,10;彩版六四,4)。

(五)碟类　10 件。其实盘与碟很难区分,分类时把口径等于或小于 12 厘米称为碟,口径大于 12 厘米的叫盘。青釉占绝大多数,少量酱釉,均素面。根据底部的差异分为两型:

A 型　9 件。饼足内凹。

T1330②:23,修复。侈口,口沿斜直,折腹较浅,腹壁较厚。素面。胎铁灰色,内外均酱釉,釉面基本脱落。内满釉,外釉不及底。内底见有七个支钉痕。口径 12.1、底径 5.5、通高 3.1 厘米(图六三,1;彩版六四,5)。

T1229②:32,修复。口近直,口沿斜直,弧腹较浅,腹壁和底部均较厚。素面。胎灰白色,内外均青釉,釉色泛黄,釉面洁净,釉面气泡较多,光泽度稍差。内满釉,釉面完好;外釉不及底,有流釉现象,釉面部分脱落。内底见有六个支钉痕,外底也有支

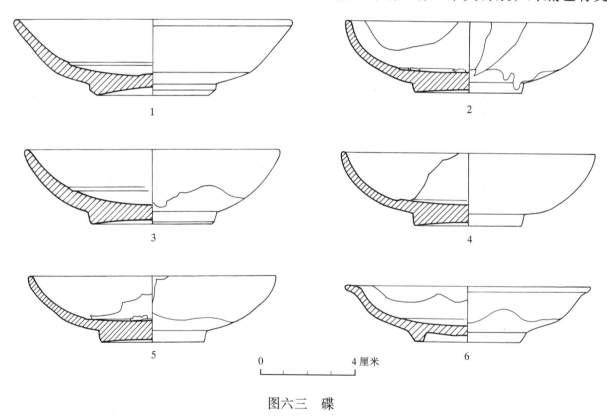

图六三　碟

1.A 型 T1330②:23　2.A 型 T1229②:32　3.A 型 T1229②:16　4.A 型 T1330②:24　5.A 型 T1330②:25

6.B 型 T0222②:14

钉痕。口径10.5、底径4.6、通高2.9厘米（图六三，2；彩版六四，6）。

T1229②:16，修复。侈口，口沿斜直，弧腹，腹较浅，腹壁和底部均较厚。素面。胎灰白色，内外均青釉，釉浅绿色，釉面完好洁净，气泡较多，光泽度稍差。内满釉，外釉不及底，有流釉现象。内底见有六个支钉痕，外底也有支钉痕。口径11、底径5.4、通高3.1厘米（图六三，3；彩版六五，1）。

T1330②:24，修复。口近直，口沿斜直，弧腹较浅，腹壁和底部均较厚。素面。胎灰白色，内外均青釉，釉色泛黄，釉面多脱落，气泡较多，光泽度差。内满釉，外釉不及底。内外底各见有五个支钉痕。口径10.8、底径4.6、通高3厘米（图六三，4）。

T1330②:25，修复。侈口，口沿斜直，弧腹较浅，腹壁和底部均较厚。素面。胎灰白色，内外均青釉，釉色泛黄，釉面完好洁净，气泡较多，光泽度较差。内满釉，外釉不及底，有流釉现象。内底各见有五个支钉痕。口径10.7、底径4.5、通高2.8厘米（图六三，5；彩版六五，2）。

B型　1件。矮圈足。

T0222②:14，修复。侈口，口沿外撇，弧腹较浅，圈足底部微下弧。腹壁和底部均较薄。素面。胎灰白色，内外均酱釉，釉面完好洁净，气泡较多，光泽度稍差，部分釉面脱落。内满釉，外釉不及底，有流釉现象。圈足边缘有支钉痕。口径10.5、底径4.5、通高2.3厘米（图六三，6；彩版六五，3）。

（六）钵类　51件。釉色有酱釉、青釉和外青釉内酱釉三类，酱釉33件，数量最多，占钵类器的64.71%，青釉10件，占19.61%，器外施青釉器内施酱釉的7件，占13.72%，另有少量器物素烧（附表六）。根据钵的口径大小可分成大钵和小钵，口径大于或等于20厘米的定为大钵，口径小于20厘米的定为小钵，其实小钵的口径一般都等于或小于15厘米。

1. 大钵　25件。根据口沿部分的变化可分为四型：

A型　1件。平折沿，溜肩，斜腹。

T0522②:4，修复。敛口，方唇，沿面较宽，沿部与上腹部呈"T"字形，底微内凹。外腹有数周凹弦纹。胎铁灰色，酱褐釉，器内壁不施釉，外壁施釉至底缘，外底部不施釉。釉色灰暗，釉面粗糙，气泡多，光泽度极差，釉面粘有窑渣。底部有支钉痕。口径23.6、底径9.4、通高14.2厘米（图六四，1；彩版六五，4）。

B型　1件。卷沿外叠，鼓肩，收腹。

T1029②:13，修复。敛口，圆唇，饼足内凹。外腹部有数周凸弦纹。胎铁灰色，内外均酱褐釉，釉面大部分已脱落。口径23.5、底径8、通高13.7厘米（图六四，2；彩

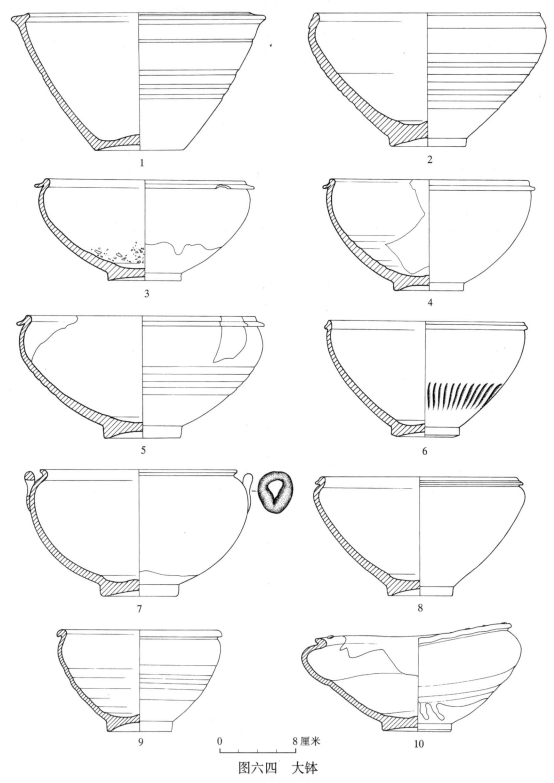

图六四　大钵

1. A 型 T0522②:4　2. B 型 T1029②:13　3. C 型 T1129②:4　4. C 型 T1029②:4　5. C 型 T1030②:10
6. C 型 T1030②:21　7. D 型 T1029②:5　8. D 型 T1130②:9　9. D 型 T1130②:67　10. D 型 T1030②:49

版六五，5）。

C 型　19 件。沿外折，唇部凸起，鼓肩弧腹。

T1129②:4，下腹部开裂。敛口，沿面较宽，圆唇，饼足内凹。素面。胎灰白色，内外均青釉，釉豆青色，气孔较多，釉面较粗糙，光泽度较差，釉面粘有窑渣，部分釉面脱落。器内满釉，外施釉不及底。唇面和外下腹部有一圈支钉痕。口径 21、底径 7.7、通高 10.4 厘米（图六四，3；彩版六五，6）。

T1029②:4，修复。敛口，沿面较宽，圆唇，饼足内凹。素面。胎铁灰色，内外均酱釉，釉面较粗糙，光泽度较差，釉面粘有窑渣，釉基本脱落。器内满釉，外施釉不及底。唇面有一圈支钉痕。口径 20.8、底径 7.4、通高 11.4 厘米（图六四，4；彩版六六，1）。

T1030②:10，修复。敛口，沿面较宽，圆唇，饼足内凹。外腹部有数周凸弦纹。胎灰白色，内外均青釉，釉面已脱落。唇面有一圈支钉痕。口径 24.2、底径 8、通高 12.6 厘米（图六四，5；彩版六六，2）。

T1030②:21，开裂。敛口，沿面较宽，尖唇，饼足内凹。腹下部有刻划菊瓣纹。胎铁灰色，内外均青釉，釉面基本脱落。唇面有一圈支钉痕。口径 20.2、底径 7、通高 12 厘米（图六四，6；彩版六六，3）。

D 型　4 件。卷沿外撇，鼓肩弧腹。

T1029②:5，修复。敛口，尖唇，沿面较宽，饼足内凹。素面。肩部有两个对称的纵向环形纽。胎灰白色，内外均青釉，釉青绿色，较明亮，光泽度较好。内满釉，釉面洁净完好；外施釉不及底，有流釉现象，釉面斑驳粘有窑渣，部分釉面脱落。口径 20.9、底径 8.2、通高 13 厘米（图六四，7；彩版六六，4）。

T1130②:9，完整，变形。敛口，尖唇，沿面较宽，饼足内凹。下腹部有数周凹弦纹。胎灰白色，内外均酱釉，釉面已剥落。内满釉，外施釉不及底。唇缘有支钉痕。口径 20.4、底径 6.8、通高 12.3 厘米（图六四，8；彩版六六，5）。

T1130②:67，残。敛口，尖唇，沿面较宽，饼足内凹。腹部有数周凸弦纹。胎灰白色，内外均酱釉，釉面已剥落。内满釉，外施釉至上腹。口径 17.6、底径 6.8、通高 10.4 厘米（图六四，9）。

T1030②:49，残，变形。敛口，尖唇，沿面较宽，饼足内凹。下腹部有数周凹弦纹。胎灰白色，内外均酱釉，光泽度较好。内满釉，釉面完好洁净；外施釉至上腹，有流釉现象，少量釉面脱落。唇缘有支钉痕。口径 20.4、底径 7.2、通高 9.8 厘米（图六四，10；彩版六六，6）。

2. 小钵 **26件**。根据口部和肩部的差异可分为三型：

A型　16件。敛口鼓肩。根据底部的差异可分两个亚型：

Aa型　12件。矮圈足。

T1430②:8，修复。尖唇，弧腹，上腹壁薄，下腹壁较厚，底部下弧。素面。胎铁灰色，内满釉，酱褐釉，釉面完好洁净，内底有五个支钉痕；外青釉，釉深绿色，气孔较多，釉面光泽度较好，上腹施釉，半釉，下腹及圈足不施釉。口径14.1、底径6.4、通高5.7厘米（图六五，1；彩版六七，1）。

T0221②:133，残。尖圆唇，弧腹，上腹壁薄，下腹壁较厚，底部较平。素面。胎灰白色，内外均青釉，釉色略泛黄，釉面洁净完好，釉色明亮，光泽度较好。内满釉，内底有五个支钉痕；外青釉，上腹施釉，半釉，下腹及圈足不施釉，有流釉现象。口径13.1、底径6、通高6.3厘米（图六五，2；彩版六七，2）。

T0221②:128，修复。尖圆唇，弧腹，上腹壁薄，下腹壁较厚，底部较平。口沿两周凹弦纹，弦纹内刻划纵向密集的斜线纹。胎灰白色，内满釉，酱釉，釉面完好洁净，光泽度较好，内底有五个支钉痕；外半釉，上腹施釉，下腹及圈足不施釉，有流釉现象，口沿部分酱釉，肩部和腹部青釉，釉浅绿色，气孔较多，光泽度较差，少许釉面脱落。口径12.8、底径6.8、通高6.2厘米（图六五，3；彩版六七，3）。

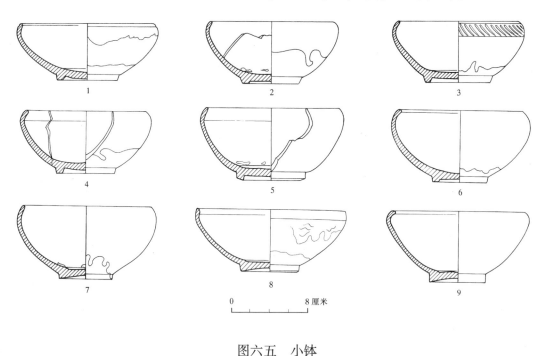

图六五　小钵

1. Aa型 T1430②:8　2. Aa型 T0221②:133　3. Aa型 T0221②:128　4. Aa型 T0221②:127　5. Aa型 T0223②:1
6. Aa型 T0221②:206　7. Ab型采:9　8. Ab型 T1130②:34　9. Ab型 T1129②:20

T0221②:127，残。尖圆唇，弧腹，上腹壁薄，下腹壁较厚，底部微下弧。素面。胎铁灰色，内外均酱釉。内满釉，釉面完好洁净；外半釉，上腹施釉，下腹及圈足不施釉，有流釉现象，釉面部分脱落，气孔较多，光泽度较差，部分釉面脱落。口径12.6、底径6.2、通高6.4厘米（图六五，4；彩版六七，4）。

T0223②:1，残。尖圆唇，弧腹，上腹壁薄，下腹壁较厚，底部较平。素面。胎灰白色，内满釉，酱釉，釉面粘有窑渣，光泽度较好，内底有支钉痕；外青釉，釉酱绿色，施釉不及底，有流釉现象，釉面厚薄不均，气孔较多，光泽度尚好，少许釉面脱落。口径14、底径7.4、通高7.3厘米（图六五，5）。

T0221②:206，残。尖圆唇，弧腹，上腹壁薄，下腹壁较厚，底部较平。胎灰白色，内满釉，酱釉，光泽度较好，内底有四个支钉痕；外施釉不及底，有流釉现象，口沿部分酱釉，肩部和腹部青釉，釉略泛黄，光泽度较好。内外釉面均粘满窑渣，釉面部分脱落。口径13.2、底径5.8、通高7.3厘米（图六五，6）。

Ab型　4件。饼足内凹。

采:9，修复。尖圆唇，弧腹，腹壁厚薄较均匀。素面。胎灰白色，内外均青釉，釉色泛黄，气孔较多，光泽度差，釉面粘有窑渣，部分釉面脱落。内满釉，外施釉不及底，有流釉现象。内底有五个支钉痕。口径13.6、底径5.7、通高7.4厘米（图六五，7；彩版六七，5）。

T1130②:34，残。圆唇，弧腹，腹壁厚薄较均匀。素面。胎铁灰色，内外均青釉，釉色泛黄，气孔较多，光泽度差，釉面粘有窑渣，部分釉面脱落。内满釉，外施釉不及底，有流釉现象。内底有支钉痕。口径15.8、底径6.4、通高6.3厘米（图六五，8；彩版六七，6）。

T1129②:20，残。圆唇，弧腹，腹壁厚薄较均匀。素面。胎铁灰色，内外均青釉，釉色泛黄，气孔较多，光泽度差，釉面粘有窑渣，部分釉面脱落。内满釉，外施釉不及底，有流釉现象。内底有五个支钉痕。口径14、底径5.9、通高7.2厘米（图六五，9；彩版六八，1）。

B型　1件。口近直，折肩，平底。

T1129②:21，残。方唇，收腹，腹壁厚薄较均匀。素面。胎铁灰色，内外均青釉，釉色泛黄，气孔较多，光泽度差，釉面粘有窑渣，大部分釉面脱落。内满釉，外施釉不及底，有流釉现象。口沿上有支钉痕。口径11.4、底径4.1、通高4.4厘米（图六六，1；彩版六八，2）。

C型　3件。束颈鼓肩，矮圈足。根据口沿的差异分两个亚型：

Ca 型　1件。口近直。

T1130②:16，修复。圆唇，弧腹，腹壁较厚，底部较平。素面。胎土红色，内外均酱釉，釉面完好洁净，釉厚薄不均，气孔较多，釉色明亮，光泽度较好。内满釉，外施釉不及底，有流釉现象。下腹部有一圈支钉痕。口径 14、底径 6、通高 8.2 厘米（图六六，2；彩版六八，3）。

Cb 型　2件。侈口。

T0221②:135，残。圆唇，口沿外卷，弧腹，腹壁厚薄较均匀，底部较平。素面。胎土红色。内酱釉，满釉，釉面洁净完好，釉色明亮，光泽度较好；外青釉，釉色泛黄，施釉不及底，有流釉现象，部分釉面剥落。下腹部有圈支钉痕。口径 12.4、底径 5.5、通高 6.2 厘米（图六六，3；彩版六八，4）。

采:12，残。尖唇，口沿外撇，收腹，上腹壁薄，下腹壁较厚，底部下凸。肩部有两凹弦纹。胎铁灰色。内外均酱釉，釉面较光亮，部分釉面脱落。内满釉，釉面洁净完好；外半釉，下腹及圈足不施釉，部分釉面粘有窑渣。口径 11、底径 3.8、通高 5 厘米（图六六，4；彩版六八，5）。

D 型　6件。直口，腹深而直，根据沿部和底部的差异可分两个亚型。

Da 型　4件。宽沿，饼足。

T0221②:28，修复。方唇，上腹部较直，下腹微弧，底较平。腹壁和底部均较厚。素面。胎灰白色，内外均酱釉，釉色灰暗，气孔较多，釉面粗糙，光泽度差，釉面部分

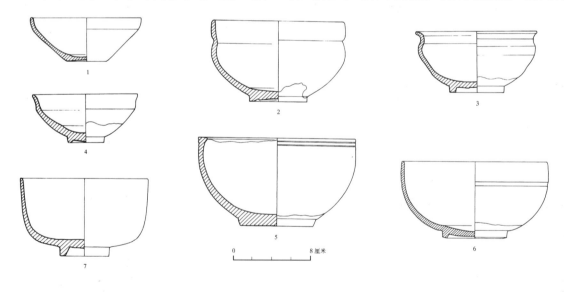

图六六　小钵

1.B 型 T1129②:21　2.Ca 型 T1130②:16　3.Cb 型 T0221②:135　4.Cb 型采:12　5.Da 型 T0221②:28
6.Db 型 T0421②:2　7.Db 型采:20

脱落。内半釉，内下腹及底不施釉；外釉不及底。口径 16.6、底径 7.6、通高 9 厘米（图六六，5；彩版六八，6）。

Db 型 2 件。窄沿、圈足。

T0421②:2，修复。尖唇，上腹部较直，下腹微弧，底部下弧。腹壁和底部均较薄。上腹两周凹弦纹。胎灰白色。内酱釉，满釉，釉面保存较好；外青釉，施釉不及底，釉面斑驳，大多脱落。内底和圈足上各有 5 个支钉痕。口径 15.2、底径 6.7、通高 7.8 厘米（图六六，6；彩版六九，1）。

采:20，修复。尖唇，上腹部较直，下腹微弧，圈足较高，底部中心下凸。腹壁较薄。素面。胎灰白色。内外均酱釉，釉面洁净保存完好，气孔较多，釉面较粗糙，光泽度较差。内满釉，外施釉不及底，有流釉现象。内底有四个支钉痕。口径 13.2、底径 5.1、通高 8 厘米（图六六，7；彩版六九，2）。

（七）盆 3 件。其中青釉二件，酱釉一件。

T1630②:1，修复。侈口，圆唇，卷沿较宽，弧腹，矮圈足，底部较平。腹壁及底较薄。素面。器型规整，比例协调，外观轻盈。胎灰白色，内外均青釉，釉豆青色。内满釉，釉面完好洁净，釉色明亮，光泽好；外施釉不及底，部分釉面粘有窑渣，釉色较光亮。内底有支钉痕，外壁下腹有一圈十余个支钉痕。口径 29.8、底径 11、通高 9.8 厘米（图六七，1；彩版六九，3）。

T1130②:23，修复。侈口，尖唇，折沿外撇，沿面略窄，腹斜直，底内凹。上腹壁较薄，下腹壁及底部较厚。素面。胎灰白色，内外均青釉，釉色泛黄，釉面斑驳，粘有窑渣，釉面部分脱落。内满釉，外施釉不及底，有流釉现象。底部有支钉痕。口径 28、底径 9、通高 9.2 厘米（图六七，2；彩版六九，4）。

（八）杯 11 件。均为酱釉。根据腹部的差异分为两型：

A 型 1 件。鼓腹。

T0423②:2，残。直口，尖圆唇，矮圈足，底部下凸。素面。胎铁灰色，内外均酱釉，釉面粗糙，有冰裂纹，光泽度差，釉面部分脱落。器内只有近口沿处施釉，器外施釉不及底，有流釉现象。口径 5.8、底径 3.3、通高 2.5 厘米（图六七，3；彩版六九，5）。

B 型 10 件。斜直腹或直腹。

T0222②:5，修复。侈口，尖圆唇，矮圈足，底部较平，口宽底小。素面。胎铁灰色，酱釉，釉面完好，釉面粗糙，气孔较多，釉色灰暗，光泽度差。器内不施釉，器外施釉不及底。口径 6.4、底径 3.4、通高 3.8 厘米（图六七，4；彩版六九，6）。

T1328②:1，修复。直口，尖圆唇，矮圈足，底部微下弧，口稍宽。上腹有一周凹弦纹。胎土红色，酱釉，釉面基本脱落。器内不施釉，器外施釉不及底。口径5.8、底径3.2、通高3.7厘米（图六七，5；彩版七〇，1）。

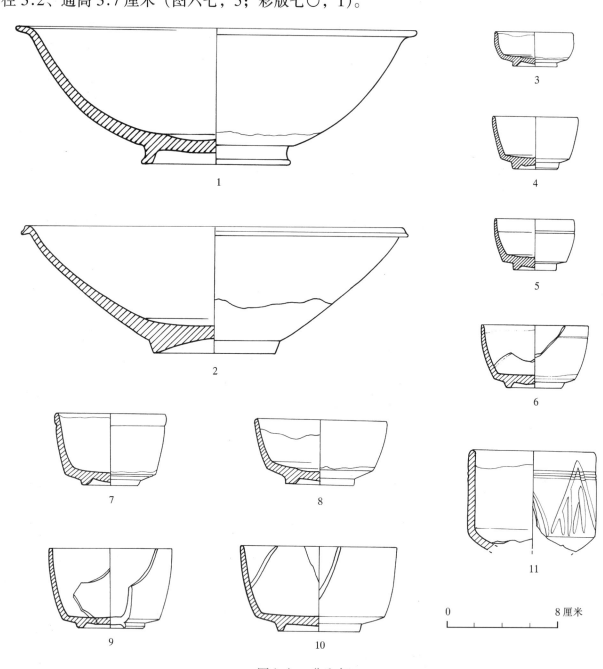

图六七　盆和杯

1.盆 T1630②:1　2.盆 T1130②:23　3.A型杯 T0423②:2　4.B型杯 T0222②:5　5.B型杯 T1328②:1

6.B型杯 T0222②:32　7.B型杯 T0222②:4　8.B型杯采:23　9.B型杯 T0222②:3　10.B型杯 T0224②:6

11.B型杯 T1130②:33

T0222②:32，残。直口，尖圆唇，矮圈足，底部微下弧，口稍宽。上腹有一周凹弦纹。胎铁灰色，内外均酱釉，釉面光亮，有冰裂纹，釉面粘有窑渣，部分釉面脱落。器内只有近口沿处施釉，器外施釉不及底。口径8、底径4.2、通高4.5厘米（图六七，6；彩版七〇，2）。

T0222②:4，修复。直口，尖唇，矮圈足，底部下凸，口宽底小。上腹有一周凹弦纹。胎铁灰色，内外均酱釉，釉面光亮，光泽度好，气孔较多，少量釉面脱落。器内只有近口沿处施釉，器外施釉不及底。口径8、底径4.2、通高5.2厘米（图六七，7；彩版七〇，3）。

采:23，修复。直口，尖唇，矮圈足，底部下凸，口宽底小。胎铁灰色，内外均酱釉，釉面粗糙，气孔较多，釉色灰暗，光泽度差，釉面粘有窑渣，部分釉面脱落。器内只有近口沿处施釉，器外施釉不及底。口径9.8、底径5、通高4.7厘米（图六七，8；彩版七〇，4）。

T0222②:3，修复。直口，方唇，矮圈足，底部较平，口稍宽。胎铁灰色，内外均酱釉，釉面洁净完好，釉面粗糙，气孔较多，釉色灰暗，光泽度差。器内只有近口沿处施釉，器外施釉不及底。口径9、底径5、通高5.8厘米（图六七，9；彩版七〇，5）。

T0224②:6，残。直口，方唇，矮圈足，底部较平，口稍宽。胎灰白色，内外均酱釉，釉面粗糙，气孔较多，釉色灰暗，光泽度差，釉面粘有窑渣，部分釉面脱落。器内只有近口沿处施釉，器外施釉不及底。口径11.6、底径6、通高6.2厘米（图六七，10）。

T1130②:33，残。直口，圆唇。腹外刻划三角形填线纹。胎铁灰色，器内只在近口沿处施釉，青釉，釉面洁净完好，釉色明亮，光泽度好。腹外酱釉，气泡较多，釉面洁净完好，釉色明亮，光泽度好。口径9、残高7.3厘米（图六七，11；彩版七〇，6）。

（九）罐　41件。釉色有青釉和酱釉两类，青釉35件，占罐总数的85.37%，酱釉6件，占14.63%（附表七）。根据领部及肩部的变化可分为三型，无法纳入的归为其他类。

A型　12件。矮领鼓肩罐。

T1330②:6，修复。侈口，圆唇，卷沿外撇，圆腹，罐底内凹。肩部粘贴两个横向对称的桥形纽。腹内壁有轮旋纹，腹外有数周凹弦纹。胎灰白色，内外均青釉，釉面多已剥落。器外施釉不及底，内施釉至领部。口径8.1、底径5.4、通高9.9厘米（图六八，1；彩版七一，1）。

T1230②:8，腹部开裂。侈口，尖圆唇，卷沿外撇，弧腹，罐底内凹。肩部粘贴两个横向对称的桥形纽。腹内壁有轮旋纹，腹外有两周弦纹。胎灰白色，青釉，釉色泛黄，釉面多已脱落，有流釉现象。内施釉至领部，外施釉至足根，底部不施釉。口沿处

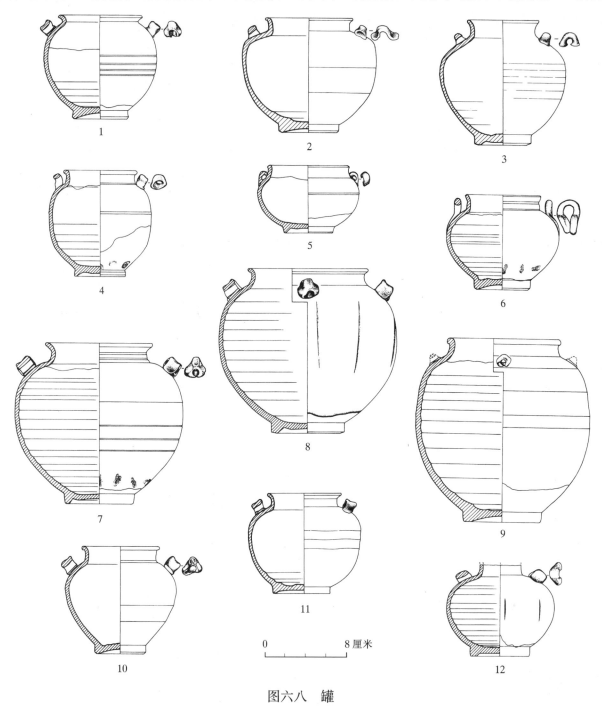

图六八　罐

1.A型 T1330②:6　2.A型 T1230②:8　3.A型 T1030②:33　4.A型 T1730②:5　5.A型 T1430②:3
6.A型 T1130②:22　7.A型 T1129②:1　8.A型 T1030②:18　9.A型 T1029②:2　10.A型 T1029②:1
11.A型 T1428②:49　12.A型 T1230②:29

有九个支钉痕。口径 8.5、底径 5.8、通高 11 厘米（图六八，2；彩版七一，2）。

T1030②：33，修复。侈口，圆唇，口沿外撇，圆腹，罐底内凹。肩部粘贴两个横向对称的环形系。腹外有数道凹弦纹。胎灰白色，青釉，釉色泛黄，釉面已剥落。外施釉不及底，内施釉至领部。口径 7、底径 5.5、通高 12 厘米（图六八，3；彩版七一，3）。

T1730②：5，修复。侈口，方唇，平折沿，直腹，矮圈足。肩部粘贴两个横向对称的环形系。腹内外壁均有数道轮旋纹。胎灰白色，酱釉。外施釉不及底，有流釉现象，釉面粘有窑渣，部分釉面脱落。内施釉至领部。口径 7.1、底径 5、通高 10.2 厘米（图六八，4；彩版七一，4）。

T1430②：3，修复。口近直，圆唇，口沿略外撇，弧腹，矮圈足。肩部粘贴有两个纵向对称的环形系，腹外有一道凹弦纹。胎灰白色，酱釉，釉色泛黄，部分釉面脱落。外施釉不及底，最底部无釉，内施釉至领部。口径 8、底径 4.7、通高 6.4 厘米（图六八，5；彩版七二，1）。

T1130②：22，修复。侈口，圆唇，口沿外撇，圆腹，罐底内凹。肩部粘贴两个横向对称的环形的系。腹内壁有轮旋纹。胎灰白色，内外均青釉，釉呈豆青色，釉色光亮，釉面有极细的冰裂纹。内施釉至领部，釉面洁净；外施釉不及底，有流釉现象，部分釉面粘有窑渣。口径 7.4、底径 5.5、通高 9 厘米（图六八，6；彩版七二，2）。

T1129②：1，修复。侈口，圆唇，卷沿外撇，弧腹，矮圈足，底部周边略内凹。肩部粘贴有两个横向对称的桥形纽。领部有二道凹弦纹，腹内壁有轮旋纹，腹外有三道凹弦纹。胎灰白色，青釉，釉呈豆青色，釉面光亮，部分釉面粘有窑渣。外施釉不及底，内施釉至领部。下腹有一圈支钉痕。口径 10.4、底径 6.6、通高 15.4 厘米（图六八，7；彩版七二，3）。

T1030②：18，略残。侈口，圆唇，卷沿外撇，弧腹，矮圈足，底部周边微内凹。肩部粘贴有四个横向的桥形纽。腹内壁有轮旋纹，腹外成瓜棱状分为六瓣。胎灰白色，青釉，釉色泛黄，釉面多已脱落。外施釉不及底，内施釉至领部。口径 11.7、底径 7.1、通高 15.8 厘米（图六八，8；彩版七二，4）。

T1029②：2，修复。侈口，方唇，卷沿，矮领，罐底内凹。肩部粘贴有四个横向等距离的环形系。腹内壁有轮旋纹，腹外有数道凸弦纹。胎灰白色，酱釉，釉面已脱落。外施釉不及底，内施釉至领部。口径 11.1、底径 7.6、通高 17.6 厘米（图六八，9）。

T1029②：1，修复。侈口，圆唇，卷沿外撇，收腹，罐底内凹。肩部粘贴有两个横向对称的桥形系，领部与肩部交接处有一道较深的凹弦纹，外腹有数道凹弦纹。胎铁灰色，酱釉，釉面已脱落。外施釉不及底，内施釉至领部。口径 7.7、底径 5.1、通高

10.1 厘米（图六八，10；彩版七三，1）。

　　T1428②:49，残。侈口，圆唇，卷沿外撇，弧腹，矮圈足，底部较平。肩部粘贴有两个横向对称的桥形系。腹内壁有轮旋纹，腹外有三周凹弦纹。胎灰白色，青釉，釉色泛黄，釉面光亮，部分釉面粘有窑渣。外施釉至足根，圈足内不施釉，内施釉至领部。口径 7.3、底径 5.6、通高 9.5 厘米（图六八，11；彩版七三，2）。

　　T1230②:29，口部残。弧腹，矮圈足，底部平。肩部粘贴有两个横向对称的桥形系。腹内壁有轮旋纹，腹外成瓜棱状分为八瓣。胎铁灰色，青釉，釉色泛黄，气泡较多，釉色光亮，部分釉面粘有窑渣。外施釉不及底，有流釉现象；内施釉至领部。口径 4、底径 5.8、残高 8.6 厘米（图六八，12；彩版七三，3）。

　　B 型　17 件。束颈溜肩罐。

　　T1029②:15，修复。侈口，圆唇，口沿外卷，斜直腹微内收，罐底内凹。肩部粘贴有两个横向对称的环形系。内外腹壁均有轮旋纹。胎铁灰色，青釉，釉色泛黄，釉面斑驳多已剥落，釉面光泽度差。外施釉至足根，底部不施釉；内施釉至颈部。口径 8.3、底径 6、通高 21.5 厘米（图六九，1；彩版七三，4）。

　　T1029②:20，变形。侈口，尖圆唇，口沿外卷，斜直腹微内收，罐底内凹。内外腹壁均有轮旋纹。胎铁灰色，青釉，釉酱绿色，釉面洁净明亮，光泽度好。外施釉至足根、底部不施釉；内施釉至颈部。外壁下腹部有支钉痕。口径 9、底径 6.2、通高 23.5 厘米（图六九，2；彩版七四，1）。

　　T1030②:28，修复。口微侈，尖圆唇，口沿微外撇，斜直腹内收，罐底内凹。肩部粘贴有两个横向对称的环形系，外腹有数道弦纹。胎灰白色，青釉，釉色泛黄，釉色灰暗光泽度差，釉面多已剥落。外施釉至足根，底部不施釉；内施釉至颈部。口径 7.9、底径 6、通高 20.2 厘米（图六九，3；彩版七四，2）。

　　T1030②:4，完整。侈口，圆唇，口沿外卷，斜直腹内收，罐底内凹。内外腹壁均有轮旋纹。胎铁灰色，青釉，釉色泛黄，釉面多已剥落，部分釉面粘有窑渣。外施釉至足根部，底部不施釉；内施釉至颈部。口径 8.6、底径 6、通高 22.6 厘米（图六九，4；彩版七四，3）。

　　T1029②:19，底部开裂。侈口，尖唇，口沿外卷，收腹，罐底内凹。内外腹壁均有轮旋纹。胎灰白色，青釉，釉色泛黄，釉面较光亮，气孔较多，釉面粘有窑渣，部分釉面脱落。外施釉至足根，底部不施釉，有流釉现象；内施釉至颈部。口径 8.8、底径 7、通高 23.8 厘米（图六九，5；彩版七四，4）。

　　T1030②:19，腹部开裂。侈口，圆唇，口沿外卷，收腹，罐底内凹。内外腹壁均有

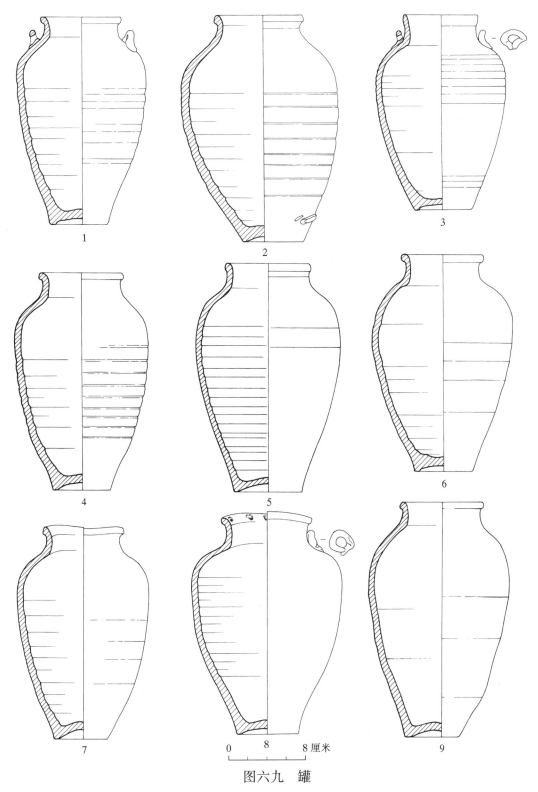

1　　　　　　　　　2

3

4　　　　　　　　　5

6

7　　　　　0　　8　　8厘米　　9

图六九　罐

1.B型 T1029②:15　2.B型 T1029②:20　3.B型 T1030②:28　4.B型 T1030②:4　5.B型 T1029②:19
6.B型 T1030②:19　7.B型 T1030②:27　8.B型 T1029②:21　9.B型 T1030②:26

轮旋纹。胎铁灰色，青釉，釉酱绿色，气泡较多，气孔较大，釉面多已脱落。外腹施釉至足根，底部不施釉，有流釉现象；内施釉至颈部。口径8.7、底径6.2、通高22.6厘米（图六九，6）。

T1030②：27，变形。侈口，尖圆唇，口沿外卷，下腹内收，罐底内凹。内外腹壁均有轮旋纹。胎灰白色，青釉，釉色泛黄，气泡较多，光泽度差，部分釉面脱落。外施釉至足根，底部不施釉，有流釉现象；内施釉至颈部、口径8.4、底径5.6、通高21.8厘米（图六九，7；彩版七五，1）。

T1029②：21，修复，变形。侈口，尖圆唇，口沿外卷，下腹内收，罐底内凹。肩部粘贴有一个横向的环形纽系。腹内壁有轮旋纹。胎灰白色，内外均青釉，釉色泛黄，釉面较为洁净完好，气泡较多，气孔较大，表面显得较为粗糙，光泽度尚可。器外施釉至足根，底部不施釉；器内施釉至颈部。沿面有支钉痕。口径9.5、底径6.5、通高22.8厘米（图六九，8；彩版七五，2）。

T1030②：26，完整。侈口，圆唇，口沿外卷，斜直腹微内收，罐底内凹。内外腹壁均有轮旋纹。胎灰白色，内外均青釉，釉色泛黄，气泡较多，气孔较大，表面较为粗糙。器外施釉至足根，底部不施釉，釉面粘有窑渣，部分釉面脱落；器内施釉至颈部。口径8.5、底径5.8、通高24.1厘米（图六九，9；彩版七五，3）。

T1030②：29，修复。侈口，圆唇，口沿外卷，收腹，罐底内凹。肩部粘贴有两个横向对称的半环形系。内外腹壁均有轮旋纹。胎灰白色，内外均青釉，釉青绿色，釉面洁净光亮，釉面部分脱落。外施釉至足根部，底部不施釉；内施釉至颈部。口径8、底径6.2、通高21厘米（图七〇，1；彩版七五，4）。

T1030②：5，修复。侈口，尖唇，口沿外卷，收腹，底部内凹。腹内壁有较深的轮旋纹，腹外上部有三周凹弦纹，近底处有刻划的菊瓣纹。胎灰白色，内外均青釉，釉色泛黄，釉面粘有窑渣，部分釉面已脱落。外施釉至足根部，底部不施釉，有流釉现象。器内施釉至颈部。口径8.4、底径6.7、通高21.5厘米（图七〇，2；彩版七六，1）。

C型　6件。高领鼓肩罐。根据口部的差异可分为两个亚型：

Ca型　5件。口近直。

T1030②：62，变形。圆唇，口沿外卷，领较直，弧腹，罐底内凹。肩部粘贴有两个纵向对称的环形系。内外腹壁均有轮旋纹。胎铁灰色，内外均青釉，釉色绿中泛黄，釉面光洁，气泡多，气孔大。外施釉不及底，内施釉至领部。口径10.6、底径6.9、通高22厘米（图七〇，3）。

T1030②：1，腹部开裂。尖唇，沿面外卷，弧腹，罐底内凹。肩部粘贴有纵向对称

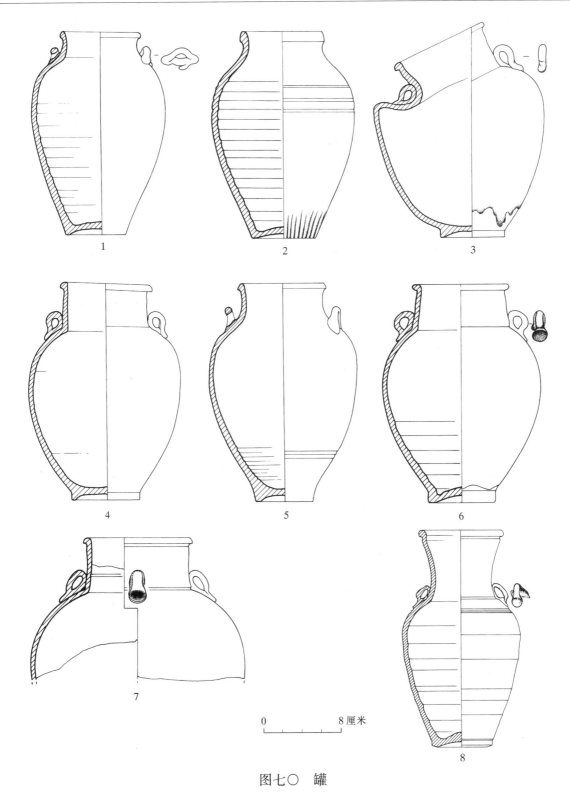

图七○　罐

1.B型 T1030②:29　2.B型 T1030②:5　3.Ca型 T1030②:62　4.Ca型 T1030②:1　5.Ca型 T1029②:30
6.Ca型 T1030②:7　7.Ca型 T1029②:53　8.Cb型 T1029②:32

的环形系。素面。胎灰白色，内外均青釉，釉色泛黄，釉面多已脱落。外施釉至足根，底部不施釉；内施釉至领部。口径9.6、底径7.1、通高22.5厘米（图七〇，4；彩版七六，2）。

　　T1029②：30，口部略残。尖唇，口沿外卷，领呈束腰形，弧腹，罐底内凹。肩部粘贴有两个横向对称的环形系。腹内壁有轮旋纹，外腹近底处有三周凹弦纹。胎灰白色，内外均青釉，釉色泛黄，釉面粗糙，光泽度差，釉面多已脱落。外施釉至足根部，底部不施釉，有流釉现象；内施釉至领部。口径8.7、底径6、通高22.7厘米（图七〇，5；彩版七六，3）。

　　T1030②：7，修复。尖唇，卷沿外翻，弧腹，罐底内凹。肩部粘贴有两个纵向对称的环形系。素面。胎灰白色，内外均青釉，釉呈豆青色，釉色明亮，光泽度好。外施釉至足根，底部不施釉，有流釉现象，器表粘有窑渣，釉面局部脱落。内施釉至颈部，口沿边部分釉面脱落。口径10.2、底径7、通高22.7厘米（图七〇，6；彩版七六，4）。

　　T1029②：53，中腹以下残。个体较大。尖唇，卷沿外翻。肩部粘贴有四个纵向等距离的环形系。领部有一周凹弦纹。胎灰白色，内外均青釉，釉呈豆青色，釉面明亮，光泽度好，部分釉面粘有窑渣。口径11.5、残高14.2厘米（图七〇，7；彩版七七，1）。

　　Cb型　1件。侈口。

　　T1029②：32，修复。圆唇，卷沿，领部上大下小呈喇叭状，弧腹，罐底内凹。肩部粘贴有两个纵向对称的环形系。内外腹壁均有轮旋纹。胎铁灰色，内外均酱釉，釉面粗糙，粘有窑渣，光泽度极差，釉面多已脱落。外施釉至足根部，底部不施釉；内施釉至领部。口径9.1、底径6.5、通高22.4厘米（图七〇，8；彩版七七，2）。

　　其他罐　6件。这些罐个体矮小。

　　T1230②：6，修复。侈口，圆唇，宽卷沿，矮领，鼓肩，直腹近底部内收，罐底内凹。肩部粘贴两个对称的环形立耳。腹内壁有较深的轮旋纹，腹外有凹弦纹。胎灰白色，内外均青釉，釉色略泛黄，釉面光洁明亮，釉面有细小的冰裂纹。外施釉不及底，局部釉面脱落。内施釉至领部，釉面完好。口径5.8、底径5.4、通高10.9厘米（图七一，1；彩版七七，3）。

　　T1130②：37，口部略残。口微侈，圆唇，卷沿，卷部较窄，外撇，矮领，鼓肩，直腹近底内收，罐底内凹。肩部粘贴有两个纵向对称的环形系。腹内壁有较深的轮旋纹，腹外上部有两周凹弦纹。胎土红色，青釉，釉面已脱落。外腹施釉不及底。口径6.7、底径5.2、通高10.1厘米（图七一，2；彩版七七，4）。

　　T1030②：6，修复。直口，圆唇，卷沿，沿部较窄，领高而直，鼓肩，直腹近底部

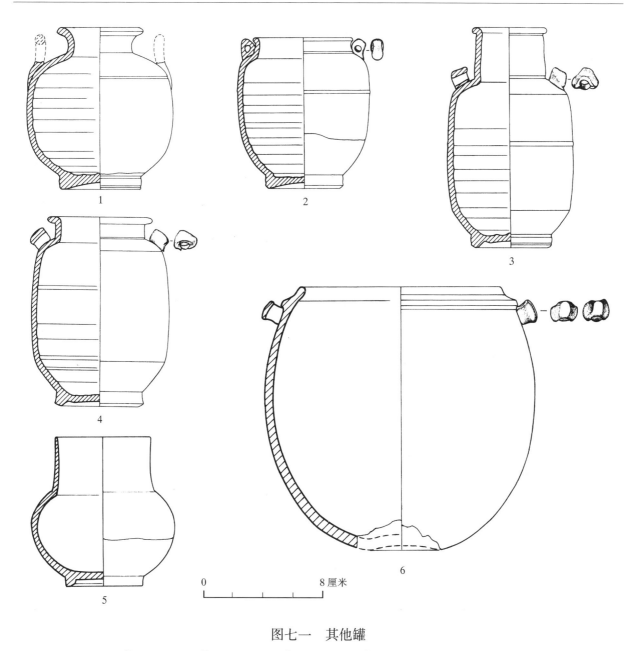

图七一　其他罐

1.T1230②:6　2.T1130②:37　3.T1030②:6　4.T1029②:27　5.T1029②:37　6.T1330②:50

内收，腹部较长，矮圈足。肩部粘贴有两个横向对称的桥形系。腹内壁有较深的轮旋纹，腹外部有凹弦纹。胎灰白色，内外均青釉，釉色泛黄，釉面多已脱落。外施釉不及底，内施釉至领部。口径 5.2、底径 5.5、通高 14.8 厘米（图七一，3；彩版七八，1）。

　　T1029②:27，完整。口微侈，尖圆唇，卷沿，沿面窄而平，矮领，鼓肩，直腹近底部内收，矮圈足。肩部粘贴有两个横向对称的桥形系。腹内壁有较深的轮旋纹，腹外有凹弦纹。胎铁灰色，内外均青釉，釉面多已脱落。外腹施釉不及底，器内施釉至领部。

口径 7.2、底径 6.1、通高 12.8 厘米（图七一，4；彩版七八，2）。

T1029②:37，修复。直口，方唇，颈长而直，垂腹，矮圈足。外腹有数道凹弦纹。胎铁灰色，酱釉，釉色灰暗，釉面粗糙，气泡较多，光泽度差。外腹施釉不及底，有流釉现象。内施釉至颈部。口径 6.5、底径 5.2、通高 10.1 厘米（图七一，5；彩版七八，3）。

T1330②:50，底残。敛口，圆唇，弧腹。口沿外有一周凸棱，凸棱下肩部粘贴两对对称的横向桥形纽。腹外近口沿处有数道凹弦纹。胎铁灰色，内外均青釉，釉呈豆青色，略泛黄，光泽度较好。外腹釉面保存较好，器内釉面多脱落。口径 13.9、残高 17.7 厘米（图七一，6；彩版七八，4）。

（一〇）铫 4 件。均酱釉。

T1629②:3，修复。口微敛，方唇，直腹，腹较浅，圜底。器壁较薄。圆形空心长把，把上有一小孔。半环形短流，外窄内宽，缘内卷，把与流成 90 度。胎铁灰色，内外均酱釉，满釉，釉面光泽度差，部分釉面脱落。口径 13.6、底径 7.8、通高 5.5、把长 3.4、流长 2.5 厘米（图七二，1；彩版七九，1）。

T1629②:2，修复。直口，方唇，直腹，腹较浅，圜底。器壁较薄。圆形空心长把，把上有一小孔。半环形短流，外窄内宽，缘内卷，把与流成 90 度。胎铁灰色，内外均酱釉，满釉，釉面光泽度差，部分釉面脱落。口径 13.4、底径 6.2、通高 4.9、把长 4.1、流长 2 厘米（图七二，2；彩版七九，2）。

（一一）扑满 2 件。

T1030②:11，修复，变形。整体形状近球形。顶面中心凸起呈圆锥状，侧面有长方形的投钱孔。腹中部一周凹弦纹，近顶部三周凹弦纹。底内凹。胎灰白色，青釉，釉色灰暗，釉面斑驳多剥落。施釉不及底，部分釉面粘有窑渣。底径 5.9、通高 13.7、腹径 14.6、孔长 3.7、宽 0.4 厘米（图七二，3；彩版七九，3）。

T1429②:7，上部残，已变形。上部凸起，但已凹陷，有近长方形的投钱孔，折肩，收腹，矮圈足。胎灰白色，酱釉，釉色光泽度差。施釉不及底，釉面粘有窑渣，部分釉面脱落。底径 5.3、残高 6.8、腹径 12.8、孔长 4.6、宽 0.35 厘米（图七二，4；彩版七九，4）。

（一二）盂 3 件。均酱釉。

采:50，底部残。直口，圆唇外叠，束颈，溜肩，鼓腹。肩部有两周凹弦纹。胎灰白色，内外均酱釉，气泡多，气孔大，釉面光泽度差，部分釉面脱落。内满釉，外施釉只至肩部，有流釉现象，釉面粘有窑渣。口径 6.3、残高 4.9 厘米（图七三，1；彩版八

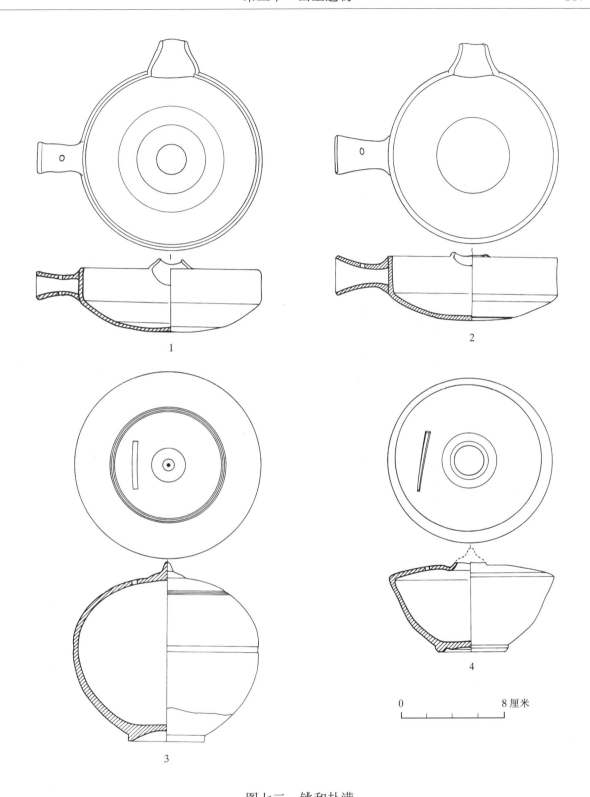

图七二　铫和扑满

1. 铫 T1629②:3　2. 铫 T1629②:2　3. 扑满 T1030②:11　4. 扑满 T1429②:7

○，1）。

T1730②：7，修复。侈口，圆唇，斜折沿，沿部较宽，沿面内凹，鼓肩收腹，平底微内凹。器内壁有轮旋纹。胎灰白色，酱釉，釉色灰暗，釉面粗糙粘有窑渣，光泽度差。器内不施釉，器外施釉至底缘，底部不施釉。口径10.3、底径3.6、通高5.2厘米

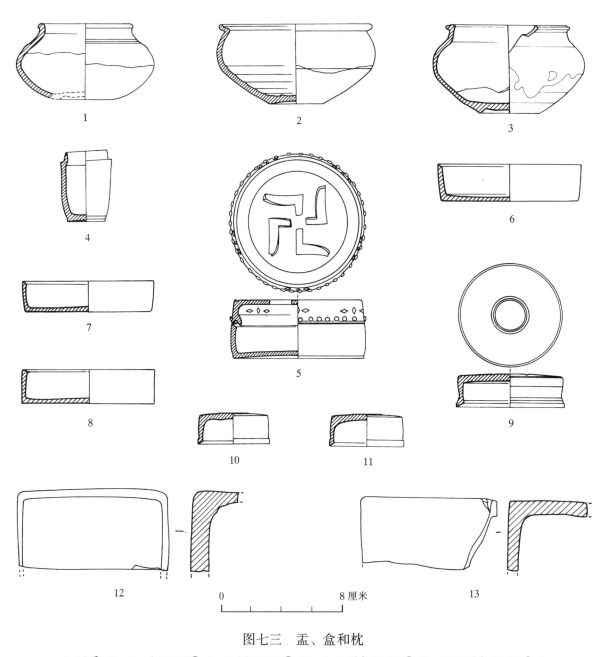

图七三　盂、盒和枕

1. 盂采：50　2. 盂 T1730②：7　3. 盂 T1429②：28　4. A 型盒 T1429②：2　5.Ba 型盒 T0423②：5

6.Ba 型盒 T1429②：9　7.Ba 型盒 T0423②：8　8.Ba 型盒 T0422②：39　9.Bb 型盒 T1429②：8

10.Bb 型盒 T1429②：4　11.Bb 型盒 T1429②：5　12. 枕 T1330②：67　13. 枕 T1130②：45

（图七三，2；彩版八〇，2）。

T1429②:28，残。口微敛，尖唇，平折沿外凸，沿面较宽，鼓肩，收腹，底内凹。素面。胎灰白色，内外均酱釉，釉色灰暗，气泡多，气孔大，釉面粘有窑渣，光泽度差。内满釉，外施釉至上腹，有流釉现象。口径7.6、底径4、高5.8厘米（图七三，3；彩版八〇，3）。

（一三）盒　20件。除二件青釉外，余皆素烧。依据腹的深浅分为两型：

A型　2件。深腹。

T1429②:2，变形。直口，尖唇，平底。应该有盖。胎铁灰色，内施青釉，釉色泛黄，釉面基本脱落；外腹不施釉。口径2.8、底径2.5、高4.6厘米（图七三，4；彩版八〇，4）。

B型　18件。浅腹。均素烧。根据口沿的差异可分为两个亚型：

Ba型　14件。口沿平直。

T0423②:5，修复。盒身直口，尖唇，底部微内凹；盖口近直，尖唇，沿内翻，沿面内凹，直腹，平顶。盖下腹有乳钉状装饰，中间有菱形镂孔。盖面有"卍"形镂孔。灰白色胎，素烧。盖面径8.6、底径8.7、通高3.8厘米。（图七三，5；彩版八〇，5）

T1429②:9，修复，未见盒盖。方唇，平底。胎铁灰色，素烧。底口径9.6、底径9.1、高2.4厘米（图七三，6；彩版八〇，6）。

T0423②:8，修复，未见盒盖。尖唇，平底。胎铁灰色，素烧。底口径8.6、底径8.3、高2厘米（图七三，7；彩版八一，1）。

T0422②:39，残，未见盒盖。尖唇，直腹，上部微内收，平底。胎土黄色，素烧。底口径8.7、底径8.6、高2.2厘米（图七三，8）。

Bb型　4件。口沿外撇。

T1429②:8，修复。直口，尖唇，斜折沿，直腹，上腹微内收、平底。腹部有凸弦纹。胎铁灰色，素烧。盖口径7.2、盖面径7、高2.2厘米（图七三，9；彩版八一，2）。

T1429②:4，完整。直口，尖唇，斜折沿，直腹，平底。腹部有凸弦纹。胎铁灰色，素烧。盖口径4.8、盖面径4.6、高2.1厘米（图七三，10；彩版八一，3左）。

T1429②:5，完整。直口，尖唇，斜折沿，直腹，平底。腹部有凸弦纹。胎铁灰色，素烧。盖口径4.9、盖面径4.6、高2.1厘米（图七三，11；彩版八一，3右）。

（一四）枕　2件。均青釉。

T1330②:67，残。长方体，面平，中空。胎铁灰色，青釉，釉色泛黄，釉面基本脱落。残长5.2、宽9.8、残高3厘米（图七三，12；彩版八一，4）。

T1130②:45，残。长方体，圆角，面平，中空。胎铁灰色，青釉，釉色泛黄，釉面多剥落。残长9、残宽4.3、残高5.1厘米（图七三，13；彩版八一，5）。

（一五）**器盖　81件。**器盖的数量与种类较多，素烧瓷29件，居第一位，占器盖总数的35.80%，次为青釉28件，占34.57%，酱釉24件，占29.63%（附表八）。根据器形整体特征可分为七型：

A型　10件。盖面上弧或鼓，盖口单唇较平，有纽或捉手。根据纽的变化可分为二亚型：

Aa型　9件。桥形纽。

T1230②:5，修复。平面形状圆形，盖口近直，唇缘圆形。盖面弧形，近口处微内束。盖顶圆饼形内凹，内面有较宽的纽。胎灰白色，青釉，釉色略泛黄，釉面光洁明亮，部分釉面脱落，釉面有细小的冰裂纹。内不施釉，外满釉，有流釉现象。盖径21、通高7.9厘米（图七四，1；彩版八一，6）。

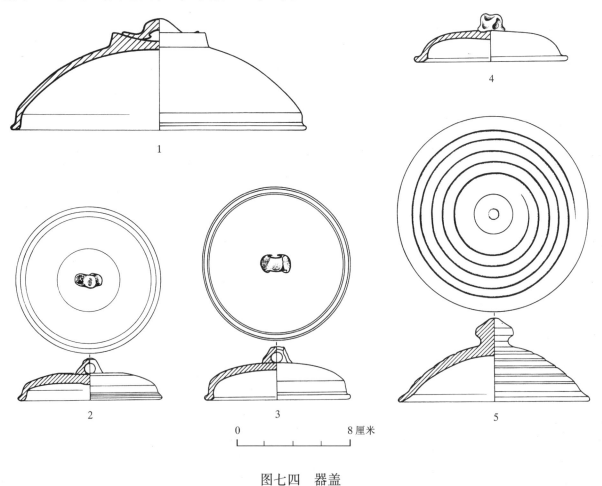

0　　　　　　　　8厘米

图七四　器盖

1.Aa型 T1230②:5　2.Aa型采:32　3.Aa型 T1428②:24　4.Aa型 T1529②:8　5.Ab型 T1330②:1

采:32，修复。平面形状圆形，盖口微侈，唇缘圆形。盖面弧形，近口处微内束。盖顶稍平，顶部纽，纽较窄。胎铁灰色，青釉，釉面粘满窑渣，脱落严重。内不施釉，外满釉。盖径 10.2、通高 3 厘米（图七四，2；彩版八二，1）。

T1428②:24，修复。平面形状圆形，盖口较直，唇缘圆形。盖面弧形，近口处微内束。盖顶稍弧，顶部有纽，纽较窄。盖面有数周凹弦纹。胎铁灰色，青釉，釉色泛黄，釉面粘满窑渣，脱落严重。内不施釉，外满釉。盖径 10.5、通高 3.8 厘米（图七四，3；彩版八二，2）。

T1529②:8，残，变形。平面形状圆形，盖口微侈，唇缘圆形。盖面弧形，近口处微内束。盖顶微弧，顶部有纽，纽较宽。胎灰白色，青釉，釉色泛黄，釉面光亮，部分釉面粘有窑渣。内不施釉，外满釉。盖径 11、通高 3.4 厘米（图七四，4；彩版八二，3）。

Ab 型　1 件。蘑菇形纽。

T1330②:1，修复。平面形状圆形，盖敞口，唇缘圆形。盖面隆起。盖顶微弧，顶部有纽。盖面有较深的凹弦纹。胎土红色，青釉，釉面基本脱落。内不施釉，外满釉。盖径 13.9、通高 5.9 厘米（图七四，5；彩版八二，4）。

B 型　8 件。盖面微弧，盖口双唇下凸，像子母口，根据纽的变化可分为二亚型。

Ba 型　2 件。鸡冠形纽。

T0221②:38，修复。平面形状圆形，盖直口，唇缘尖，盖沿较宽，盖顶略平。顶部有窄而长的纽。胎灰白色，酱釉，釉面光洁明亮，部分釉面脱落。内不施釉，外满釉。盖径 11.3、高 3.4 厘米（图七五，1；彩版八二，5）。

采:13，修复。平面形状圆形，盖侈口，唇缘尖，盖沿较宽，盖顶略平，顶部有窄而长的纽。胎灰白色，内外均酱釉，釉面较粗糙，气泡多，气孔大，光泽度差，釉面粘有窑渣，部分釉面脱落。盖面满釉，盖内中心部位满釉，近口处无釉。盖径 14.3、高 2.8 厘米（图七五，2；彩版八二，6）。

Bb 型　6 件。圈足状纽。

采:19，修复。平面形状圆形，盖侈口，唇缘圆形，盖沿较宽，盖顶略平，顶部有纽。胎灰白色，盖面青釉，满釉，釉色酱绿，釉面光洁明亮，部分釉面脱落；盖内酱釉，中心部位满釉，近口处无釉。盖径 15.9、高 3.1 厘米（图七五，3；彩版八三，1）。

T1429③:5，修复。平面形状圆形，盖侈口，唇缘圆形，盖沿较宽，盖顶略平，顶部有纽。胎灰白色，盖面青釉，满釉，釉色泛黄，釉面斑驳，部分釉面脱落；盖内酱釉，中心部位满釉，近口处无釉。盖径 15.6、高 3.5 厘米（图七五，4；彩版八三，2）。

　　T1428②:26，略残。平面形状圆形，盖口微敛，唇缘圆形，盖沿较宽，盖顶略平，顶部有纽。胎铁灰色，盖面青釉，满釉，釉面粘满窑渣；盖内酱釉，满釉，盖沿不施釉。盖径 15.6、高 3.8 厘米（图七五，5）。

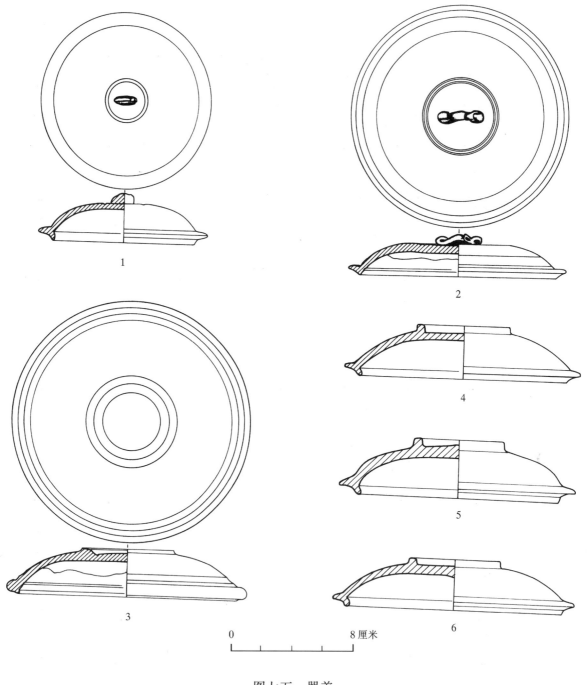

0　　　　　　　　　8 厘米

图七五　器盖

1. Ba 型 T0221②:38　　2. Ba 型采:13　　3. Bb 型采:19　　4. Bb 型 T1429③:5　　5. Bb 型 T1428②:26　　6. Bb 型采:42

采:42，残。平面形状圆形，盖口近直，唇缘圆形，盖沿较宽，盖顶略平，顶部有纽。胎灰白色，盖面青釉，满釉，釉色泛黄，釉面光洁明亮，部分釉面脱落；盖内酱釉，只在中心部位施釉。盖径16、高3.3厘米（图七五，6；彩版八三，3）。

C型　1件。盖面隆起，盖面有很多椭圆形镂孔，应为熏炉盖。

T1229②:136，盖口已残。平面形状圆形，纽残。盖腹部有一周较深的凹弦纹。胎灰白色，内外均酱釉，釉面光洁明亮，部分釉面脱落。残高4.4厘米（图七六，1；彩版八三，4）。

D型　11件。盖面较平，口沿下凸，呈子母口。根据纽的变化分为二亚型：

Da型　7件。鸡冠形纽。

T0221②:7，修复。平面形状圆形，盖直口，上沿隆起，尖唇，盖顶较平，盖顶中心有鸡冠形纽，纽窄而长，纽周边有凹弦纹。胎铁灰色，酱釉，釉面粗糙，粘有窑渣，光泽度差。盖面满釉，盖内不施釉。盖径11、高3厘米（图七六，2；彩版八三，5）。

T1629②:4，修复。平面形状圆形，盖直口，尖唇，盖顶较平，中心部位有鸡冠形纽，纽窄，特别长，纽周边有凹弦纹。胎铁灰色，酱釉，釉色灰暗，釉面粗糙，气泡多，气孔大，光泽度差。盖面满釉，盖内不施釉。盖径9.7、高2.5厘米（图七六，3；彩版八三，6）。

Db型　4件。半环形纽。

采:10，修复。平面形状圆形，盖直口，尖圆唇，盖顶较平，中心部位有半环形纽，纽弯曲，纽周边有凹弦纹。胎铁灰色，酱釉，釉色光亮，釉面有冰裂纹。盖面满釉，盖内不施釉。盖径7、高2.4厘米（图七六，4；彩版八四，1）。

T1429③:1，略残。平面形状圆形，盖实心，下部较直略凹，盖沿尖唇，盖顶较平，中心部位有半环形纽。胎铁灰色，青釉，满釉，釉呈豆青色，釉面光洁明亮，有冰裂纹。盖面满釉，盖内不施釉。盖径3.9、底口径1.9、高1.7厘米（图七六，5；彩版八四，2）。

E型　33件。盖面下弧或内凹，可分为三个亚型：

Ea型　5件。盖沿下弧，无纽，盖中心有小孔。

T1330②:65，完整。平面形状圆形，盖底微上凹，圆唇，中部有一圆形小孔。胎铁灰色，盖面酱釉，满釉，釉色灰暗，光泽度差，釉面大部分已脱落。盖底不施釉。盖面径8.3、底径3.7、高1.7、孔径0.4厘米（图七七，1；彩版八四，3）。

T1229②:9，修复。平面形状圆形，盖底上凹，圆唇，中部有一圆形小孔。胎铁灰色，盖面酱釉，满釉，釉色灰暗，光泽度差，釉面大部分已脱落，釉面粘有窑渣。盖底

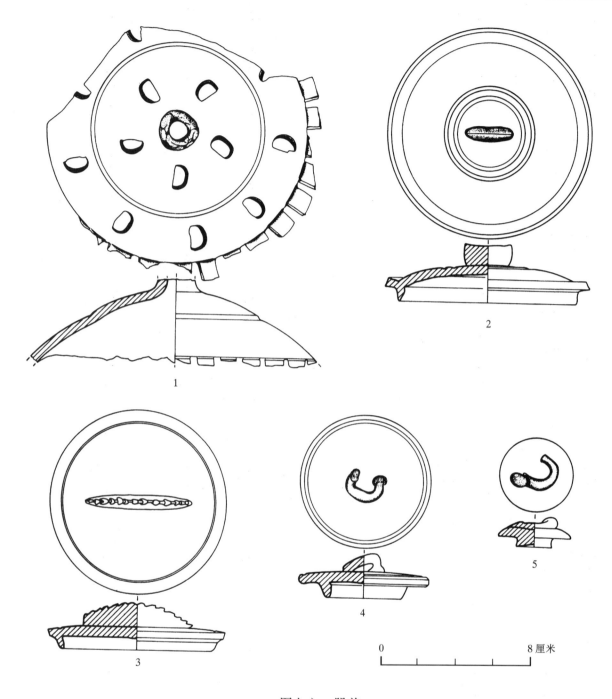

图七六　器盖

1.C 型 T1229②:136　2.Da 型 T0221②:7　3.Da 型 T1629②:4　4.Db 型采:10　5.Db 型 T1429③:1

不施釉。盖面径 9.2、底径 2.9、高 1.65、孔径 0.4 厘米（图七七，2；彩版八四，4）。

　　T1229②:89，开裂，变形。平面形状圆形，盖底微上凹，圆唇，中部有一圆形小孔。胎土红色，素烧。盖面径 10、底径 3.8、高 1.9、孔径 0.5 厘米（图七七，3；彩版八四，5）。

T1330②:49，略残。平面形状圆形，盖底上凹，圆唇，中部有一圆形小孔。胎铁灰色，盖面酱釉，满釉，釉面大部分已脱落。盖底不施釉。盖面径8.9、底径3.2、高1.4、孔径0.4厘米（图七七，4；彩版八四，6）。

Eb 型　19件。盖面下凹，壁直，盖沿较宽，沿面平或微上折，无纽，盖边有一至二个小孔。

T1730②:52，残，变形。平面形状圆形，方唇，盖底微内凹，盖边有一圆形小孔。胎铁灰色，酱釉，釉面已脱落。盖面径7.5、底径3.8、高1.7厘米（图七七，5；彩版八五，1）。

T1329②:4，完整。平面形状圆形，方唇，盖底微内凹，盖边有一圆形小孔。胎铁灰色，素烧。盖面径6.5、底径3.2、高1.2厘米（图七七，6；彩版八五，2）。

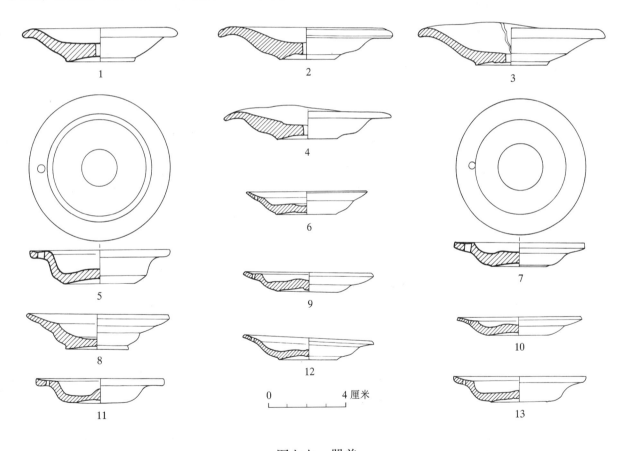

图七七　器盖

1.Ea 型 T1330②:65　2.Ea 型 T1229②:9　3.Ea 型 T1229②:89　4.Ea 型 T1330②:49　5.Eb 型 T1730②:52
6.Eb 型 T1329②:4　7.Eb 型 T1630②:3　8.Eb 型 T1528②:4　9.Eb 型 T1430②:10　10.Eb 型 T1430②:16
11.Eb 型 T1730②:27　12.Eb 型 T1730②:8　13.Eb 型采:24

T1630②:3，完整。平面形状圆形，方唇，盖底微内凹，盖边有一圆形小孔。胎铁灰色，素烧。盖面径 7、底径 3、高 1.2 厘米（图七七，7；彩版八五，3）。

T1528②:4，完整。平面形状圆形，沿面上折，方唇，盖底微内凹，盖边有一圆形小孔。胎铁灰色，盖面酱釉，釉面已脱落，盖底部不施釉。盖面径 7.6、底径 3.3、高 1.8 厘米（图七七，8；彩版八五，4）。

T1430②:10，完整。平面形状圆形，方唇，盖底上凹，盖边有一圆形小孔。胎铁灰色，素烧。盖面径 7、底径 3.3、高 1、孔径 0.15 厘米（图七七，9；彩版八五，5）。

T1430②:16，完整。平面形状圆形，中心略上鼓，方唇，盖底上凹，盖边有两个圆形小孔。胎灰白色，素烧。盖面径 6.7、底径 3.2、高 0.95、孔径 0.2 厘米（图七七，10；彩版八五，6）。

T1730②:27，完整。平面形状圆形，中心隆起，盖沿宽而平，方唇，盖底上凹，盖边有一圆形小孔。胎铁灰色，素烧。盖面径 6.9、底径 3、高 1.25、孔径 0.2 厘米（图七七，11；彩版八六，1）。

T1730②:8，完整。平面形状圆形，中心微上鼓，方唇，盖底微内凹，盖边有一圆形小孔。胎铁灰色，素烧。盖面径 7、底径 3.1、高 1.1、孔径 0.2 厘米（图七七，12；彩版八六，2）。

采:24，完整。平面形状圆形，方唇，盖底上凹，盖边有一圆形小孔。胎铁灰色，素烧。盖面径 7.1、底径 3.2、高 1.3、孔径 0.2 厘米（图七七，13）。

Ec 型　9 件。盖面下凹，中部有捉手。

T1730②:9，修复。平面形状圆形，盖沿中部隆起，盖边下弧，尖圆唇，盖底平。盖沿有两个圆形小孔，盖面中心有柱状捉手，捉手束腰尖顶。胎铁灰色，盖面青釉，满釉，釉面多脱落；盖底不施釉。盖面径 6.5、底径 2.2、高 2.6、孔径 0.3 厘米（图七八，1；彩版八六，3）。

T1529②:7，修复。平面形状圆形，盖沿宽而平，圆唇，盖底上凹。盖沿有一个圆形小孔，盖面中心有柱状捉手，捉手束腰弧顶。胎灰白色，盖面酱釉，满釉，有流釉现象，釉面部分脱落；盖底不施釉。盖面径 9.3、底径 3.1、高 2.9、孔径 0.2 厘米（图七八，2；彩版八六，4）。

T1629②:10，修复。平面形状圆形，盖沿外卷，圆唇，盖底上凹。盖面中心有柱状捉手，捉手束腰弧顶。盖面有轮旋纹。胎灰白色，素烧。盖面径 6.5、底径 2.1、高 3.4 厘米（图七八，3；彩版八六，5）。

T1330②:48，修复。平面形状圆形，盖沿宽而平，圆唇，盖底上凹。盖沿有一个圆

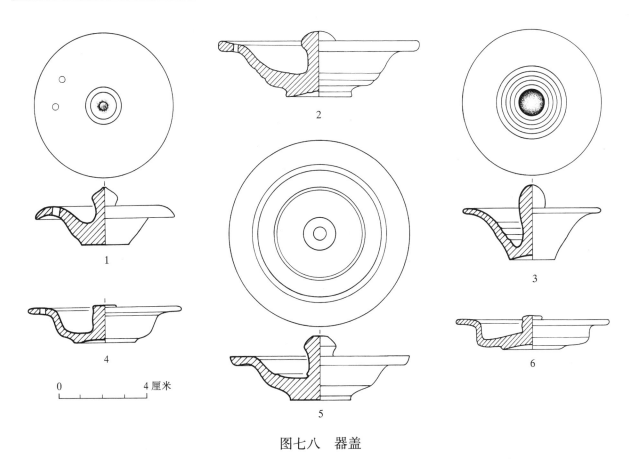

图七八　器盖

1.Ec 型 T1730②:9　2.Ec 型 T1529②:7　3.Ec 型 T1629②:10　4.Ec 型 T1330②:48

5.Ec 型 T0522②:2　6.Ec 型采:11

形小孔，盖面中心有圆柱状捉手。胎灰白色，素烧。盖面径 7.2、底径 2.8、高 1.7、孔径 0.2 厘米（图七八，4；彩版八六，6）。

T0522②:2，完整。平面形状圆形，盖沿宽而平，方唇，盖底较平。盖面中心有柱状捉手，捉手束腰，顶中部平外缘下弧。胎灰白色，盖面酱釉，满釉，釉面已脱落；盖底不施釉。盖面径 8.4、底径 2.8、高 2.9 厘米（图七八，5；彩版八七，1）。

采:11，修复。平面形状圆形，盖沿宽而平，圆唇，盖底上凹。盖面中心有圆柱状捉手。胎灰白色，素烧。盖面径 7.2、底径 2.7、高 1.55 厘米（图七八，6；彩版八七，2）。

F 型　11 件。盖面中部隆起，盖口较长。

T1528②:15，略残。平面形状圆形，盖沿下弧，盖口直，中空，方唇。顶部有较短的弧顶柱状捉手。盖沿有一圆形小孔。胎灰白色，素烧。盖径 5.7、底径 3.4、高 2.3、孔径 0.3 厘米（图七九，1；彩版八七，3）。

T1330②：44，修复。平面形状圆形，盖沿内侧上鼓，外侧下弧，盖口直，中空，方唇。顶部有稍长的圆锥状捉手。胎灰白色，盖面酱釉，满釉，釉面光亮粘有窑渣；盖下部不施釉。盖径4.4、底径2.4、通高2.4厘米（图七九，2；彩版八七，4）。

T1229②：24，捉手残。平面形状圆形，盖沿平而窄，盖口直，中空，方唇。顶部有捉手，已残。盖边有两个圆形小孔。胎灰白色，盖面青釉，满釉，釉面光亮，部分脱落；盖下部不施釉。盖面径5.4、底口径2.9、残高3、孔径0.2厘米（图七九，3；彩版八七，5）。

T0221②：13，残。平面形状圆形，盖沿内侧下凹，外侧上翘，内收，中空，方唇。顶部有塔形捉手，上小中鼓下内收。胎铁灰色，盖面酱釉，满釉，釉面光亮，有冰裂纹，部分釉面脱落；盖下部不施釉。盖面径5.2、底径2.3、通高3.2厘米（图七九，4；彩版八七，6）。

T1529②：11，完整，略变形。平面形状圆形，盖沿内侧下凹，外侧上翘，盖口较直，中空，圆唇。顶部有较短的乳钉状捉手。盖沿有一圆形小孔。胎铁灰色，盖面酱釉，满釉，釉面粗糙，光泽度差，粘有窑渣；盖下部不施釉。盖面径5.4、底径3、高2.2厘米（图七九，5；彩版八八，1）。

T1130②：99，残。平面形状圆形，较平，盖沿内侧下凹，外侧上翘，盖口较直，中空，方唇。顶部有较短的乳钉状捉手。盖沿有两个圆形小孔。胎铁灰色，盖面酱釉，满釉，釉面粗糙，光泽度差，粘有窑渣；盖下部不施釉。盖面径5.5、底径2.5、高1.8、孔径0.3厘米（图七九，6）。

G型　4件。中部隆起，盖边缘有环形纽。可分为二个亚型：

Ga型　3件。盖顶面平。

T0222②：37，残。平面形状圆形，中部逐级而高，呈阶梯状，盖沿窄而平，口部稍短内敛，方唇。顶部有捉手已残。胎灰白色，素烧。盖面径7.5、底径4.1、高1.3厘米（图七九，7；彩版八八，2）。

T0422②：1，捉手残。平面形状圆形，中部逐级而高，呈阶梯状，盖沿宽而平，顶面较平，口部稍短内敛，尖唇。顶部有捉手已残。胎灰白色，素烧。盖面径6.3、底径3.3、高2.2厘米（图七九，8；彩版八八，3）。

T0422②：9，捉手残。平面形状圆形，中部逐级而高，呈阶梯状，盖沿宽而平，顶面较平，口部长而直，尖唇。顶部有捉手已残。胎灰白色，素烧。盖面径6.6、底径4.5、残高2.4厘米（图七九，9；彩版八八，4）。

Gb　1件。盖顶面弧状鼓起。

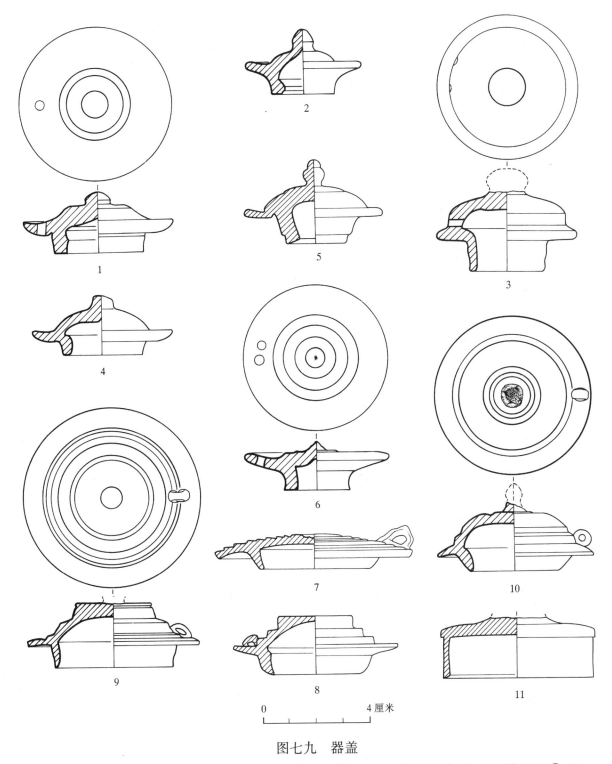

图七九　器盖

1.F 型 T1528②:15　2.F 型 T1330②:44　3.F 型 T1229②:24　4.F 型 T0221②:13　5.F 型 T1529②:11

6.F 型 T1130②:99　7.Ga 型 T0222②:37　8.Ga 型 T0422②:1　9.Ga 型 T0422②:9　10.Gb 型 T1428②:29

11. 其他盖采:25

T1428②：29，残。平面形状圆形，口部稍短内敛，尖唇。顶部有捉手已残。胎灰白色，盖面青釉，满釉，釉面粗糙粘有窑渣，光泽度差；下部不施釉。盖面径6、底径3.4、高2.5厘米（图七九，10；彩版八八，5）。

其他盖　1件。

采：25，修复。平面形状圆形，中部微鼓，顶面较平，盖沿宽而平，稍外凸，盖口长而直，方唇，中空。胎铁灰色，素烧。盖面径5.9、底径5.7、残高2.3厘米（图七九，11；彩版八八，6）。

（一六）炉　2件。均酱釉。

采：46，上部残。中空，近底处实心，把较高呈竹节状，圆形底座，底部内凹。胎灰白色，内外均酱釉，釉不及底，有流釉现象，釉面粘有窑渣，部分釉面脱落。底径5.6、残高5.3厘米（图八〇，1；彩版八九，1）。

采：47，残。把上部中空，下部实心，把较高呈竹节状，喇叭形底座，底部内凹。胎铁灰色，内外均酱釉，釉不及底，有流釉现象，部分釉面脱落。底径5.4、残高5.6厘米（图八〇，2；彩版八九，2）。

（一七）盏托　1件。

T1729②：1，残。口近直，圆唇，束腰，托盘已残，矮圈足，底部平。胎铁灰色，内外均酱釉，釉面粘有窑渣，大部分已脱落。口径6、底径6.4、高4.5厘米（图八〇，3；彩版八九，3）。

（一八）三足器　1件。

T0423②：1，修复。口近直，尖唇，腹微鼓，平底，三足，足平面形状呈倒三角形，足中部外凸，外侧有凹槽。腹上下两端有较深的凹弦纹。胎铁灰色，素烧。口径7.9、底径6、通高4.4厘米（图八〇，4；彩版八九，4）。

（一九）碾轮　18件。均素烧。

T1230②：9，略残。平面形状圆形，中部较厚周边较薄，中心有一圆孔。胎土红色，素烧。直径14、孔径2.5、厚1.8厘米（图八〇，5；彩版八九，5）。

T1430②：4，开裂。平面形状圆形，中部较厚周边较薄，中心有一圆孔。胎土红色，素烧，两面各有四个支钉痕。直径12.3、孔径2.3、厚2厘米（图八〇，6；彩版八九，6）。

（二〇）器座　4件。

T1428②：3，修复。上部中空，直口，方唇，宽卷沿，直腹，腹较深，平底；下部呈高圈足状，近底部外撇，外壁有凸棱。胎铁灰色，外腹施青釉，釉面已脱落；内及圈

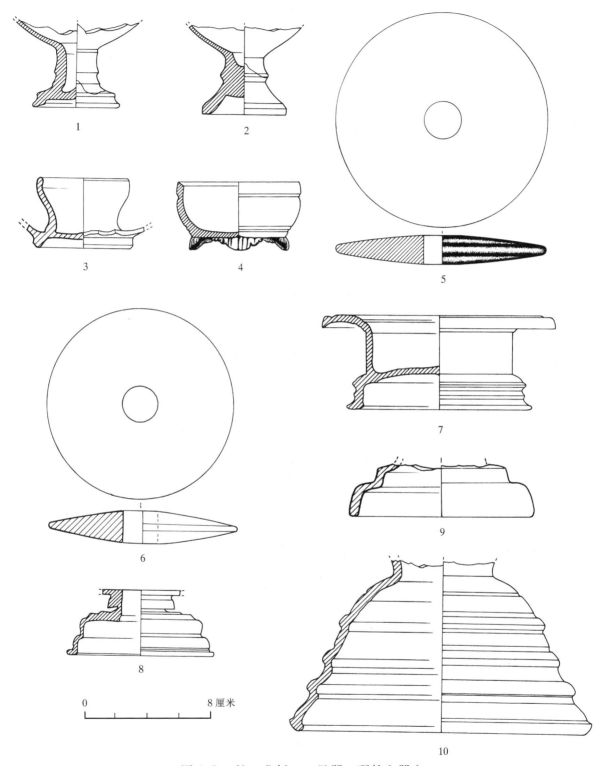

图八〇　炉、盏托、三足器、碾轮和器座

1. 炉采:46　2. 炉采:47　3. 盏托 T1729②:1　4. 三足器 T0423②:1　5. 碾轮 T1230②:9　6. 碾轮 T1430②:4
7. 器座 T1428②:3　8. 器座 T0224②:8　9. 器座 T0221②:333　10. 器座采:52

足内不施釉。口径15.2、底径12.2、高6厘米（图八〇，7；彩版九〇，1）。

T0224②:8，上部残。下部呈台阶状，逐级而高，从下往上慢慢收缩，上小下大。空心。胎铁灰色，素烧。底径9.6、残高4.2厘米（图八〇，8；彩版九〇，2）。

T0221②:333，残。上部平底，周边已残；下部呈圈足状，上窄小下宽，中空。胎土黄色，内外均酱釉，釉色灰暗，釉面粗糙。底径12、残高3.4厘米（图八〇，9；彩版九〇，3）。

采:52，上部残。下部整个形状象塔形，上小下大，外腹有三周宽而粗的凸棱，中部空心。胎铁灰色，内外均酱釉，釉面大多已脱落。外满釉，内上部不施釉。底径19.8、残高10.9厘米（图八〇，10；彩版九〇，4）。

（二一）洗　1件。

T1229②:134，残。敛口，圆唇，沿面外叠，鼓腹，底部已残。胎铁灰色，内外均青釉，釉呈豆青色，釉面光亮，有细小的冰裂纹，部分釉面粘有窑渣。口径17、残高10.2厘米（图八一，1；彩版九〇，5）。

（二二）尊　1件。

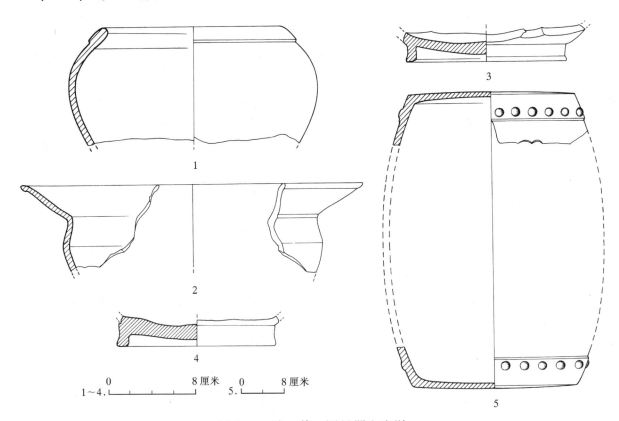

图八一　洗、尊、圈足器和座墩

1. 洗 T1229②:134　2. 尊 T1130②:46　3. 圈足器 T1229②:39　4. 圈足器 T0423②:19　5. 座墩 T0322②:2

T1130②:46，残。侈口，圆唇，宽折沿外撇，折肩。胎铁灰色，内外均酱釉，釉面已脱落。口径32.2、残高8.2厘米（图八一，2；彩版九〇，6）。

（二三）圈足器　2件。

T1229②:39，只有圈足部分。矮圈足，圈足大，胎壁厚。胎铁灰色，内外均青釉，釉色灰暗，釉面较粗糙。内满釉，外釉不及底，有流釉现象。内底有七个支钉，圈足上12个支钉。底径15、残高3.2厘米（图八一，3；彩版九一，1）。

T0423②:19，只有圈足部分。矮圈足，圈足大，胎壁厚。胎土红色，内外均青釉，釉面已脱落。底径15.2、残高2.4厘米（图八一，4；彩版九一，2）。

（二四）座墩　1件。

T0322②:2，残。腰鼓状，上下端平，腹微鼓，中空，周边有乳钉装饰。素烧。面径31、底径30.6、残高54.3厘米（图八一，5；彩版九一，3）。

二、生产工具

只见有三件网坠，均素烧。

T1130②:3，开裂。个体较大，整体呈长条形，中部略大两端稍小，横截面椭圆形，纵截面圆角长方形。横向和纵向各有两道宽而深的凹槽。胎铁灰色，素烧。长5.9、宽3.3厘米（图八二，1；彩版九一，4）。

T1630②:6，开裂，变形。个体较大，整体呈长条形，中部略大两端稍小，横截面椭圆形，纵截面圆角长方形。横向和纵向各有两道宽而深的凹槽。胎铁灰色，素烧。长6.2、宽4.1厘米（图八二，2；彩版九一，5）。

T1130②:19，开裂。个体较大，整体呈长条形，中部略大两端稍小，横截面椭圆形，纵截面圆角长方形。横向和纵向各有两道宽而深的凹槽。胎土红色，素烧。长7.3、宽4厘米（图八二，3；彩版九一，6）。

三、陈设瓷、文房用具、玩物

（一）瓶　8件。有玉壶春壶、蒜头瓶、宽沿长颈瓶等。

采:15，玉壶春瓶，修复。侈口，圆唇，外卷沿，颈长而细，垂腹，近底处内收，矮圈足，底部微内凹。胎灰白色，内外均青釉，釉面基本脱落。外施釉不及底，内只有近口沿处施釉。口径4.8、底径7.7、高12.8厘米（图八二，4；彩版九二，1）。

T0222②:1，玉壶春瓶，腹以下残。口微侈，圆唇，平折沿，沿面宽而平，沿外侧向上稍稍凸起。胎灰白色，青釉，釉面已脱落。口径4.2、残高9.5厘米（图八二，5；

彩版九二，2）。

　　T1630②:9，蒜头瓶，残，只有口部。敛口较小呈蒜头状，尖唇，束颈。胎铁灰色，酱釉，釉面多脱落。口径2.4、残高4.8厘米（图八二，6；彩版九二，3）。

　　T1428②:4，修复。侈口，沿外卷，沿面较宽较平，外缘微向上凸起，颈部较长，中间微内收，鼓肩，弧腹，矮圈足，足根外撇，底部较平。胎铁灰色，内外均酱釉，釉

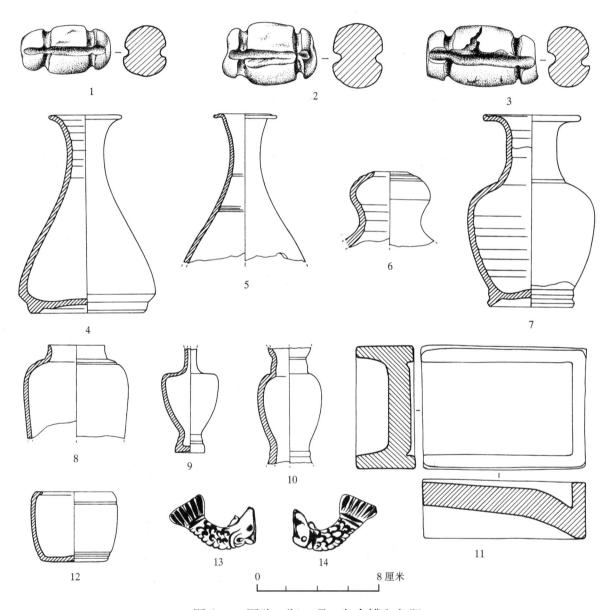

图八二　网坠、瓶、砚、鸟食罐和鱼塑

1. 网坠 T1130②:3　2. 网坠 T1630②:6　3. 网坠 T1130②:19　4. 瓶采:15　5. 瓶 T0222②:1
6. 瓶 T1630②:9　7. 瓶 T1428②:4　8. 瓶 T1429②:12　9. 瓶 T0421②:1　10. 瓶 T0522②:3
11. 砚 T0324②:1　12. 鸟食罐 T0221②:147　13. 鱼塑 T1329②:1　14. 鱼塑 T1329②:2

面洁净光亮，气泡较多，气孔较大，有冰裂纹。外施釉不及底，有流釉现象；内只有近口沿处施釉。口径 6.4、底径 5.7、高 12.4 厘米（图八二，7；彩版九二，4）。

T1429②:12，腹以下残。口较直，尖唇，颈部较短，鼓肩。胎壁较薄，灰白色，青釉，釉面已脱落。口径 3.8、残高 5.9 厘米（图八二，8；彩版九二，5）。

T0421②:1，口部残。颈长而细，折肩，收腹，腹部上大下小，高饼足。胎灰白色，酱釉，釉面洁净明亮，气泡较多，气孔稍大。底径 2、残高 6.8 厘米（图八二，9；彩版九二，6）。

T0522②:3，口部及底部已残。颈部稍长较粗，溜肩，上腹微鼓下腹内收。胎铁灰色，酱釉，釉面基本脱落。残高 7.4 厘米（图八二，10；彩版九三，1）。

（二）砚　1件。

T0324②:1，修复。整体形状长方体，砚盘一端高一端低，底部空心。胎铁灰色，素烧。长 10.8、宽 8、高 3.9 厘米（图八二，11；彩版九三，2）。

（三）鸟食罐　1件。

T0221②:147，修复。敛口，尖唇，平折沿内勾，沿面较宽，腹微弧近直，平底。腹部有凹弦纹。胎铁灰色，外青釉，釉不及底，釉面已脱落；器内不施釉。口径 5、底径 4.4、高 4.6 厘米（图八二，12；彩版九三，3）。

四、瓷　塑

鱼塑　2件。

T1329②:1，完整。从器物断痕看，它应该是器物的附件。鱼身弯，尖嘴，长鳍，鼓眼，鳞用酱釉勾勒，胎灰白色，似离水在岸挣扎的无奈状，比例协调，形态生动，栩栩如生。长 5.6 厘米（图八二，13；彩版九三，4）。

T1329②:2，完整。从器物断痕看，它应该是器物的附件。鱼身弯，尖嘴，长鳍，鼓眼，鳞用酱釉勾勒，胎灰白色，似离水在岸挣扎的无奈状，比例协调，形态生动，栩栩如生。方向正好与 T1329②:1 相反，因此这两件鱼塑应该是器身呈对称出现的一对。长 5.8 厘米（图八二，14；彩版九三，5）。

五、冥　器

见有谷仓罐和魂瓶。

（一）谷仓罐　2件。

T1230②:30，口部已残。溜肩，收腹，底内凹。近口处有四个纵向环形纽，肩腹交

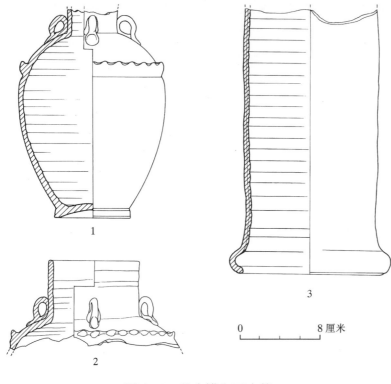

图八三　谷仓罐和下水管

1. 谷仓罐 T1230②:30　2. 谷仓罐 T1230②:41　3. 下水管 T1029②:35

接处有一周麻花状附加堆纹；腹内壁有轮旋纹。胎铁灰色，酱釉，釉面已脱落。底径7.6、残高20.3厘米（图八三，1；彩版九三，6）。

T1230②:41，残。中部直而长，方唇，溜肩，腹部已残。肩部有四个纵向环形纽，肩腹交接处有一周麻花状附加堆纹。胎灰白色，酱釉，釉色灰暗，光泽度差，釉面粗糙粘有窑渣，部分釉面脱落。口径9、残高8.4厘米（图八三，2）。

（二）魂瓶　9件，其中瓶口2件，瓶盖7件。

1. 瓶口　2件。

T0222②:12，残。直口，方唇。口沿外有堆塑的人物和动物。人物头戴纹巾，宽衣宽袖，闭目低眉，双手合抱于胸前，似在祈祷；动物抬头挺胸，目视前方，似龙非龙，或三爪或四爪，粗腿长身，腿上长鳞。胎灰白色，青釉，釉深绿色，釉面光亮，部分釉面脱落。口径8.4、残高10.4厘米（图八四，1；彩版九四，1）。

T1429③:8，只有颈部残片。颈外有堆塑的人物，裸头长衣，双目明亮，嘴唇紧闭，不怒而威。胎灰白色，酱釉，釉面基本脱落。残高9.8厘米（图八四，2；彩版九四，2）。

2. 魂瓶盖　7件。

T0620②:11，残。整体形状呈塔形，顶圆锥状，盖身细长，盖沿已残，盖口斜内敛，中空。顶和沿之间有堆塑的写意人物，分上下两层，上层三个，下层五个，上下层相互衔接，中间有凸棱分隔。胎灰白色，酱釉，釉色明亮，部分釉面脱落。盖口径4.4、高10.2厘米（图八四，3；彩版九四，3）。

T1030②:67，残。整体形状呈塔形，顶乳钉状，下部外鼓，盖口已残，中空。盖身有两层外凸的檐，下层已残。盖身有堆塑的写意动物，动物已残缺，难窥全貌。胎灰白

0　　　　　　8厘米

图八四　魂瓶

1. 魂瓶口 T0222②:12　2. 魂瓶口 T1429③:8　3. 魂瓶盖 T0620②:11　4. 魂瓶盖 T1030②:67　5. 魂瓶盖 T1130②:31
6. 魂瓶盖 T1430②:6　7. 魂瓶盖 T0423②:9　8. 魂瓶盖 T1030②:39　9. 魂瓶盖 T0423②:23

色，青釉，釉面多脱落。盖径 10.4、口径 6.6、高 13.6 厘米（图八四，4）。

T1130②:31，残。圆形，有凸棱呈竹节状，盖沿宽下弧，盖口内敛，方唇。器身有堆塑的写意动物，分为数层。胎灰白色，青釉，釉深绿色，釉面光亮，部分脱落。盖径 12.2、口径 4.8、残高 11.6 厘米（图八四，5；彩版九四，4）。

T1430②:6，修复。整体形状呈塔形，顶部尖而圆，盖身长而细，盖沿宽中部微下凹，盖口直而平，中空。器身下部有堆塑的写意人物，分上下两层，上层三个，下层五个，上下层相互衔接。胎灰白色，酱釉，釉色明亮，部分釉面脱落。盖径 7.5、口径 5.5、高 10.6 厘米（图八四，6；彩版九五，1）。

T0423②:9，残。整体形状呈塔形，上小下大，顶部圆球状，盖身长，盖沿宽，盖口直而平，中空。器身有三个堆塑的人物，宽袍长袖，头戴纹巾，双手合抱，面善，含笑，双目明亮。胎铁灰色，酱釉，釉面较粗糙，部分釉面脱落，气泡较多，气孔较大。盖径 8.3、口径 5、高 10.3 厘米（图八四，7；彩版九五，2）。

T1030②:39，残。整体形状呈塔形，顶部尖而圆，盖口直而平，中空。盖身有两层外凸的檐，下层宽上层窄。器身有堆塑的写意人物，分上中下三层，上层在顶部外鼓处，中下层贴靠檐缘。胎灰白色，青釉，釉色泛黄。盖径 11.6、口径 5.3、高 16.5 厘米（图八四，8；彩版九五，3）。

T0423②:23，顶部略残。整体形状呈塔形，顶部尖而圆，盖口直而平，中空。盖身有两层外凸的檐，下层宽上层窄。器身有堆塑的写意人物，分上中下三层，上层在顶部外鼓处，中下层贴靠檐缘。胎灰白色，酱釉，釉面多脱落。盖径 10、口径 5.6、高 15.4 厘米（图八四，9；彩版九五，4）。

六、建筑构件

下水管　5 件。

T1029②:35，一端残。圆形，中空，管口比管身略宽，便于下水管之间的相互套接。胎土黄色，互烧。口径 14.4、管径 13.6、残长 26 厘米（图八三，3）。

七、窑　具

（一）支烧具

1. 支烧垫墩　37 件。根据总体特征分为四型：

A 型　1 件。圆柱状，实心。

T0221②:40，残。整体形状为圆柱形，顶面和底面均较平，实心。胎铁灰色，表面经火烧呈灰褐色。直径10、高15厘米（图八五，1）。

B型 1件。圆锥状，实心。

T1429②:10，略残。整体形状为圆锥体，上小下大，顶部尖，底部平，实心。胎铁灰色，表面粗糙，凹凸不平，经火烧呈铁黑色。底径7.4、高6.8厘米（图八五，2；彩版九六，1）。

C型 1件。束腰形。

T1330②:27，修复。顶面平，束腰，底部外撇，中空。腹上部近顶处有一圆形小孔。顶部经火烧呈铁黑色，下部灰色。铁灰色胎，表面较平滑。顶部直径9.3、底径10.4、高7.8厘米（图八五，3；彩版九六，2）。

D型 34件。顶面平，下部喇叭状。根据顶面的差异分两个亚型：

Da型 14件。顶面与腹壁大体呈直角相交。

T0221②:41，略残。顶面平，斜直腹稍外撇，底部中空呈喇叭状，上小下大。胎铁灰色，外表粗糙，经火烧呈铁黑色。顶面直径8.5、底径9.2、高8.1厘米（图八五，4）。

T1729②:2，完整。较矮。顶面平，斜直腹稍外撇，底部中空呈喇叭状，上小下大。胎铁灰色，外表粗糙，经火烧呈灰褐色，表面粘有窑渣。顶面直径8.7、底径9.1、高8.5厘米（图八五，5；彩版九六，3）。

采:28，完整。较矮。顶面平，斜直腹稍外撇，底部中空呈喇叭状，上小下大。胎铁灰色，外表粗糙，经火烧呈铁黑色，表面粘有窑渣。顶面直径9、底径10.1、高8.3厘米（图八五，6；彩版九六，4）。

T0221②:42，完整。顶面平，斜直腹稍外撇，底部中空呈喇叭状，上小下大。胎铁灰色，外表粗糙，经火烧呈铁黑色。顶面直径8.4、底径9、高9厘米（图八五，7；彩版九六，5）。

T0221②:2，略残。顶面平，斜直腹稍外撇，底部中空呈喇叭状，上小下大，腹边有一圆形小孔。胎铁灰色，外表粗糙，经火烧呈灰褐色。顶面直径8.4、底径9.9、高10.1、孔径0.6厘米（图八五，8；彩版九六，6）。

采:26，略残。较矮。顶面平，斜直腹稍外撇，底部中空呈喇叭状，上小下大。胎铁灰色，外表粗糙，经火烧呈铁黑色。顶面直径6.8、底径6.6、高5厘米（图八五，9）。

Db型 20件。顶面平外凸，超出上腹顶端。

T1330②:28，修复。瘦长。斜直腹稍外撇，底部中空呈喇叭状，上小下大。上腹有

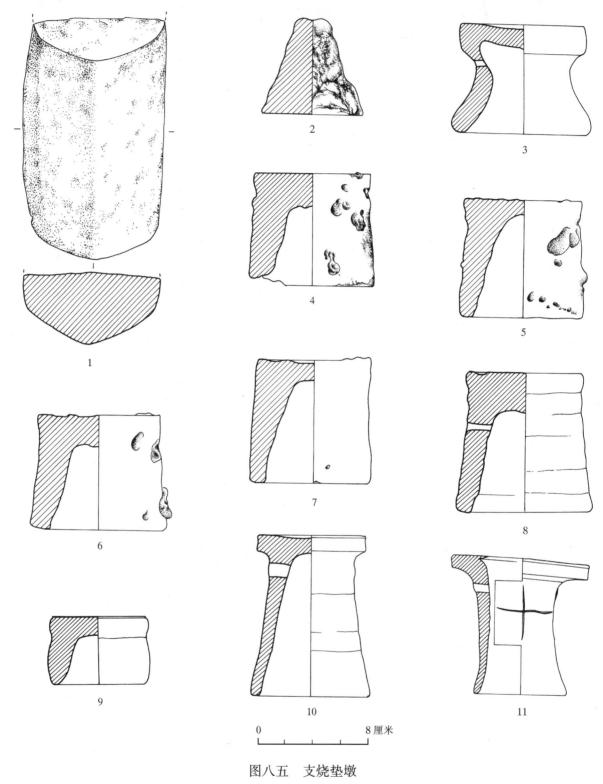

图八五　支烧垫墩

1.A型 T0221②:40　　2.B型 T1429②:10　　3.C型 T1330②:27　　4.Da型 T0221②:41　　5.Da型 T1729②:2　　6.Da型
采:28　　7.Da型 T0221②:42　　8.Da型 T0221②:2　　9.Da型采:26　　10.Db型 T1330②:28　　11.Db型 T0222②:13

一圆形小孔。胎铁灰色，外表较光滑，经火烧呈灰褐色。顶面直径 8、底径 8.8、高 11.7、孔径 1 厘米（图八五，10；彩版九七，1 左）。

T0222②:13，顶面中部残，变形。瘦长。斜直腹稍外撇，底部中空呈喇叭状，上小下大。上腹有两个对称的圆形小孔。腹部有刻划的"十"字符号。胎铁灰色，外表较光滑，经火烧呈灰黑色。顶面直径 10.2、底径 6.9、高 10、孔径 0.6 厘米（图八五，11；彩版九七，2）。

T1129②:15，修复。斜直腹稍外撇，底部中空呈喇叭状，上小下大。上腹有一圆形小孔。上腹粘有青釉。胎铁灰色，外表粗糙，经火烧呈灰褐色。顶面直径 11.8、底径 11.1、高 10.8、孔径 0.6 厘米（图八六，1；彩版九七，1 右）。

T1129②:13，修复。瘦长。斜直腹稍外撇，底部中空呈喇叭状，上小下大。上腹有两个对称的圆形小孔。胎铁灰色，外表较光滑，上腹粘有青釉，外表呈灰黑色。顶面直径 7.4、底径 9.4、高 11.1、孔径 0.6 厘米（图八六，2；彩版九七，3 右）。

T1329②:5，完整，变形。因变形一侧略高，斜直腹稍外撇，底部中空呈喇叭状，上小下大。上腹有两个对称的圆形小孔。胎铁灰色，外表较光滑，上腹部经火烧呈灰黑色，下腹呈浅红色。顶面直径 7.3、底径 8.2、高 9.9、孔径 0.8 厘米（图八六，3；彩版九七，4 右）。

T1129②:14，修复。瘦长。斜直腹稍外撇，底部中空呈喇叭状，上小下大。上腹有一圆形小孔。胎铁灰色，表面粘有窑渣，经火烧呈灰黑色。顶面直径 7.3、底径 9.5、高 10.8、孔径 0.4 厘米（图八六，4；彩版九七，3 左）。

T1430②:1，略残。瘦长。斜直腹稍外撇，底部中空呈喇叭状，上小下大。腹部有数周凸弦纹，上腹有两个对称的圆形小孔。胎铁灰色，外表较粗糙，上腹经火烧呈黑色，下腹呈灰色。顶面直径 6.4、底径 7.3、高 8.8、孔径 0.5 厘米（图八六，5；彩版九七，4 左）。

2. 支烧垫具

（1）钵形垫烧具　4 件。根据腹部的变化可分为两型：

A 型　1 件。斜直腹。

T1730②:28，修复。外形呈倒钵状，平顶略凹，下部外撇，比顶部大，中空，底缘平而宽，器壁很厚。胎土红色，外表经火烧上部呈灰褐色，下部暗红色。顶面直径 12.6、底径 20.4、高 6.8 厘米（图八六，6；彩版九七，5）。

B 型　3 件。折腹。

T1629②:11，修复。外形呈倒钵状，平顶，上腹外撇下腹内收，中空，底缘尖，器壁上厚下薄。胎铁灰色，外表经火烧上部呈灰褐色。顶面直径10.6、底径13.8、最大径17.4、高7.1厘米（图八六，7；彩版九七，6）。

T1630②:10，残。外形呈倒钵状，平顶，上腹外撇下腹内收，中空，底缘尖，器壁

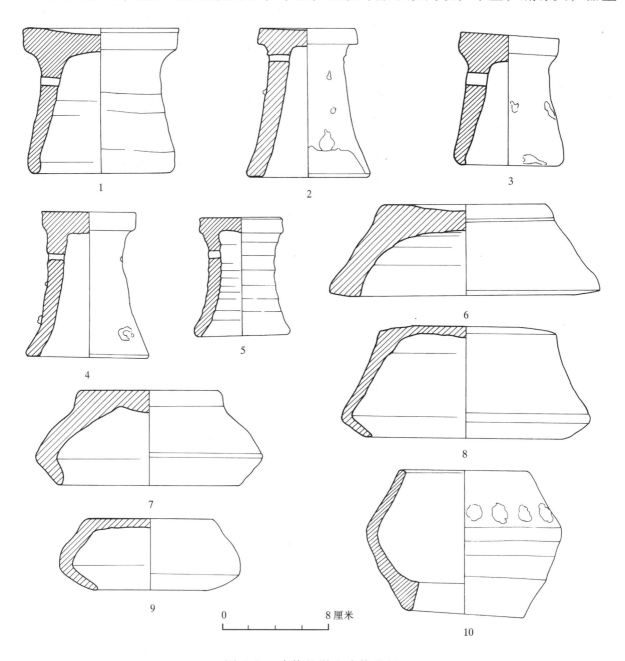

0　　　　　　　　　8厘米

图八六　支烧垫墩和支烧垫具

Db 型支烧垫墩 T1129②:15　2.Db 型支烧垫墩 T1129②:13　3.Db 型支烧垫墩 T1329②:5　4.Db 型支烧垫墩 T1129②:14

5.Db 型支烧垫墩 T1430②:1　6.A 型钵形支烧垫具 T1730②:28　7.B 型钵形支烧垫具 T1629②:11

8.B 型钵形支烧垫具 T1630②:10　9.B 型钵形支烧垫具 T1630②:25　10.桶形支烧垫具 T1730②:6

上厚下薄。胎铁灰色，外表经火烧上部呈深红色，下部灰褐色。顶面直径 13.2、底径 15、最大径 18.7、高 8.4 厘米（图八六，8；彩版九八，1）。

T1630②:25，残。外形呈倒钵状，平顶，上腹外撇下腹内收，中空，底缘尖，器壁上厚下薄。胎铁灰色，外表经火烧上部呈铁黑色。顶面直径 9.7、底径 8.4、最大径 13.8、高 5.3 厘米（图八六，9；彩版九八，2）。

（2）桶形垫烧具　1 件。

T1730②:6，修复。中空。整体形状桶形。敛口，折腹，上腹外撇下腹内收，底缘较平，腹壁较厚。上腹部有一周支钉痕。胎土红色，经火烧，外表上部呈深灰色，下部呈暗红色。口径 9.8、底径 9、最大径 14.8、高 10.9 厘米（图八六，10；彩版九八，3）。

（二）轴顶帽　3 件。 轴顶帽是陶车上的一个关键部件。八边棱形，中间底心有一圆锥形凹窝。凹面置轴，固定在转盘的中心，使凹窝顶住轴心，使转盘灵活转动。

T1130②:7，开裂。多边形，顶面平，面上有划痕，底中心有圆形凹窝，底部略宽。青釉，满釉，釉面多脱落。底部有四个支钉痕。面径 6、底径 6.4、孔径 2.9、通高 4 厘米（图八七，1；彩版九八，4）。

T1229②:10，开裂。多边形，顶面平，底部微弧略宽，底中心有圆形凹窝。青釉，满釉，釉面多脱落。底部有四个支钉痕。面径 6.2、底径 6.7、孔径 2.2、通高 4.4 厘米（图八七，2；彩版九八，5）。

T1428②:23，残。圆形，顶面平，面上有弧线划痕，底部微弧略宽，底略残，底中心有圆形凹窝。酱釉，满釉，釉面部分脱落。面径 5.8、底径 7.2、孔径 3.8、通高 4 厘米（图八七，3；彩版九八，6）。

（三）荡箍　2 件。 荡箍是与轴顶碗配套，安在陶车轴下的一个瓷质圆箍。环状，是使陶车旋转的重要部件。

T1229②:37，修复。较薄。圆环形，中空，两端平，沿面宽，内腹中部外凹，外腹中部鼓起呈凸棱状。胎灰白色，内外均青釉，釉面多脱落。直径 12.3、孔径 8、厚 1.4、高 3.1 厘米（图八七，4；彩版九九，1）。

T0221②:6，修复。较高。圆桶形，中空，上端宽沿外凸，沿面中部有凹槽，直腹，上部微外凹，底沿平，胎壁较厚。胎灰白色，外部不施釉，内壁施青釉，釉面多脱落。上口径 11、下口径 10、孔径 7.8、厚 1、高 5.8 厘米（图八七，5；彩版九九，2）。

（四）火封　4 件。 这是一种瓷窑收火时用以堵塞火眼的圆饼状的泥块。

T1529②:2，完整。圆饼状。一面略平，另一面微鼓有一斜孔，较平的一面面向瓷窑火眼，有孔的一面朝外，孔用来插竹木棍以免灼手。用泥巴做成，已烧成暗红色。直径9.4、厚5.2厘米（图八七，6；彩版九九，3）。

　　T1230②：11，完整。圆饼状。一面略平，另一面微鼓有一斜孔，较平的一面面向瓷

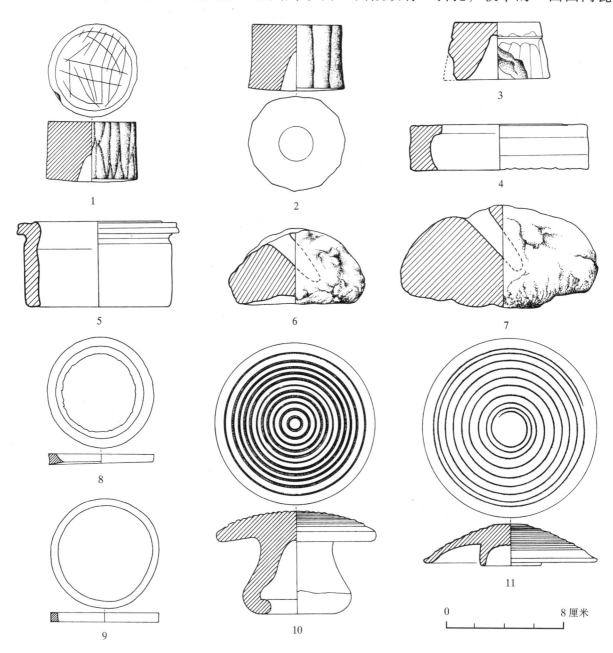

图八七　轴顶帽、荡箍、火封、垫圈和轴顶垫托

1. 轴顶帽 T1130②：7　2. 轴顶帽 T1229②：10　3. 轴顶帽 T1428②：23　4. 荡箍 T1229②：37　5. 荡箍 T0221②：6
6. 火封 T1529②：2　7. 火封 T1230②：11　8. 垫圈 T0442②：3　9. 垫圈 T0322②：1　10. 轴顶垫托 T0422②：4
11. 轴顶垫托 T1528②：6

窑火眼，有孔的一面朝外，孔用来插竹木棍以免灼手。用泥巴做成，一面已烧成深黑色，一面深红色。直径 13.6、厚 7 厘米（图八七，7；彩版九九，4）。

（五）**垫圈　6 件**。垫圈是小型器物装烧时为增加器物之间的空间而使用的间隔具。

T0422②：3，完整。很薄，圆环形，中空，外壁较光滑，内壁粗糙，外腹平而直，内腹一端稍厚。胎铁灰色，素烧。外径 7.4、内径 5.2、厚 0.9、高 0.7 厘米（图八七，8；彩版九九，5 左）。

T0322②：1，完整。很薄，圆环形，中空，直壁，内外壁均光滑，两端平。胎铁灰色，素烧。外径 7.6、内径 6.5、厚 0.5、高 0.6 厘米（图八七，9；彩版九九，5 右）。

（六）**轴顶垫托　2 件**。因找不到相关的器形，根据其造型初步推断，是轴顶帽和轴顶面板的复合体，应该是陶车上的部件，暂名为轴顶垫托。

T0422②：4，修复。顶面圆形，微弧，中部高周边略低，面上有数周同心圆凹槽；下部长把，上小下大，中空，底缘内折。胎灰白色，只在顶面施青釉，满釉，釉面多脱落。面径 11.3、孔径 3.6、高 7 厘米（图八七，10；彩版九九，6）。

T1528②：6，修复。顶面圆形，微弧，中部高周边略低，面上有数周同心圆凹槽，下部短把，直筒形，中空。胎铁灰色，只在顶面施青釉，满釉，釉面多脱落。面径 12、孔径 3.5、高 2.9 厘米（图八七，11；彩版一〇〇，1）。

八、其　他

8 件。器物名称和用途不明的归入其他。

T1229②：38，只有残口。口近直，很宽，圆唇，卷沿外翻，高领。领下部有残系痕迹。胎铁灰色，器外施青釉，釉色泛黄，釉面部分脱落；器内只有近口沿处施釉。口径 13.8、残高 13.5 厘米（图八八，1；彩版一〇〇，2）。

T1629②：1，略残。整体形状球形，器表瓜棱形，顶部鼓起，底部略凹，底中心有圆形孔，孔内小外大。胎土色，青釉，满釉，釉面粘有窑渣基本脱落。最大径 7.5、孔径 2.4、高 6.4 厘米（图八八，2；彩版一〇〇，3）。

T1429③：9，下腹残。直口，圆唇，鼓肩，直腹，壁薄。胎灰白色，外青釉，釉面已脱落。器内不施釉。口径 5、残高 4.3 厘米（图八八，3；彩版一〇〇，4）。

采：34，下端残。直筒形。顶部微上弧，顶面外缘有一周凹弦纹，中心有较短的圆柱状捉手，直壁，中空。胎铁灰色，外青釉，满釉，釉面基本脱落。器内不施釉。直径 8.1、残高 9.4、纽高 1.4 厘米（图八八，4；彩版一〇〇，5）。

T1330②：66，残。钵形。直口，方唇，唇面有锯齿状装饰，折肩，收腹，底部已残，壁厚。器内有轮旋纹。胎铁灰色，素烧。口径 10.2、残高 3.9 厘米（图八八，5；

彩版一〇〇，6）。

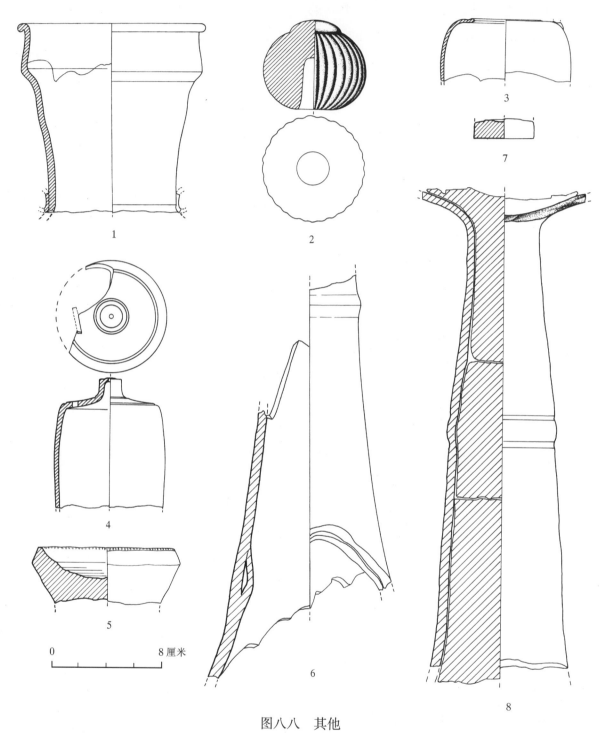

图八八　其他

1.T1229②:38　2.T1629②:1　3.T1429③:9　4.采:34　5.T1330②:66　6.T1428②:54　7.T1428②:51
8.T1528②:3

T1428②:54，两端均残。圆形，一端略宽，中空。窄的一端有凸棱。胎铁灰色，外酱釉，满釉，釉面粘有窑渣，部分脱落；器内不施釉。残长29厘米（图八八，6）。

T1428②:51，残。圆饼状，直壁，实心，一端较平，另一端已残。胎铁灰色，素烧。直径4.4、残高1.4厘米（图八八，7）。

T1528②:3，两端均残。圆形，一端略宽，中空。腹中部有凸棱。胎铁灰色，外青釉，满釉，釉面多脱落。器内不施釉。器内尚残留有锥形支烧垫墩。残长34.5厘米（图八八，8）。

第三节　制作、装烧工艺

一、制作工艺

渼口窑的产品绝大多数是以轮制为主，器物的附件和零部件如罐耳、壶流、盖纽等用单模或分模或手工捏制而成。瓷塑多手工制作，如鱼塑。个别器形还运用雕刻、镂空、堆塑、范模等方法。器物造型相对单调，除圆形器外，见有少量瓜棱形器物，如瓜棱壶、瓜棱罐等。施釉方法主要有浸釉、淋釉两种，少数器物使用滴釉、涂釉的方法，有些产品同时使用多种手法施釉。多数器物施釉不及底。下面简要论述几种主要器形的制作方法。

（一）壶　口和腹部轮制而成，流、把手很规整，应是模制后拼接于壶体，有的壶有双系，双系手工捏制后粘接到壶体上。喇叭口壶有的腹部呈瓜棱形，并见有壶盖。壶盖单独轮制，盖纽模制或手工捏制，装烧时壶盖和壶整体烧成。有的壶有提梁，制作考究，除上述制作工艺外，还使用泥条贴塑、小泥片堆塑等方法，施釉也很讲究，通体浸釉，然后在小圆泥塑上滴釉，整件提梁釉色很流畅、莹润。壶的施釉方法很多，荡釉、浸釉、涂釉、滴釉均有发现，施釉不及底，多数器物近底部有流釉现象，釉色有青釉、酱釉两种，青釉占84.75%，酱釉占15.25%。

（二）碗　碗均为快轮拉坯制成，底部、腹部常保存有快轮拉坯时形成的弦纹。有的碗腹部拉坯后用凹槽分隔成五或六瓣，形成花口碗。有的碗内壁和底部有刻花装饰，多刻写意菊花瓣和莲花瓣等。施釉方法主要有荡釉、浸釉两种。手捉器底，将碗覆浸于釉缸中，旋转荡釉，然后取出顺置晾干，所以绝大多数碗施釉不及底，近底部经常发现有流釉现象。有的碗在荡釉、浸釉后，在顺置晾干后又用滴釉或涂釉的方法点褐彩，加强装饰效果。釉色主要有青釉和酱釉两种，还见有外青釉内酱釉、外酱釉内青釉。其中青釉占 81.05％，酱釉占 16.24％，外青釉内酱釉占 2.56％，外酱釉内青釉占 0.15％。

盘、钵、盏、碟、杯、盆和盂制作工艺与碗类似。

（三）**罐** 口沿和腹部快轮制作而成，腹内壁有快轮拉坯后形成的轮旋纹。双系手工捏制，贴塑于罐肩部。施釉方法与碗相似。

（四）**扑满** 分上下两部分，均以快轮拉坯制作而成，然后将上下两部分拼接而成，如 T1030②:11，腹部拼接处还见有一道凹弦，纽部手工捏制粘附于器体。器体制成后，用利器在纽侧镂一长条形投钱孔（图七二，3；彩版七九，3）。

（五）**盒** 以 T0423②:5 为例，盒身和盒盖分别用快轮拉坯制作，成型后在盒盖上镂空成"卍"字，盖下腹近口处用小泥片贴塑成乳钉状装饰，盖下腹中间有菱形镂孔，制作较精细（图七三，5；彩版八〇，5）。

（六）**器盖** 盖体快轮制作而成，尚见轮制弦纹痕迹。盖纽制作方法有三种：一种是手工捏制，用泥片搓成扁条形或圆条形，然后粘附于器盖上，然后施釉，烧制成型；另一种是将泥拍印成泥片，然后在泥片顶部刻划凹槽成锯齿状，然后粘附于器体上；再一种是模印成型，然后粘附于器体上。

二、装烧工艺

从渎口窑的窑炉遗迹分析，渎口窑的瓷器是用龙窑烧成的。这种龙窑露天建造，在山坡上顺其坡度挖一通道作为烧成室，烧成室较低的一端与圆形火膛相连，火门位于火膛中间。从火膛周围发现的大量的炭屑堆积分析，燃料应为薪柴。如 Y2，为斜坡式龙窑，窑顶已毁，窑壁不用砖，顺山坡挖斜底隧道作为窑室，利用原山体为窑壁，总长 16.5 米。窑炉分为窑床、火膛和焚口三个部分。窑床长条形，长 10.4、宽 1.8 米，坡度 15 度。火膛近圆形，直径 3.9 米，顶部已毁，残高 0.70 米。火膛壁用大石块垒砌，中部有一长条形火道，周边向中部微微倾斜。近焚口处较短较低，用窑业垃圾铺平。周边见有大量炭屑灰烬。

玉山渎口窑的器物均裸烧，不见匣钵。为避免生烧现象，抬升器物在窑内的高度，采用支烧垫墩、钵形垫具、桶形垫具等窑具来支撑器物。相同规格的器物叠烧时采用支钉间隔，支钉一般呈长条形，钵类器物因个体较大，支钉数量也较多，最多达二十六个之多，较大的碗一般有七个支钉，小碗或盏类器一般四个支钉；大碗套小碗或盏时，为增加器物之间的空间加垫圈间隔，垫圈一般用废弃的碗底制成；在大件器物如壶的上部还如需叠烧别类器物如碗时也采用支钉间隔，由于碗底较小，而底层器物的口部又较大，从而使碗的腹部留下了一圈支钉痕迹。像碗盏类器物因个体较小，一般采用叠烧，既有同类器物同规格的叠烧，也有同类器物不同规格的叠烧，大件套小件时同时使用垫圈和支钉间隔，以增加器物之间的空间；另外还有不同器物的叠烧。一些较大件的器物如壶，既有单件烧制，也有用支钉间隔同类器物叠烧；既有口对底的叠烧，也有口对口的叠烧。由于器物较重，叠烧往往容易变形，废品较多。在出土遗物中，有不少烧制变形粘连在一起的标本，其装烧时的工艺特征很清楚，简述如下。

（一）壶

T1030②:58，同规格壶的装烧。底对口烧。青釉。上面的壶已残，下面的壶烧制变形（图八九，1；彩版一〇一，1）。T1030②:32，同规格壶的装烧。口对口烧。酱釉。上面壶已残。由于承重受限，下面的壶产生变形（图八九，2；彩版一〇一，2）。T1029②:18，同规格壶的装烧。底对口烧。釉已脱落，上面的壶已残，下面的壶变形（图八

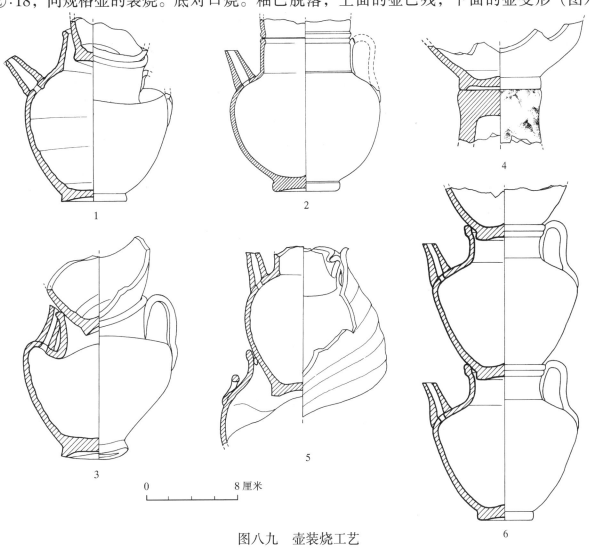

图八九 壶装烧工艺

1. T1030②:58　2. T1030②:32　3. T1029②:18　4. T1630②:2　5. T1030②:30　6. T1030②:31

九，3；彩版一〇一，3）。T1630②:2，壶立于支烧垫墩。酱釉。壶和支烧垫墩均残（图八九，4；彩版一〇一，4）。T1030②:30，不同规格壶的装烧，小壶底立于大壶口。青釉。残缺变形（图八九，5；彩版一〇一，5）。T1030②:31，同规格壶的装烧。底对口烧。酱釉。变形（图八九，6；彩版一〇一，6）。

（二）碗

T1229②:40，同规格碗的装烧，用支钉分隔。青釉。残（图九〇，1；彩版一〇二，1）。T1229②:26，同规格碗的叠烧。青釉。残。口沿部位粘连，还见有窑渣烧结粘附其上。有支钉分隔（图九〇，2；彩版一〇二，2）。T0224②:1，同规格碗的装烧。用支钉分隔。酱釉。残（图九〇，3；彩版一〇二，3）。T1430②:15，同规格碗的叠烧。青釉。残。内底部有六个支钉痕迹（图九〇，4；彩版一〇二，4）。T1229②:25，同规格碗的装烧。青釉，残。内底部有平均分布的六个支钉痕迹。外壁有炉渣粘连（图九〇，5；彩版一〇二，5）。T0221②:280，同规格碗的装烧。青釉。残。内底部有支钉痕迹（图

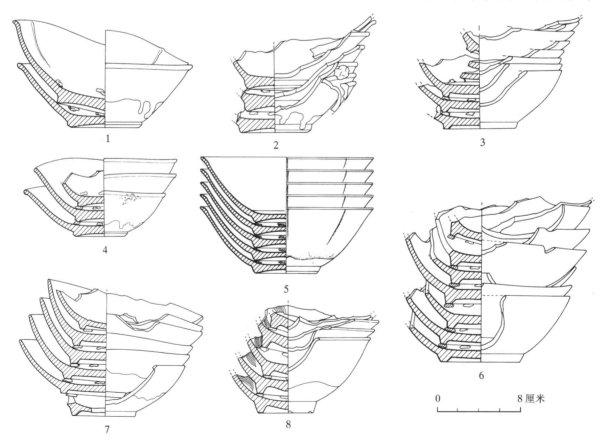

图九〇　碗装烧工艺

1. T1229②:40　2. T1229②:26　3. T0224②:1　4. T1430②:15　5. T1229②:25　6. T0221②:280

7. T0221②:50　8. 采:33

九〇，6；彩版一〇二，6）。T0221②:50，同规格碗的装烧。青釉。残。底部有支钉痕迹（图九〇，7；彩版一〇三，1）。采:33，同规格碗的装烧。青釉。残。有支钉痕迹（图九〇，8；彩版一〇三，2）。

（三）钵

T1030②:12，同规格钵的装烧。腹部对口，酱釉。残缺变形。下面钵口沿部分和上面钵外腹部有支钉痕迹（图九一，1；彩版一〇三，3）。

（四）盘

T1329②:6，同规格盘的装烧。青釉。修复，变形（图九一，2；彩版一〇三，4）。T1129②:16，同规格盘叠烧。青釉。残。最上面的碟底部有六个支钉（图九一，3；彩版一〇三，5）。T1330②:70，同规格盘的装烧。青釉。残。有支钉痕迹（图九一，4；彩版一〇三，6）。

（五）碗、盘

T0221②:18，盘碗装烧，内盘外碗，碗大盘小。盘青釉，碗酱釉。碗已变形。有支

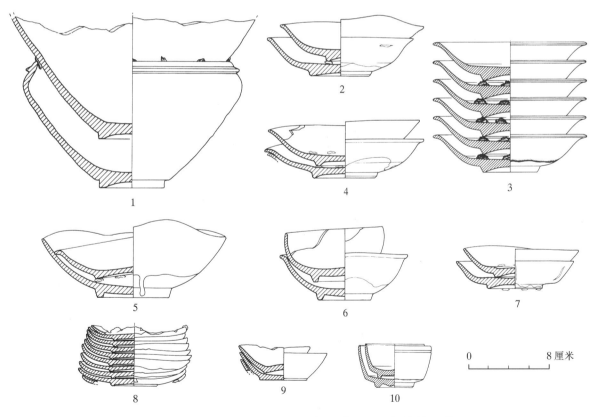

图九一 钵、盘、碗盘、钵碗、碟、盏和杯装烧工艺

1.钵 T1030②:12 2.盘 T1329②:6 3.盘 T1129②:16 4.盘 T1330②:70 5.碗盘 T0221②:18

6.钵碗 T0221②:282 7.碟 T1730②:16 8.碟 T1130②:66 9.盏 T1629②:12 10.杯 T0221②:1

钉痕迹（图九一，5；彩版一〇四，1）。

（六）钵、碗

T0221②:282，钵碗装烧。上面钵，酱釉，下面碗，青釉。钵残碗变形（图九一，6；彩版一〇四，2）。

（七）碟

T1730②:16，同规格碟的装烧。青釉。修复。上面碟的内底有五个支钉痕迹，下面碟的内底则有七个支钉痕迹，支钉均正顶碟子圈足（图九一，7；彩版一〇四，3）。T1130②:66，同规格碟的装烧。酱釉。残缺变形。粘附大块窑渣（图九一，8；彩版一〇四，4）。

（八）盏

T1629②:12，同规格盏的装烧。酱釉。残（图九一，9；彩版一〇四，5）。

（九）杯

T0221②:1，杯的叠烧，内小外大。酱釉。修复。已变形（图九一，10；彩版一〇四，6）。

从瓷片胎、釉化学成分和烧结状况分析，渎口窑的产品烧成温度至少有1200度。青釉多用氧化焰烧成，酱釉应是采用弱还原焰烧成。有些器物同时发现里外两种釉色，应与其装烧方法有关。渎口窑的器物烧制相对粗糙，除少数产品如壶、盒等胎骨致密坚硬，釉色流畅、稳固、莹润有光泽、胎釉熔融结合良好外，多数产品的釉不甚稳固，常有泛黄、剥落现象，釉面欠光泽，其胎骨多数也呈灰白、灰黄色，根据这些现象可以推断这些产品应是采用氧化——还原——氧化焰烧成。

第四节 装饰、文字与款识

一、装 饰

渎口窑瓷器的装饰较简单，主要有刻花、印花、镂孔、堆塑、贴塑和点褐彩等。刻花是主要装饰手法，少量印花；镂孔和堆塑集中在某些特殊器物上，如冥器之类；贴塑和点彩装饰较少见（附表九）。

镂孔装饰主要用于盒上，如 Ba 型 T0423②:5，盒盖上面采用镂孔"卐"字，盖下腹近口部有乳钉状贴塑，下腹中间有菱形镂孔。素烧。盖面径8.6、底径8.7、通高3.8厘米（图七三，5；彩版八〇，5）。堆塑主要用于谷仓罐和魂瓶等器物上，如谷仓罐 T1230

②:30，近口处有四个纵向环形纽。肩腹交接处有一周麻花状附加堆纹，腹内壁有轮旋纹。底径 7.6、残高 20.3 厘米（图八三，1；彩版九三，6）。又如魂瓶 T0222②:12，残。口沿外有堆塑的人物和动物。人物头戴纹巾，宽衣宽袖，闭目低眉，双手合抱于胸前；动物抬头挺胸，目视前方，似龙非龙，或三爪或四爪，粗腿长身，腿上长鳞。口径 8.4、残高 10.4 厘米（图八四，1；彩版九四，1）。点褐彩装饰较少，仅见于少数碗口沿上，如 Aa 型中型饼足碗 T1428②:39，残。内外均青釉，釉面部分脱落，口沿上有比较密集的褐釉点彩。口径 15.8、底径 6.2、通高 6.6 厘米（图三八，2；彩版三一，2）。另有一件提梁壶，T1129②:11，集堆塑、贴塑和点彩等多种装饰于一体，颇具特色。该壶只有提梁和壶嘴，提梁和嘴连为一体，提梁近嘴处左右两侧有两条泥片堆塑，中间堆塑成动物头部造型，整个形状像夸张了的蚱蜢或螳螂，头部紧贴壶嘴，壶嘴短略下弯，是动物的口，提梁是动物的身，眼睛用小圆饼贴塑而成，上有酱褐釉点彩。背部有乳钉状贴塑，也用酱褐釉点彩。残长 10.4 厘米（图三五，8；彩版二八，2）。

　　淏口窑瓷器的主要装饰是刻花，还见有少量印花装饰，集中体现在碗壁和底部，以内凹足、圈足碗为多，简述如下：

　　（一）**B 型中型饼足碗**　少数碗外壁腹部刻花，为浅菊瓣纹。Ba 型，如 T1330②:57，残。腹较浅，下腹有较浅的刻花菊瓣。口径 13.3、底径 5.2、通高 4.5 厘米（图三八，4；彩版三一，4）。Bc 型，如 T1428②:1，修复。下腹有刻划的菊瓣纹，口径 13、底径 5.2、通高 3.8 厘米（图三九，1；彩版三二，6）。

　　（二）**中型内凹足碗**　刻花有两种组合。一为内刻波浪和菊花纹。C 型，如 T1730②:45，修复。内底刻有九瓣菊花纹，内腹壁刻划波浪纹。口径 14.3、底径 5.5、通高 4.8 厘米（图四四，1；彩版三八，4、5）。另一件 T0620②:1，修复。内底心有同心圆纹，腹内壁刻弧形菊瓣。口径 13.6、底径 6.5、通高 4.6 厘米（图四三，11；彩版三九，4）。

　　（三）**圈足碗**　绝大多数在碗内腹部和底部刻菊花、莲花、梳形、水波等纹饰，有的以花瓣为单元形成组合纹饰，如在花瓣中、叶子中刻波浪纹和梳形纹等，纹饰整体写意性很强。少量印花装饰为模印菊花纹，印花于碗底。

　　1. 腹内壁波浪纹、腹外壁菊瓣组合纹。如 Aa 型大型圈足碗 T1029②:25，修复。腹内壁用凹槽分成十格，每格刻划纵向波浪纹。腹外壁刻划菊瓣，外腹中部有一周凹弦纹。口径 17.9、底径 7.4、通高 8 厘米（图四五，2；彩版四〇，2、3）。

　　2. 腹内壁刻划莲花纹。如 Ab 型大型圈足碗的 T1029②:26，修复。腹内壁刻划四瓣莲花纹。口径 19.6、底径 8.2、通高 8.2 厘米（图四六，1；彩版四〇，4、5）。还有 Ab

型大型圈足碗中的 T1629②：15、T1629②：34 和 T1430②：7 等。

3. 腹内壁刻梳形纹。如 Ab 型大型圈足碗中的 T1328②：41，残。腹内壁刻有梳形纹，口径 18.9、底径 7.7、通高 7.2 厘米（图四六，5；彩版四一，5、6）。还有 Ba 型大型圈足碗中的 T0221②：110、T0221②：64 等。

4. 腹内壁刻莲瓣纹。如 Ac 型大型圈足碗中的 T1630②：12，残。腹内壁刻划莲瓣纹，花瓣边用两根粗而深的线条刻划，花瓣形状为近椭圆形，叶脉用粗而深的弧线勾勒。口径 17.6、底径 7.6、通高 8.3 厘米（图四七，1；彩版四二，1）。还有 Ac 型大型圈足碗中的 T1430②：9、T1430②：13 等。

5. 腹内壁刻水草团菊纹。如 Ac 型大型圈足碗中的 T1629②：14，修复。腹内壁和内底刻划水草与团菊，口径 18、底径 6.4、通高 8 厘米（图四七，2；彩版四二，2、3）。

6. 腹内壁刻写意莲瓣纹。如 Ba 型大型圈足碗中的 T0221②：231，残。腹内壁刻划写意莲瓣纹，瓣边用多根线条刻划，形状为近椭圆形，瓣心用弧线勾勒成梳形纹。口径 16.6、底径 7、通高 6.4 厘米（图四八，2；彩版四三，2）。

7. 腹内壁刻水波纹。如 Bb 型大型圈足碗中的 T0221②：113，残。腹内壁用多根线条刻划水波纹，线条流畅，如夹浪奔腾的江水向前涌动，动感颇好。口径 16.6、底径 6.2、通高 6.2 厘米（图四九，1；彩版四四，5）。

8. 腹内壁刻莲瓣纹、叶脉成波浪状或三角纹。如 Aa 型中型圈足碗中的 T1630②：7，修复。腹内壁刻划莲瓣纹、叶脉成波浪状。口径 14、底径 5.8、通高 7.1 厘米（图五〇，2；彩版四五，6）。还有 Aa 型中型圈足碗中的 T1730②：32，残。腹内壁刻划莲瓣纹、叶脉成三角形纹。口径 15、底径 5.1、通高 7.1 厘米（图五〇，3；彩版四六，1、2）。

9. 腹内壁刻莲瓣纹、花瓣中心刻团菊、波浪形纹和梳形纹。如 Aa 型中型圈足碗的 T1629②：16，残。腹内壁刻划莲瓣纹、瓣中心刻团菊、波浪形纹和梳形纹，口径 15.5、底径 6.1、通高 7.1 厘米（图五〇，4；彩版四六，3）。还有 Ac 型中型圈足碗中的 T1730②：13，修复。腹内壁刻四瓣莲花纹，花瓣边用四根线条勾勒，形状为近椭圆形，花瓣内用线条勾勒成花蕾纹，线条流畅清晰，口径 14.8、底径 5.5、通高 7 厘米（图五一，5；彩版四八，1、2）。

10. 腹内壁刻花莲瓣纹，内底模印菊花纹，外刻菊瓣纹。如 Ac 型中型圈足碗中的 T1730②：1，修复。腹内壁刻莲瓣纹，花瓣边用两根较粗的线条刻划，形状为近椭圆形，叶脉用一些曲线勾勒，线条流畅清晰；内底中心模印菊花纹；外腹壁刻菊瓣纹。口径 15、底径 5.8、通高 6.7 厘米（图五一，7；彩版四八，3、4）。

11. 内底模印菊花。如 Bb 型中型圈足碗中的 T0224②：9，残。内底中心有模印的菊花，口径 15.4、底径 6.6、通高 4.6 厘米（图五五，2；彩版五三，3）。还有 Bb 型中型圈足碗中的 T1130②:35 等。

二、文字与款识

渼口窑产品中有文字和款识的器物不多，但对渼口窑的年代、窑工等的研究很有价值。如 1992 年 11 月为配合浙赣铁路工程进行文物调查时在圹顶堆积中采集到的两件荡箍，一件有"魏仁真记"铭文，另一件有"癸卯宣和五年"铭文，对研究渼口窑的烧造年代很有意义，当时据铭文初步断定渼口窑始烧于晚唐、五代，盛烧于北宋。在 2004 年的发掘过程中，发现有文字、款识的瓷器不多，简述如下：

（一）B 型中型圈足碗　Ba 型 T0221②:39，残。侈口，口沿斜直，尖唇，腹微弧，腹较浅，圈足较矮，圈足底心较平，圈足内用酱釉写一"弗"字，字体似行书，用笔流畅，书写于器底，可能是款识。口径 15.5、底径 6.7、通高 4.9 厘米（图五三，10；彩版五一，3）。

（二）B 型盏　Bb 型 T0222②:2，修复。侈口，尖唇，腹微弧，腹部较浅，腹壁较厚，底微内凹，底部较厚。素面。外底有三周凹弦纹，弦纹内有用尖状物刻划的粗而深的正楷"大"字，用笔苍劲有力，写于器底，可能是款识。口径 9.1、底径 4.3、通高 2.6 厘米（图五八，1；彩版五八，1、2）。

（三）B 型盏　Bb 型 T0421②:4，残。侈口，尖唇，腹微弧，腹部较浅，腹壁较薄，平底，底部较薄。外底中部用锐器刻划一"又"字符号，写得较潦草，似行书，可能是用于区分的符号。口径 9、底径 4.7、通高 2.1 厘米（图五八，2；彩版五八，4）。

（四）B 型盏　Bb 型 T0222②:30，残。侈口，尖圆唇，腹微弧，腹部较浅，腹壁较薄，底部略内凹，底部较薄。内底心有一用锐器刻划的粗而深的"丘"字，楷体，用笔苍劲有力，可能是款识。口径 9.4、底径 4.5、通高 2.6 厘米（图五八，6；彩版五九，2、3）。

（五）B 型盘　在许多 B 型盘的内底用褐釉书写一正楷"吉"字，釉下褐彩，书写较随意，可能为吉祥款。Bb 型 T1330②:46，修复。侈口，口沿外撇，圆唇，腹部有明显折痕，上腹壁较薄，下腹壁较厚，饼足微内凹，底部较厚，口径 14.5、底径 5.6、通高 3 厘米（图六〇，8；彩版六一，3、4）。Bb 型 T1330②:30，修复。侈口，口沿外撇，尖圆唇，腹部有明显折痕，腹壁较薄，饼足微内凹，底部较厚，口径 14、底径 6、通高 2.6 厘米（图六〇，9；彩版六一，5）。Bc 型 T1330②:47，修复。侈口，口沿外撇，口部与腹部用凹槽分成五瓣呈葵花状，圆唇，腹部有明显折痕，腹壁较厚，饼足内凹，底部较厚，口径 14.7、底径 5.8、通高 3 厘米（图六一，4；彩版六二，3、4）。

（六）Da 型盘　T0222②：7，修复。侈口，圆唇，腹壁较薄，底较平。外底心有用尖状物刻划的"八"字形符号，可能是款识。口径 14.6、底径 6.7、通高 3.2 厘米（图六二，4；彩版六三，5）。

1　　　　　　　　　　　　　　　　2

图九二　"元丰通宝"拓本
1.Y2 火膛中部了出土的"元丰通宝"　2.T1428②层出土的"元丰通宝"

在出土遗物中，除上述陶瓷器外，在探方 T1428 的第二层瓷片堆积和 Y2 火膛中还各出土了一枚"元丰通宝"方孔圆钱，铜质。有廓。铜钱正面宝文为篆书，旋读。直径 2.5、孔径 0.7、廓宽 0.2、厚 0.15 厘米（图九二，1、2）。

第四章　相关问题研究

第一节　渡口窑兴起的历史背景

三国时期，经过东吴统治者前所未有的开发，江西地区的社会和经济各方面都得到了相应的发展，到魏晋南北朝时，江西经济开始显示其重要地位，中国古代的经济重心也逐渐南移；隋唐五代时期，在魏晋南北朝的基础上，经济重心进一步南移，特别是在唐代，江西地区经济的发展十分显著。在唐代以前曾发生了像西晋永嘉之乱那样北方人民向南方迁徙的运动，流民在南迁过程中有部分渡过长江进入江西，不但增加了江西地区人口，同时还带来了较为先进的生产力，对江西地区的经济发展产生了一定的影响。唐代天宝年间的"安史之乱"，中国历史上发生了第二次大规模的北人南迁运动。在"安史之乱"的打击下，唐朝从此开始一蹶不振，朝政日趋腐败，"均田制"和"租庸调制"遭到破坏，代之以大地主土地所有制和"两税法"，贫富日益悬殊。一方面是割据一方的藩镇不向朝廷纳税，他们"户版不籍于天府，税赋不入于朝廷"。[①] 另一方面是唐朝官府愈发强化了对劳动人民的剥削和搜刮，"海内困穷，处处流散，饥者不得食，寒者不得衣，鳏寡孤独者不得存，老幼疾病者不得养"。[②] 人民不堪负担，只有大批逃亡，江西作为南方相对平安的区域成为他们的避难"胜地"。

北方人口的南迁，意味着大批人才和劳动力的到来，江西人口迅速增长，饶、洪、吉州自玄宗开元到宪宗元和不到 100 年内，民户成倍增长，特别是饶州由 20 乡增至 69 乡。饶州位于赣东北鄱江和信江流域，"安史之乱"之后的第 4 年即乾元元年（758 年）至永泰元年（765 年），这里接连分置了上饶、永丰、贵溪 3 县，这 3 县合以饶州的弋阳县与浙江衢州的玉山县建立一个新州——信州。天宝间（742～756 年）饶州有户约 4

---

① （后晋）刘昫等撰：《旧唐书卷一百四十一·列传第九十一·田承嗣传》。第三八三八页。中华书局，1975 年 5 月第 1 版。
② （后晋）刘昫等撰：《旧唐书卷一百九十下·列传第一百四十下·刘贲传》。第五〇一页。中华书局，1975 年 5 月第 1 版。

万，到元和（806～820年）时，饶、信2州合计有户近75000，在短短几十年的时间里，以开元间饶州地域范围计，元和时户数净增83％之多。[①] 其境玉山县："他山合沓，峻岭横亘，溪谷皆相互分其流，虽步通三衢，而水绝干越，千峰万拥，限隐不可得而虞也。自陈隋以来，此为巨奥。"[②] 当时与玉山为界的浙江开化县"万山所环，路不通驿，部使者率数十年不到，居人流寓，恃以安处"。[③] 江西经济的发展从此迈上一个新的台阶，成为唐政府的倚重之地。隋唐五代江西经济的崛起，为宋代江西经济的繁荣奠定了基础。

继五代而起的赵宋王朝，在实施一系列专制集权措施的同时，确定建都汴梁，倚重兵而代关洛山河之险，借漕运获取东南财富，使王朝建立在丰厚的经济基础之上，宋朝庭的物资供应基本依赖江南。北宋每年通过汴渠输入600万石粮食进京，[④] 其中有相当部分是江西供给的。这是江西当时生产开发加快，经济繁荣的结果。

唐后期到五代十国，北方中原一带连年战乱，经济凋蔽；而南方战争较少，相对稳定。北人大量南迁，带来了先进的生产技术和大批劳动力，使南方经济得到发展。北人南迁和江西本地人口的繁衍，使宋代江西人口数达到了历史最高峰。宋代江西农业经济经过吴、南唐的缓慢发展，已开始迈开更大、更快的新步伐。宋代农业经济所达到的水平，在全国各路中处于领先地位。宋代江西农业在唐代的基础上，扩大了社会分工，商品化趋势较为明显。

在粮食生产得到大力发展的同时，人们根据各自所处的平原、山区、湖泊等不同的自然环境，因地制宜，广泛开展各种经济作物的种植，在江西地区最具特色的是茶叶的种植。江西气候湿润，极适合茶叶的生长。早在汉代，茶叶已经由湖南东部和湖北蕲州进入江西。六朝时期，江西人民对茶叶的种植和制作技术已有很大的进步。汉朝、三国时期，制茶是直接将茶叶采回晒干，用时加水煮沸，饮用其羹，如遇阴雨则以火烘干，这种茶叶质量不高。到东晋，人们已经懂得制造茶饼，碾末泡饮。把采回的茶叶捣碎，拌以米膏，做成饼状。饮茶时，把茶放在火上加热，使之变干为赤色，然后捣碎成末放入瓷器中，加沸水后盖住。这种方法一直沿用到南朝时期。[⑤] 但那时人们对茶叶的需求量不大，茶叶的种植也较少。自从唐代陆羽的《茶经》问世，茶叶才逐渐为人们所赏识，茶叶成为人们日常生活中之必需。与此同时，江西的茶叶种植开始普遍起来，成为著名的茶叶出产区之一。在唐代，浮梁县不但是当时江西出产茶叶最多的县，同时也成

---

① 陈文华、陈荣华主编：《江西通史》，江西人民出版社。
② 乐华：《太平寰宇记》卷一百七《江南西道5》。
③ 庄绰：《鸡肋编》。
④ 许怀林著：《江西史稿》，江西高校出版社。
⑤ 文士丹主编《江西古代科学技术史》，《农业考古》1992年第1期专号。

为全国茶叶贸易最大的集散地之一。浮梁县"每岁出茶七百万驮，税十五余万贯"，[①] 占全国茶税的三分之一左右。[②] 当时常有西北商贾，乘船至浔阳，经鄱阳湖溯昌江达浮梁，贩茶牟利。唐代诗人白居易的诗《瑟琶行》中提到，"商人重利轻离别，前月浮梁买茶去"即是明证。此外在今上饶地区也是唐代的产茶区。茶圣陆羽，曾在今上饶城北茶山寺（原名广教寺）居住、种茶。[③] 到了宋代，种茶制茶经济有了迅猛发展，茶成了我国人民日常生活中一项重要内容。宋代江西的经济作物中以茶叶为大宗，其栽培遍及各州，产量之高，令人惊叹。据《宋史·食货志》所载，宋代产茶地共有 37 州 5 军，而江南为 10 州 5 军，占全国第一。江南 10 州 5 军，属于江西范围的有 7 州 3 军，占江南产茶地的三分之二。在宋代江西设有 9 州 4 军，足见江西茶叶种植之普遍。据《宋史·食货志》载，北宋时每年课茶为 2306 万余斤，而江西地区的课茶近 685 万斤，约占全国课茶总数的十分之三。

随着经济的发展，交通也大为进步。唐宋时期的交通主要是依靠水路、陆路。唐宋州郡干路，往还交织，比秦汉时大为进步，并进入一个新时代。隋代大运河的开拓与使用，一方面创人工开河的新记录，另一方面推进了东南诸郡在全国交通史上的新地位。秦汉之时，东南经济地位极为落后，南北交通虽畅达无阻，但东南各地在全国交通上，还是相当的闭塞，当时堪称交通中心的大都会，除成都外，都是在黄河流域。三国两晋和南朝，随着江南的开发，东南地区逐渐成为天下财富之区，成为后来统一的政府所不能不取资的地带，在全国交通史上的地位也日益彰显，隋炀帝开运河正是适应这种新时势的需要。运河开通后，南北交通为之一新。这条水路，历经隋唐至北宋，成为北方仰食东南的大通道，漕船往来，千里不绝。唐宋时的交通干线达二三万公里以上。[④] 就江西而言，一方面是大运河的开通，另一方面就是赣南大庾岭（梅岭）路的开辟，对江西商业的发展起了重要的作用。江西水路发达，襟江带湖，赣江、抚河、信江、昌河、修水、锦江、袁河纵横其间，港湾河汊，繁密如网，但仅仅局限于南方各地，与北方的交通主要依靠陆地，影响了江西与北方的经济交流。隋炀帝开通的大运河，南北交通相互贯通，成为南北物资交流的大动脉。江西是闽、粤、桂、湘等省区通达运河的要道和物资运输的重要集散地，各路货物从水陆两路汇集于鄱阳湖，然后顺长江而下扬州，入运

---

① （唐）李吉甫撰：《元和郡县图志》卷二十八《江南道四·饶州·浮梁县》第六七二页。中华书局，1983 年 6 月第 1 版。

② 据《旧唐书》卷四十九《食货志下》载：唐朝征茶税，始于贞元九年，当时全国每年收得茶税钱 40 万贯，而浮梁县就有 15 万贯，占三分之一强。

③ 《古今图书集成》方舆汇编《职分典》第八百六十一《广信府·山川考》。

④ 白寿彝著：《中国交通史》，上海书店出版社，1984 年 3 月第一版。根据白寿彝先生的研究，唐代的交通干路，几乎有二万五千公里，而宋时则有三万五六千公里以上。

河转运北方各地。在赣南与广东交界处的大庾岭（梅岭），古时尚无通路，隔绝了江西与广东以至海外的联系。秦始皇时，因军事需要开了一条山路，但这条路十分崎岖险要。唐开元四年（716年）十一月，岭南按察候补使张九龄倡导凿通梅岭路，江西的南大门终于打开，从此，江西与广东、海外的联系大为加强。北宋时期，由于经济的发展，江西航运业更趋兴旺。东来的旅行路线是：衢州陆路至玉山，改乘船到信州（今上饶），西航经贵溪、安仁（今余江），由瑞洪入鄱阳湖，西南向航行至吴城，入赣江，溯行至南昌、丰城、清江，再折入袁水西去，经新喻、袁州（今宜春）至芦溪，然后弃船登岸，过萍乡县城，入湖南境。陆路方面，宋人在唐开元间开凿的赣南梅岭路的基础上继续努力，使之更趋开阔平坦。嘉祐八年（1063年），江西提刑蔡挺、广东转运使蔡抗兄弟俩大力整治梅岭路，使岭成车马之途，便于越岭运输，赣南成为五岭要会，闽粤咽喉。

隋唐五代时期，江西的农业、手工业得到较大的发展，加上岭路的开拓，航道的畅通，以及江西处于四通八达的特殊的地理位置，江西的商品经济日益发展起来，于是来商纳贾，舟楫连樯，江西商人或往江西经商者数不胜数，经商成为人们致富的重要途径。《太平广记》里，有很多关于江西人经商致富的事例。商品经济的发展推动了城市的繁荣，而城市的发展又带动了商业的兴旺。在隋唐五代的江西，出现了洪州城、江州城、吉州城、饶州城等大中城市，它们成为当时江南的大都会或重要的商品交换市场。章孝标《送张使君赴饶州》载："饶州因富得州名，不独农桑别有营。日暖提筐依茗树，天阴把酒入银坑。江寒鱼动枪旗影，山晚云和鼓角声。太守能诗兼爱静，西楼见月几篇成。"[1] 足见饶州的富庶与经济的繁荣。玉山的渎口窑就处于从饶州分离出来的信州管辖范围之内。玉山县是当时相当富足的地方，人口较多，商业繁荣，在玉山还设有钱官。在《新唐书》中提到"信州……有玉山监钱官，有铜坑一，铅坑一"[2]。到了宋代，江西农村的许多生产项目已经完全依靠市场生存，呈现出商品性，许多农村行业都具有浓厚的商业性特点。在宋代，人们的商业观念随着社会的发展而发生了变化，认为经商不但能使个人致富，而且也能使国家富强，商人的社会地位不断提高，当时的社会已是"商农相因以为生者也。商不通则物不售，物不售则贱，贱则伤农。"[3] 刺激了江西商业的发展。

农业、手工业的发展，交通路线的开辟与发达，商业的繁荣，所有这些都为陶瓷制

① 《全唐诗》卷十九。
② （宋）欧阳修、宋祁：《新唐书》卷四十一·志第三十一，《地理五·江南道·信州》第一〇七〇页。中华书局，1975年2月第1版。
③ 《续资治通鉴长编》卷四百九十。

品准备了广阔的市场。唐五代时期，江西已有不少瓷窑，比较著名的有洪州窑、景德镇窑、吉州窑、七里镇窑等。洪州窑是唐代六大名窑之一。它最早见于唐陆羽（733~804年）著的《茶经》，书中载："越州瓷、岳州瓷皆青，青则益茶，茶作白红之色；邢州瓷白，茶色红；寿州瓷黄，茶色紫；洪州瓷褐，茶色黑，悉不宜茶。"[①]，由于书中未提及瓷窑遗址的下落，洪州窑的具体地点一直是多年争论的焦点，经江西省文物考古研究所和北京大学考古系自1979年之后的数次调查与发掘证实，今与南昌毗邻的丰城市境内的曲江镇罗湖寺前山为中心的青瓷窑场就是唐代的洪州窑。[②]洪州窑最迟在东汉晚期就能烧造出比较成熟的青瓷器，中经三国东吴、西晋的发展，东晋、南朝时逐渐进入兴盛期，一直延续到唐代中期。唐代晚期逐渐衰落，被其南面的吉州窑、北面的景德镇窑所取代，前后生产长达800余年。[③]景德镇的瓷器在唐代也开始崭露头角，据史书记载，唐武德年间（618~626年），昌南镇（今景德镇）民陶玉，携景瓷入关中，得到关中人的青睐，人们称景瓷为"假玉器"，并把它献给朝廷，从此昌南镇名闻天下。唐代景德镇已有霍窑、陶窑等名窑，到五代时期，景德镇制瓷进一步发展，到宋代已成为著名的制瓷中心。北宋时期，随着国家的统一，社会的相对安定，社会生产力得到较大的发展。随着商品经济的发展，全国出现了许多商业繁荣、人口密集的城市。当时著名的商业城市除东京和临安外，北方的太原、泰州、真定、京兆、洛阳，沿海的广州、泉州、神州和明州等，这些城市既是瓷器产品的市场，又是瓷器的集散转运地。宋代瓷业的繁荣，使得各地窑场相互竞争，相互仿制，促使瓷窑增加，窑场扩大，形成不同风格的瓷窑体系。宋代江西瓷业发展到一个新的高峰，出现了前所未有的局面。特别是中外闻名的瓷都景德镇的崛起，为宋代制瓷业增添了新的光彩。而江西东面的浙江，唐宋时期更是名窑迭出，如越窑、瓯窑、婺州窑、龙泉窑等，特别是越窑青瓷的出现，开启了我国青瓷制品的先河，代表了青瓷的最高水平，广受各地窑场的青睐和摹仿，"并以其繁多的瓷品直接供应社会需要，还以它固有的造型、特色、质地以及制作工艺从不同层面，直接、间接地传播到大江南北地区，影响着国内的众多窑场"。[④]诸如南方的浙江婺州、黄岩、温州、龙泉，安徽的寿州，湖南的湘阴、岳州、长沙，江西洪州、浮梁（景德镇）、婺源、寻乌、新干，四川邛崃，福建泉州等；北方的耀州、旬邑，河南汝州等窑口都在不同程度上受到越窑诸多因素的影响。[⑤]特别是对江西瓷业的影响更是显而易见。

---

① 左圭：《百川学海》，1921年上海博古斋影印本。

② 余家栋著：《江西陶瓷史》，河南大学出版社。

③ 张文江著：《洪州窑》，文汇出版社。

④ 林士民著：《青瓷与越窑》，上海古籍出版社。

⑤ 李毅华、陈定荣《越窑青瓷与人类文明》，《古陶瓷研究》1990年10月3辑。

玉山渎口窑正是在唐宋时期经济重心的南移，人口的南迁，农业、手工业的发展，商业的繁荣，交通路线的开辟以及浙江、江西等地制瓷业获得极大发展的基础上兴盛和发展起来的。

第二节　渎口窑产品的主要特征与其他窑口的关系

（一）渎口窑产品的主要特征

渎口窑是江西省东部紧邻浙江的一处中型烧造青瓷器的民间窑场，在成型方法上，主要利用陶车拉坯成型，这次发掘出土的荡箍、轴顶帽、轴顶垫托都是陶车上的部件，像碗、壶、盏、钵、罐等圆器由于拉坯成型，胎壁厚薄一致，器型规整。对于一些特殊的器物还采用了模印、镂雕、堆塑和手捏等方法，器种繁多，样式新颖，造型较独特。茶具、酒具、餐具、文具、容器，样样齐备。以烧造日常生活用品为主，生活用瓷占出土器物的 92.6%，有壶、碗、盏、罐、盆、杯、钵、铫、器盖、扑满、熏炉、盒、辗轮等。壶、碗、盘、盏、罐是大宗产品，以碗的数量最多，占出土器物的 50.25%，其次为壶，占 13.38%。除生活用瓷外，还有少量的生产工具、陈设瓷、雕塑瓷、冥器、窑具等。

渎口窑的产品，总体而言比较粗糙。因为没有使用匣钵均是明火裸烧而成，器表往往粘有烟尘；装窑时，凡碗、盘、钵、碟等口大底小能够重叠的坯件，都逐层叠装，以增加装烧量，所以器底较厚，以便承受重压，器物的内外往往留有支钉的痕迹；由于对烧成温度的控制没有很好的掌握，很多器物因过烧而变形，相互粘连在一起，而有些器物又出现生烧现象。胎普通呈灰白色或铁灰色，少量灰黄、黄褐和土红色。胎骨较厚，比较坚硬，器型稳重端庄。为避免因胎而产生的厚重感觉，工匠们把碗、碟、盘一类器物的口沿做薄，给人以轻巧的感觉。胎骨断面比较粗糙，瓷土处理不细，而且没有完全烧结，玻化程度较差。器物釉层厚薄不匀，多流釉现象，常常凝结成芝麻点状，很多器物釉面有细小的开裂，气孔较大，气泡较多，光泽度较差。釉色以青釉瓷为主，也有一定数量的酱釉瓷。施釉方法多采用荡釉、浸釉，少数因装饰需要采用滴釉方法，如点褐彩。青釉瓷中釉色有豆青色、深绿色、青灰色，更多的是青中泛黄，胎釉结合不紧密，多脱釉现象。渎口窑的釉为石灰釉，这种釉具有光泽好，透明度高等特点。因为透明度高，所以胎的色泽对釉色的影响很大。由于瓷土中氧化铁的含量较高，烧成后胎呈深紫色，影响青釉的呈色，所以部分器物就在胎的外表施一层质地相对细腻的白色化妆土，以掩盖胎色，改善青釉的呈色并使胎面光洁。胎外有化妆土的衬托，所以成品的外观得到改善，釉层滋润柔和，釉色在青灰或青黄中泛点褐色。器物一般内外均施釉，多数器物施釉不及底，如碗类、壶类、罐类、钵类等器物，多数器物内外施一种釉，或青釉或酱釉，少量器物内外施釉不一致，或内青釉外酱釉或内酱釉外青釉，这种内外不同釉的器物只见于碗类和钵类器物。

渼口窑的产品，器物造型丰富，有的匀称秀美，有的轻盈俏丽，具有经济大方，朴实耐用的特点，虽然是专供普通老百姓使用，显得粗糙些，但从实用出发，同时还兼顾到审美要求。渼口窑瓷器的装饰较简单，以素面为主，其他有刻花、印花、镂孔、堆塑、点褐彩等。刻花、印花主要是在碗类器上，刻花较多，主要装饰于碗的腹内壁，纹样主要是莲瓣纹或变形莲瓣纹、菊瓣纹、水草纹等，线条简单流畅；印花较少，主要在碗的内底模印菊花；在盒盖上见有镂孔，提梁壶的提梁上见有堆塑的动物，冥器魂瓶上见有堆塑的人物，碗的口沿上偶见褐釉点彩等。

酒具。主要有壶、杯、玉壶春瓶等。壶是渼口窑最具特色的产品，种类繁多，可分为盘口壶、直口壶、喇叭口壶、宽口长颈壶、直长腹壶、球腹无把壶、捏流小壶、双嘴壶、提梁壶等几大类。这里所说的壶实际上除球腹无把壶和提梁壶外，均为执壶。执壶是中唐时期出现的一种酒器，习惯上称作执壶，据唐人记载，它的正式名称应作注子。下面择其要类分述其主要特征。

盘口壶，口部、底部均较宽，口沿多外卷，颈部细长，腹部浑圆，肩部均有双系，系有横向粘贴的，也有纵向粘贴的，一般为桥形纽，也有环形纽，把为宽平曲柄，柄中部有凹槽，嘴短而直，底多饼形内凹，也有矮圈足。各部位比例协调，线条柔和，造型优美，重心在中部偏下，放置平稳，使用时比较省力。这类壶应该是两晋时的盘口壶演变而来，只是对其形体加以改造，使得更加美观实用，然后加上宽平曲把和短嘴。

喇叭口壶，这是渼口窑数量较多的壶之一。口部很大，口沿外翻，颈、腹均较长，少量颈腹交接处有对称双系，有的腹部成瓜棱形，下腹多内收。流较长向外弯曲，宽平曲把，底部较宽，多饼足内凹，少量短圈足。这类壶一般都有盖。

宽口长颈壶，这是渼口窑数量最多的壶。口部较宽，颈部长而直，口沿外翻成凸棱，嘴短而直，宽平曲把，腹部多外鼓，少量腹呈瓜棱形，有些在颈肩交接处有纵向粘贴的条形半环状双系，底部较宽，多饼形内凹。整个器型丰满稳重。

杯。渼口窑的杯一般施酱褐釉，直口，腹稍外撇，腹较深，矮圈足，底中部微下凸。胎多呈铁灰色，釉面多有裂纹，釉色暗淡，光泽度较差。

餐具。有碗、盘、碟等。

　　碗是渎口窑数量最多的产品，占这次发掘品的一半略强。撇口，腹部向外斜出，底部多矮圈足，圈足中心微下凸，另外还有饼形足和饼形内凹足。碗的形式较多，有菊瓣形碗、葵花口碗、海棠形碗等。菊瓣形碗，外腹像张开的菊瓣；葵花口碗，一般口部或腹部分成五瓣；海棠形碗，边缘起伏，像盛开的海棠。在装饰方面，主要是刻花和印花，而且主要集中在圈足碗上；饼形足碗和饼形内凹足碗一般多素面，少量有刻花。一般内外均施釉，器内满釉，器外施半釉或釉不及底。多数内外均青釉，少量器外施青釉器内施酱釉，极少数器外施酱釉器内施青釉。

　　盘，腹部均较浅，腹壁外张，口部胎薄，底较厚，有的折腹。底部一般为饼形足或饼形内凹足，圈足较少，圈足均较矮，较足中心微下凸。有的口部呈花口，一般分为五瓣。多素面，少数腹内壁有刻花，部分器内底有酱褐釉书写的"吉"字款。整个造型低矮稳重，朴素大方。

　　碟的形制和造型跟盘差不多，只是比盘要小一些，腹部稍深。多饼形足或饼形内凹足，圈足较少。

　　容器有钵、罐、盆等。

　　渎口窑的钵有大钵小钵之分。大钵口部很大，口径超过20厘米，底部较小，底径一般在7～10厘米之间，腹较深，通高10～14厘米。敛口，口沿一般外翻形成凸棱，肩部外鼓，腹部朝内斜收，底均为饼足内凹底。均素面。一般施酱褐釉，釉色暗淡，光泽度很差。整个器形显得很粗糙，器形高大，口大底小，重心在上部，给人一种头重脚轻，摇摇欲坠之感。小钵一般口径都在15厘米左右，底径6～7厘米，通高6厘米左右。小钵的形式较多，有敛口鼓肩钵、直口折肩钵、束颈鼓肩钵、直口直腹钵等。底部有平底、饼形内凹底和矮圈足三种，平底的较少，饼形内凹底和矮圈足平分秋色。内外均施釉，以酱釉为主，次为青釉，还有一部分器外青釉器内酱釉。器内满釉，器外施釉多不及底，有流釉现象。虽然小钵的重心也在上部，口部比底要大，但比列比较协调，底部相对较宽，显得四平八稳。跟大钵相比，小钵要比大钵显得精致。

　　罐是渎口窑生产的主要容器之一。渎口窑生产的罐，青釉酱釉均有，胎釉结合较差，釉面容易剥落。器内只在口沿部位施釉，器外施釉至足根。常见的器形有两种。一种是罐身瘦长，口微侈较大，束颈、鼓肩、收腹，底较小，为饼形内凹。有的肩部粘贴条状环形纽。整个器形瘦削修长，重心在中部偏上，给人以弱不禁风，一碰即倒的感觉；另一种是罐身圆形或椭圆形，口近直，束颈，鼓腹或圆腹，有的腹呈瓜棱形，饼足内凹或矮圈足。重心在中部，矮胖敦厚，朴实稳重。

　　盆是一种较大型的容器，渎口窑出土较少。口较大，沿面较宽，唇缘外卷或外翻，腹微弧，饼足内凹或矮圈足。为使器型平稳，口部做薄，底部加厚。器型规整，比例协调，外观轻盈。

茶具。有壶、碗、盏、铫、碾轮等。自从唐代陆羽的《茶经》问世，茶就跟中国老百姓的生活密切相关，成为生活中不可缺少的部分，所谓开门七件事：柴米油盐酱醋茶。北宋诗人梅尧臣（1002～1060 年）诗云："自从陆羽生人间，人间相学事新茶。"中国人不论是饭后、休息或招待客人，茶是不可缺少的。所谓"累日不食犹得，不得一日无茶也。"① 茶兴于唐而盛于宋，自唐朝中期开始，经过陆羽的大力提倡和唐朝宫廷的积极参与，品饮文化得到了神速发展，至宋进入了鼎盛时期，茶成了人们日常生活的必需。唐代封演在《封氏闻见记》中说："古人亦饮茶耳，但不如今人溺之甚；穷日尽夜，殆成风俗，始自中地，流于塞外。"② 封演为唐天宝、大历时人，《封氏闻见记》大约成书于贞元年间（785～805 年），书中记事多为作者耳闻目睹，说明茶叶从唐朝中期起，便是南人好饮的一种饮料，从南方传到了中原，由中原传到边疆少数民族地区，成了中国的举国之饮。据《封氏闻见记》载："南人好饮之，北人初不多饮。开元中……自邹、鲁、沧、隶，渐至京邑，城市多开店铺，煎茶卖之。不问道俗，投钱取饮。其茶自江淮而来，舟车相继，所在山积，色额甚多，……于是茶道大行，王公朝士无不饮者。"唐代的茶叶产区已遍及今四川、陕西、湖北、云南、广西、贵州、湖南、广东、福建、江西、浙江、江苏、安徽、河南等地，已达到与我国近代茶区约略相当的局面。③ 到了宋代，种茶制茶经济更是迅猛发展，茶成了我国人民日常生活中一项重要内容。江西气候湿润，极适合茶叶的生长，是茶叶的重要产地。

饮茶必有器，"茶之为饮"，茶具也就应运而生。"水为茶之母，壶为茶之父"，形象地说明了茶与茶具密不可分的关系。所谓"茶兹于水，水藉乎器，汤成于火，四者相须，缺一而废。"④ 在陆羽《茶经》中，还精心设计了适于烹茶、品饮的二十四器。当然所谓二十四器必备，那是指文人士大夫的正式茶宴，至于老百姓以茶自娱，器具则没有那么讲究，要简单得多。

唐宋时期制茶一般都将茶叶捣碎碾成膏制成茶饼，称为团茶。食用前需将茶饼碾碎，然后再加工成茶汤。浈口窑发现不少素烧的碾轮，圆形，中间厚边缘薄，中心有一圆孔以插入圆形木棍，与碾槽配合使用。结合唐宋时制茶、饮茶的习惯，这种碾轮应该

① （唐）杨晔撰：《膳夫经手录》，上海古籍出版社，1996 年。
② （唐）封演著，赵贞信校注，《封氏见闻记校注》，中华书局，1958 年。
③ 叶羽编著：《茶经》，黑龙江人民出版社。
④ 许次纾，《茶疏》，中华书局，1985 年。

是碎茶工具。南宋沈安老人《茶具图赞》中称这种碎茶工具为"金法曹"。[①] 唐宋时代饮茶，茶末与茶汤同饮，饮后不留余滓。唐代流行"煎茶法"，陆羽《茶经》载其法最详；两宋盛行点茶，蔡襄《茶录》、宋徽宗《大观茶论》，乃点茶经典。当然点茶盛行的同时，传统的煎茶之习也未少衰。扬之水在《两宋茶诗与茶事》说到"煎茶所用之器，两宋为风炉和有长柄与短流的茶铫；点茶，则以燎炉和有把手与长流的汤瓶。"[②] 煎茶与点茶，皆需煎汤亦即煎水。前者煎汤于茶铫，后者煎汤于汤瓶。汤至火候恰好之际，若煎茶，则将细碾且细罗之后的茶末投入滚汤。若点茶，先将盏炙热，然后用小勺舀取茶末，在盏中调成膏状，边用汤瓶冲点，边用竹制的茶筅或银制的茶匙在盏中回环搅动。渎口窑的茶铫，口微敛，直腹，腹较浅，圜底。器壁较薄便于传热。环形短流，圆形空心长柄，柄与流夹角成90度。这里所说的汤瓶应该就是执壶，渎口窑的执壶形式多样，既是酒具也是茶具。至于碗则既可是餐具也可是茶具，虽然北宋流行斗茶，对茶具的要求很高，但毕竟那是文人士大夫们的事儿，跟普通老百姓恐怕关系不是太大，普通百姓只是饮饮茶而已，因此对于茶具也就将就些，碗在作为餐具的同时，也是相当不错的茶具。当然有客远方来，用碗酌茶既不雅，又似乎有些难为情，在当时饮茶已成为习俗的情况下，总得备些能登大雅之堂的专用茶具——盏。渎口窑的盏显得比较粗劣，以青釉瓷为主，有一部分酱釉瓷。器内满釉，器外一般半釉。口径一般在9厘米左右，撇口，腹壁斜直，为使器物平稳，一般口沿胎壁都相对较薄，而下腹及底部较厚。底部一般饼形或饼形略内凹。有的器内底或外底还有款识，如"大"、"又"、"丘"字等款。

(二) 与其他窑口的关系

1. 与越窑的关系

越窑青瓷的出现，开启了我国青瓷制品的先河。越窑的烧造从东汉到宋，窑火绵延不断，持续了一千多年。唐五代是越窑的鼎盛时期，越窑青瓷代表了当时青瓷的最高水平。陆羽《茶经》中将其推为青瓷名窑之首。越窑不但以繁多的瓷器产品直接供应社会需求，还以它固有的造型、特色、质地以及制作工艺从不同层面，直接、间接地传播到大江南北地区，影响着国内的众多窑场。江西与浙江毗邻，江西的许多窑口都直接或间接受到越窑的影响，比方说五代时的湖田、杨梅亭、黄泥头、白虎湾等窑场烧造的灰胎青瓷，就是因为受当时越窑青瓷的影响，为模仿越窑胎色，在瓷土中掺入含铁成分较高的泥土调和而成；宋初，景德镇烧造的青白瓷，在形制上同样深受越窑的影响，如碗盏

---

① 转引叶羽编著：《茶经》，黑龙江人民出版社，2001年11月第一版。
② 扬之水：《两宋茶诗与茶事》，《文学遗产》2003年第2期。

器皿大多仿越器，多为花瓣口、瓜棱腹，即继承越瓷在晚唐时仿照金银器的款式。五代至北宋初的景德镇黄泥头窑烧制的碗、盘、执壶仿上林湖越窑，保存了越窑的造型、装饰和釉色。其他窑口如吉州窑、七鲤窑、寻乌窑也因受越窑的影响烧制灰胎青瓷器。[①]

渎口窑位于江西的东大门——玉山县的东南部，受越窑影响更为强烈，无论是胎釉、装饰、形制和烧造工艺都抹不去越窑的影子。玉山渎口窑以烧造青瓷为主，制品胎多灰白或铁灰色，色较深，胎骨较厚，质粗而坚；釉色青中闪黄，流釉明显，釉面有开片但相对较少；装饰技法主要为划花或刻花，花样比较简单；碗、碟、盘有不少花瓣口、壶腹作瓜棱状，圈足碗的圈足宽而矮，部分盘折腹；器物装烧时多用喇叭形和筒形支烧垫具，凡此种种都受到越窑的影响或渎口窑仿制越窑产品所致。

2. 与婺州窑的关系

婺州窑是今浙江境内除越窑以外的又一青瓷名窑，延续时间相当久远，前后大约二千七百余年，产品种类繁多，制瓷工艺较先进。[②] 在唐代陆羽的《茶经》中居青瓷窑的第三位。婺州窑自创烧以来即不断发展，到唐宋时达到鼎盛时期，窑场遍于金华、兰溪、义乌、东阳、永康、武义、衢县、江山等县。[③] 这一时期金华、衢州两地区共发现四百多处窑址，形成规模庞大的婺州窑窑系，南宋以后逐步走向衰落。

上面提到渎口窑深受越窑的影响，但跟婺州窑的关系更为密切，甚至渎口窑本就属于婺州窑窑系。

首先，从渎口窑地望来考察。

渎口窑位于玉山县东部，窑址范围较大，包括晚唐至北宋的华村乡塘泥垅，下镇镇渎口、塘顶、九都和群力乡下坊等五处窑址。窑址地处怀玉山脉东南与武夷山脉西北的低山丘陵地带，东进可顺抵浙江江山市，西行可沿河入信江至江西腹地。

历史上，玉山曾是浙江省的一部分。唐宋时期，玉山县与须江（今浙江江山市）、常山（今浙江常山市）关系密切。唐太宗贞观元年（627年）根据山河形便将全国分为十道，玉山立县初属江西南道衢州，衢州本是婺州的信安县，武德四年（622年）平李子通，在信安县置衢州。唐玄宗开元二十一年（734年）分天下为十五道，"乾元元年（758年），割衢州之常山、饶州之弋阳、建州之三乡、抚州之一乡，置信州"，[④] 玉山属信州，隶江南东道。成书于唐宪宗元和八年（813年）的《元和郡县图志》载："玉山县，上。西至州九十里。证圣元年（695年），分常山、须江等县置。乾元元年（758

① 李毅华、陈定荣《越窑青瓷与人类文明》，《古陶瓷研究》1990年10月3辑。
② 贡昌：《婺州古瓷》，紫禁城出版社，1988年11月第一版。
③ 江西省文化厅文物处编印：《中国古代瓷器基础知识》，1984年12月。
④ （后晋）刘昫等撰《旧唐书》卷四十·志第二十，《地理三·江南东道·信州》第一五九四页。中华书局，1975年5月第1版。

年），自衢州割入信州"，① 五代后晋编撰的《旧唐书》载："玉山，证圣二年（696 年），分常山、须江置，属衢州。乾元元年，割属信州"，② 宋代编撰的《新唐书》："玉山。上。证圣二年析常山、须江及弋阳置。"③ 因西北境有怀玉山故名"玉山县"。虽然玉山县置立时间，《元和郡县图志》与《新唐书》和《旧唐书》所载稍有出入，但玉山县是分割今常山与江山的一部分而建立的是相当明确的。宋至道三年（998 年），分天下为十五路，天圣析为十八路，元丰又析为二十三路，玉山属江南东路信州。④ 建炎四年（1130 年），江西路、江东路合并为江南路，玉山隶之。绍兴元年（1131 年），复分江南路为江南东路和江南西路，玉山隶江南东路。从历史沿革分析，渎口窑所在地的政治、经济、文化、艺术等与浙江江山、常山接近，直到现在，玉山县、广丰县的地方语言仍属吴语系。从以上史料看，玉山曾在婺州的管辖范围，渎口窑产品与婺州窑产品相近，或者说属于婺州窑系也在情理之中。

第二，胎釉特征。

渎口窑产品胎壁较厚，较坚硬、粗糙，胎色多呈灰白色、铁灰色，有涂挂化妆土的现象；釉色不甚纯正，青釉常泛黄，酱釉呈酱褐色，釉面有开细裂纹现象，施釉方法多采用荡釉、浸釉，多数器物内外均有釉，施釉不及底，常有流釉现象。这与唐宋婺州窑产品的胎釉特征很相似。唐代婺州窑产品的胎一般呈灰白色，部分大型器物的胎用粉砂岩作原料，烧成后胎呈深紫色；婺州窑自西晋晚期开始使用化妆土，化妆土的应用是婺州窑工匠们在制瓷工艺上的一项创新，在婺州窑同时存在的越窑、瓯窑、德清窑等窑系中少见，这是婺州窑胎釉工艺的独秀之处；婺州窑釉色多呈青色或青黄色，釉面开细裂纹，也有白色结晶或星星点点的奶白色，另外还有褐瓷、乳浊釉瓷，乳浊釉的釉色以月白色为主，少数有天青色或天蓝色。两宋时期婺州窑产品烧结程度较好，胎质坚硬，叩音清脆，胎质呈灰白色；釉色呈淡青色或青中泛黄，部分窑口有粉青色釉或豆青釉，釉层普遍较均匀，开细裂纹，基本不见聚釉、漏釉现象。渎口窑产品与婺州窑产品在胎釉方面的特征总体而言很相似，个别差异在于婺州窑窑工技术创新较多，如乳浊釉瓷的创烧、后期施釉方法较进步，釉层较均匀，基本不见聚釉、漏釉现象。但婺州窑唐宋时期产品相对于婺州窑六朝时期的产品而言，制作相对粗糙，唐宋时期的产品其胎质不够

① （唐）李吉甫撰：《元和郡县图志》卷二十八《江南道四·信州·玉山县》第六七九页。中华书局，1983 年 6 月第 1 版。

② （后晋）刘昫等撰《旧唐书》卷四十·志第二十，《地理三·江南东道·信州·玉山》第一五九四页。中华书局，1975 年 5 月第 1 版。

③ （宋）欧阳修、宋祁：《新唐书》卷四十一·志第三十一，《地理五·江南道·信州·玉山》第一〇七〇页。中华书局，1975 年 2 月第 1 版。

④ （元）脱脱等撰：《宋史》卷八十八·志第四十一，《地理志四·江南东路·信州·玉山》第二一八七页。中华书局。

白，青釉整体感觉发黄，制作不够精致。渎口窑产品就青釉而言，较婺州窑青。

第三，器形特征。

渎口窑器形以碗、壶为大宗，尤其是碗，占出土器物的一半，渎口窑的纹饰特征也集中体现在碗中。婺州窑产品中碗也是重要的一个类别，以至于唐代茶圣陆羽在《茶经》中，以当时生产青瓷茶碗的窑系依次排列："碗，越州上，鼎州次，婺州次，岳州次，寿州、洪州次。"婺州窑在唐宋时期，尤其是在晚唐、五代至宋时期，碗的特征很明显：五代时期，碗有两类，一类为口微敞，斜浅腹，矮圈足或卧足；一类为葵口，浅腹，圈足；北宋早期，碗有三类，一类口微敞，弧腹，圈足，一类为口外撇，口沿下弧线内收，弧腹，圈足，另一类是葵口碗，葵口下压一直凹线；北宋晚期总体特征是弧腹、圈足，纹饰繁缛。渎口窑碗的特征基本和婺州窑一致：口部有侈口、敞口、花口（葵口）等区别，腹部有斜直腹、弧腹等差别，足部有饼足、饼足内凹、圈足三类；纹饰也从无到简单到繁缛。渎口窑执壶的特征与婺州窑执壶的特征也很相似。婺州窑五代时期的执壶多为大喇叭口，瓜棱鼓腹，圈足，流不长，一般低于口沿，柄为扁条形。北宋早期婺州窑有两类执壶，一类喇叭口变小，流与口基本成水平，或超过口沿高度，一类管状直口，有盖，盖沿有小孔，可用绳穿携，连在柄上。北宋中期婺州窑的执壶形体变小。渎口窑的执壶种类较婺州窑多。婺州窑多见的大喇叭口、瓜棱鼓腹、圈足壶以及小喇叭口、管状直口壶等在渎口窑中也是常见产品。

第四，纹饰特征。

渎口窑纹饰特征与婺州窑的纹饰特征非常相似。渎口窑多以花卉、水草等自然界的题材为主要装饰内容，集中体现在圈足碗内外壁及底部的装饰上。婺州窑瓷器的装饰题材更广泛一些，取材于自然界中的动、植物和老百姓的生产、生活，多为表现吉祥如意、幸福美满之类的民间民俗写意图案，如叶脉纹、编织纹、波浪纹、变形鱼纹、禾苗纹等，形式多样，寓意丰富，在吸收临近瓷窑的装饰手法的同时，将制瓷技艺与美术糅合在一起，运用丰富多彩的装饰技法，形成了自己独到的风格和特色。婺州窑北宋时期的装饰纹样题材更加丰富，花卉、水草是主要装饰内容，但却不见其他窑中流行的飞禽走兽题材。纹样主要有莲花流云、水草纹、缠枝纹、牡丹花纹、弦纹、堆塑龙纹等。在装饰手法上，运用划、刻、印、堆塑等技巧。从纹饰特征的比较中我们会发现，渎口窑也不见越窑等流行的飞禽走兽题材，更进一步说明渎口窑的窑工受婺州窑的影响较越窑的大。

第三节　渎口窑的年代

　　由于客观原因，窑址绝大部分探方只清理到第②层，少数探方清理了第③层的一部分堆积，只有堆积较薄的北区西部清理完第②层后即到生土层，而北区东部以及南区还有很厚的堆积没有清理，因此没法对渎口窑的创烧年代作出准确的分析，同时因为缺乏地层的依据本报告也没有对遗迹和遗物进行分期。从发掘和整理的情况看，本次渎口窑的出土器物，比照江西所清理的唐宋时期墓葬材料，就器形本身而言，有些器物具有晚唐五代时的特征，而有些器物则具北宋早中期的特点。

　　一方面，渎口窑所出器物有些具有晚唐五代的特征，如喇叭口 B 型壶中的 T1030②:60，无论是口部、底部、腹部，还是短嘴与宽平曲柄把手都与《青瓷与越窑》[1] 中所载的浙江宁波出土的唐代晚期宣宗大中二年（848 年）瓜棱执壶很相似，只是后者腹部作瓜棱状；宽口长颈壶 B 型则与 1958 年清理的南昌市郊晚唐土坑墓[2] M1 所出的一件陶壶形制基本一致，区别在于渎口窑的壶底部多内凹，而南昌市郊晚唐墓所出为平底，饼足中型碗 Ab 型则与该墓所出的豆青色，器外施釉不及底的假圈足碗以及 1965 年清理的南昌碑迹山晚唐木椁墓[3] 所出的灰白色胎，米黄色釉，饼足青瓷碗作风相似；圈足中型碗 Bb 型与 1990 年清理的九江县五代南唐周一娘墓[4] 中的灰白色胎青黄釉宽矮圈足青瓷碗形制差不多，Db 型盘与该墓所出的灰白色胎青灰色釉青瓷盘相同；Ab 型小钵与 1992 年清理的江西瑞昌丁家山唐代中晚期墓葬群[5] 所出 M3:1 青瓷钵、1986 年清理的会昌县西江五代砖室墓[6] 以及九江县五代南唐周一娘墓[7] 中所出的青瓷钵形制几乎一致，只是丁家山唐墓和西江五代墓中的青瓷钵个体稍大，而渎口窑的略小，丁家山唐墓中的钵为平底，而西江五代墓所出的钵底部跟渎口窑所出一样为饼形足微内凹。

　　另一方面，有些器物又具有北宋早中期的特征，如圈足大型碗 Ac 型与 1962 年清理的江西彭泽县北宋庆历七年（1047 年）刘宗砖室墓[8] 豆绿色釉青瓷碗相似；喇叭口 B 型壶中的 T1130②:6、T1029②:40 则与 1983 年清理的九江县北宋太平兴国八年（983 年）

---

①　林士民著：《青瓷与越窑》，上海古籍出版社。
②　薛尧：《江西南昌、赣州、黎川的唐墓》，《考古》，1964 年第 5 期。
③　郭远谓：《江西南昌碑迹山唐代木椁墓清理》，《考古》，1966 年第 5 期。
④　刘晓祥：《九江县五代南唐周一娘墓》，《江西文物》，1991 年第 3 期。
⑤　瑞昌市博物馆：《江西瑞昌丁家山唐墓群清理简报》，《南方文物》，1995 年第 3 期。
⑥　会昌县博物馆：《会昌县西江发现一座五代墓》，《江西历史文物》，1987 年 2 期。
⑦　刘晓祥：《九江县五代南唐周一娘墓》，《江西文物》，1991 年第 3 期。
⑧　江西省文物管理委员会：《江西彭泽宋墓》，《考古》1962 年 10 期。

土坑竖穴墓[①]中所出喇叭形口假圈足内凹豆青釉青瓷执壶颇有相同之处；大钵 C 型与 1989 年清理的余江县锦江北宋大中祥符四年（1012 年）墓[②]所出饼足青瓷钵相似；B 型罐与 1986 年清理的江西德安北宋皇祐五年（1053 年）墓[③]四系陶罐形制相近，只是渎口窑的这类罐多双系；而有人物堆塑的魂瓶则与 1986 年清理的江西横峰县大山坳北宋嘉祐三年（1058 年）砖室墓[④]中的酱褐色釉坐俑宝塔瓶相似。

虽然本次发掘的渎口窑的器物具有不同时代特征，却又无法从层位上加以区分，而是共存于同一层位第②层。总体而言，大体上北区以 T1330 东部断崖和 Y2 为界（包括 T1029、T1030、T1129、T1130、T1228、T1229、T1230、T1329、T1330 等 9 个探方），该线西坡所出的器物跟该线东坡及南区所出器物有些区别，这种区别不但表现在器类上，还表现在器物的型式上。例如北区西坡所出器物壶、碗、钵、盘等基本上以饼形足或饼形内凹足为主，圈足少见，而东坡和南区的同类器则以宽矮圈足为主，饼形足和饼形内凹足却较少见；刻花和印花碗主要出自东坡和南区，西坡却少见；盏主要出自东坡和南区，而碟却主要出自西坡；冥器方面，西坡出谷仓罐，东坡及南区却不见谷仓罐，而是形式较为复杂的有人物堆塑的魂瓶。西坡似乎晚唐五代的特点显得明显些，而东坡及南区则北宋早中期的特点明显一些，但出土器物并不单纯，西坡虽以饼形足和饼形内凹足为主，少见圈足器，但毕竟是"少见"并非"不见"，同样地东坡和南区以圈足器为主，却也有饼形足和饼形内凹足，其他有差异的因素也一样，只是一个多些一个少些，而且同种器物的同一形式往往既出现在西坡也出现在东坡和南区。

本次发掘的不少器物固然具有晚唐五代的特征，但其时代应属北宋早中期，首先，正如上文所论述，渎口窑本次发掘中的许多器物跟北宋早中期墓葬中所出相同或相似。第二，随着社会经济关系的变化，宋代的社会面貌与唐代有所不同，意识和生活方式也发生了一定的改变，中国席地而坐的起居生活方式，经过南北朝，历隋、唐，到宋代时发生了不少变化。为满足皇室、贵族、官僚、富商大贾装点居室的陈设用瓷在宋代慢慢兴盛起来，但这并非贵族官僚们的专利，随着五代十国分裂割据的结束，北宋对大江南北的统一以及北宋"长治久安"一系列政策的实施，人民得以休息，经济得到发展，社会比较安定，普通百姓也有跟贵族官僚们一样对居室装点的要求。渎口窑所出器物中，除日常生活用瓷外，还见有陈设瓷，比方说各式各样的瓶，数量虽然不多，但种类还不少，另外还出土了一件鼓状座墩。唐墓壁画中不见有描写居室陈设，而宋墓壁画则多见

---

① 梅绍裘、李科友：《九江市、乐安县的两座宋代纪年墓》，《江西历史文物》，1983 年 2 期。
② 倪任福、项进良：《余江县锦江纪年宋墓出土文物》，《江西文物》，1990 年 3 期。
③ 于少先：《江西德安发现北宋皇祐五年墓》，《南方文物》，1992 年第 3 期。
④ 藤引忠：《江西横峰县大山坳宋墓》，《南方文物》，1992 年第 1 期。

表现家庭居室生活场景。[①] 第三，随着经济的发展，宋朝廷非常重视海外贸易，把对外贸易的税收作为一项重要政府收入。一方面我国瓷器大量对外输出，事实上我国瓷器的外销，早在唐代就已开始，虽然不见文献记载，但陆上丝绸之路所到的西亚以及东西洋航路所及之处，都发现有唐瓷碎片。到了宋代，中国瓷器作为商品大量输出，在《宋史·食货志》和南宋人赵汝适的《诸蕃志》里有明确的记载；另一方面，宋代瓷器大量对外输出的同时，也从东南亚一带将香料大量输入国内，妇女化妆使用瓷制香料盒、脂粉盒，上至达官贵人下至普通百姓，本次发掘出土不少小巧玲珑的带盖圆形小盒，或许就是香料盒或脂粉盒。第四，随着饮茶习俗的普及化，在宋代出现了专门的饮茶工具——盏和盏托，渎口窑出土了不少腹壁斜直的盏，有的还有款识。另外，唐代流行"煎茶法"，其所用器具为茶铫，宋代流行"点茶法"，所用器具为汤瓶。此次发掘中虽有茶铫发现，但数量很少，大量的是各式各样的宽平曲柄把手带嘴的壶，这类壶可能有部分作酒具使用，而更多地可能作为点茶器具的汤瓶使用。第五，本次发掘中出土两件玉壶春瓶，这种瓶是宋瓷中较多见的瓶式之一，是宋代瓷器中具有时代特点的典型器物。第六，在 T1428②层及 Y2 火膛填土中出土两枚"元丰通宝"（1078～1085 年）。

文化、技术、习俗固有的传承性，并不会因为改朝换代便焕然一新，所有的改变都只能是循序渐进式的缓慢的过程，作为跟老百姓密切相关的土与火的技术——制瓷更是如此。虽然历史的车轮已迈入大宋时代，但唐五代已形成的固有的瓷器造型风格、审美情趣、烧造技术依然影响着进入北宋时代的窑工们，或许因为技术的更新、习俗审美观念的变化，北宋时代已逐渐形成自己的器形风格，但毕竟也是从唐五代脱胎而来，北宋早中期更是如此，更何况渎口窑是为农村市场烧造普通老百姓日常用品的民间窑场，无论是技术与造型，还是习俗与审美观念，在最下层的民间，其革新与变化都要来得缓慢一些，因此，出现晚唐五代特征的器物也就很自然的事。

综上所述，由于发掘的局限性，对于渎口窑的创烧年代不是十分清楚，但从器物特征看，最迟应该不会晚于晚唐，北宋早中期是渎口窑的兴盛时期，北宋晚期随着龙泉窑、景德镇窑以及吉州窑、七里镇的兴起，渎口窑的产品因为相对粗劣慢慢失去了市场并趋向衰落，但其烧造时间应该延续到了北宋晚期，这从 1992 年调查时发现的一件"癸卯宣和五年（1123 年）"荡箍得到佐证。

---

① 中国硅酸盐学会编：《中国陶瓷史》，文物出版社，1982 年第 1 版。

附录

渎口窑胎与釉的化学成分分析

一、青瓷

1. 青瓷样品

序 号	编 号	器 名	出土地点	描 述
1	YSDK－q－1	碗	T1730②	碗沿残片
2	YSDK－q－2	碗	T1730②	碗沿残片
3	YSDK－q－3	碗	T1730②	碗沿残片
4	YSDK－q－5	壶	T1730②	壶把
5	YSDK－q－6	壶	T1730②	壶把
6	YSDK－q－7	壶	T1730②	壶把
7	YSDK－q－8	碗	T1730②	碗底残片
8	YSDK－q－9	碗	T1730②	碗底残片
9	YSDK－q－15	碗	T0221②	碗底残片
10	YSDK－q－16	碗	T0221②	碗底残片
11	YSDK－q－17	碗	T1428②	碗底残片
12	YSDK－q－18	碗	T1529②	碗底残片
13	YSDK－q－19	碗	T1629②	碗底残片
14	YSDK－q－20	碗	T1630②	碗底残片

2. 青瓷胎的化学成分

青釉瓷器胎的主次量元素化学组成 wt%

编号	SiO_2	Al_2O_3	Fe_2O_3	TiO_2	CaO	MgO	K_2O	Na_2O
YSDK－q－1	69.69	22.03	1.95	0.63	0.18	0.98	3.23	0.31
YSDK－q－2	70.58	20.75	2.61	0.64	0.14	1.01	3.02	0.25
YSDK－q－3	73.10	19.29	1.91	0.64	0.15	0.79	2.76	0.37
YSDK－q－5	68.96	22.28	2.36	0.80	0.22	0.94	2.81	0.62
YSDK－q－6	70.48	21.57	2.07	0.62	0.34	1.03	2.74	0.15
YSDK－q－7	69.75	21.55	2.34	0.69	0.25	0.86	2.88	0.69
YSDK－q－8	69.20	21.73	2.15	0.68	0.46	0.81	2.80	1.17
YSDK－q－9	75.12	17.82	1.96	0.65	0.22	0.69	2.48	0.07
YSDK－q－15	71.71	19.07	2.53	0.66	0.89	1.09	2.72	0.34
YSDK－q－16	71.20	19.28	2.25	0.61	0.76	1.00	2.99	0.91
YSDK－q－17	70.56	21.09	1.79	0.60	0.23	0.92	3.40	0.42
YSDK－q－18	70.15	21.41	2.14	0.67	0.25	0.98	2.89	0.52
YSDK－q－19	72.74	19.56	1.86	0.61	0.21	0.90	2.81	0.31
YSDK－q－20	71.22	20.26	1.83	0.56	0.39	0.93	3.56	0.25

3. 青瓷釉的化学成分

青釉瓷器釉的主次量元素化学组成 wt%

编号	SiO_2	Al_2O_3	Fe_2O_3	TiO_2	CaO	MgO	K_2O	Na_2O	MnO	P_2O_5
YSDK－q－1	59.32	12.40	2.78	0.30	17.66	3.80	2.58	0.17	0.53	0.63
YSDK－q－2	59.02	11.80	2.05	0.31	18.29	4.00	3.47	0.07	0.63	0.90
YSDK－q－3	59.82	11.72	1.95	0.27	18.92	3.56	2.40	0.37	0.47	0.78
YSDK－q－4	61.37	13.16	1.43	0.34	16.04	3.63	2.97	0.06	0.41	0.65
YSDK－q－5	62.56	14.11	1.98	0.39	13.92	2.79	3.20	0.06	0.29	0.52
YSDK－q－6	56.65	13.04	1.57	0.42	20.62	3.71	2.67	0.34	0.47	0.52
YSDK－q－7	58.64	14.84	1.98	0.41	15.48	3.95	3.40	0.31	0.46	0.78
YSDK－q－8	64.58	13.05	1.52	0.36	13.35	2.98	2.90	0.26	0.32	0.54
YSDK－q－9	56.38	13.33	1.73	0.34	18.41	5.01	3.44	0.35	0.80	1.00
YSDK－q－15	57.11	13.10	2.07	0.32	18.37	4.04	3.69	0.29	0.66	0.78
YSDK－q－16	58.54	13.25	2.79	0.33	13.87	3.86	5.79	0.56	0.62	0.52
YSDK－q－17	65.53	13.76	2.91	0.52	10.76	2.39	2.87	0.26	0.38	0.40
YSDK－q－18	59.47	13.33	1.92	0.39	17.17	4.22	2.43	0.06	0.46	0.65
YSDK－q－19	56.38	13.33	1.73	0.34	18.41	5.01	3.44	0.35	0.80	1.00
YSDK－q－20	59.12	12.13	2.49	0.32	17.51	4.01	3.14	0.28	0.66	0.85

二、酱褐釉

1. 酱褐釉瓷器样品

序　号	编　号	器　名	出土地点	描述
1	YSDK－h－10	碗	T1730②	碗底残片
2	YSDK－h－11	壶	T1730②	壶颈残片
3	YSDK－h－12	碗	T1730②	碗底残片
4	YSDK－h－13	壶	T1730②	壶颈残片

2. 酱褐釉瓷片胎的化学成分

酱褐釉瓷器胎的主次量元素化学组成 wt%

编号	SiO_2	Al_2O_3	Fe_2O_3	TiO_2	CaO	MgO	K_2O	Na_2O
YSDK－h－10	72.45	19.50	1.95	0.68	0.32	0.91	2.84	0.35
YSDK－h－11	71.65	19.30	3.27	0.66	0.21	0.95	2.62	0.33
YSDK－h－12	69.43	21.93	2.08	0.70	0.21	1.09	3.07	0.50
YSDK－h－13	71.81	20.05	2.57	0.65	0.17	0.93	2.75	0.06

3. 酱褐釉瓷片釉的化学成分

酱褐釉瓷器釉的主次量元素化学组成 wt%

编号	SiO_2	Al_2O_3	Fe_2O_3	TiO_2	CaO	MgO	K_2O	Na_2O	MnO	P_2O_5
YSDK－h－10	60.25	13.32	7.94	0.42	11.78	2.09	2.85	0.35	0.61	0.44
YSDK－h－11	57.66	11.82	5.50	0.35	16.99	3.83	2.56	0.29	0.71	0.85
YSDK－h－12	63.39	14.43	5.08	0.40	9.71	2.69	2.91	0.41	0.31	0.49
YSDK－h－13	59.61	12.21	5.60	0.38	15.58	3.16	2.30	0.17	0.74	0.67

以上数据由上海硅酸盐研究所吴瑞先生测试提供

附表一 玉山渎口婺州窑器类、釉色统计表

器类	器名	釉色				素烧	陶器	小计	%
		青釉	酱釉	外青内酱	外酱内青				
生活用具	壶	151	26					177	13.38
	碗	539	108	17	1			665	50.25
	盏	25	14	2				41	3.10
	盘	57	23					80	6.05
	碟	7	3					10	0.76
	钵	10	33	7		1		51	3.85
	盆	2	1					3	0.23
	杯		11					11	0.83
	罐	35	6					41	3.33
	铫		4					4	0.30
	扑满	1	1					2	0.13
	盂		3					3	0.23
	盒	2				18		20	1.51
	枕	2						2	0.15
	器盖	28	24			29		81	6.12
	炉		2					2	0.15
	盏托		1					1	0.08
	三足器					1		1	0.08
	碾轮					18		18	1.36
	器座	1	2			1		4	0.30
	洗	1						1	0.08
	尊		1					1	0.08
	圈足器	2						2	0.15
	座墩					1		1	0.08
生产工具	网坠					3		3	0.23
陈设文房玩物	瓶	4	4					8	0.60
	砚					1		1	0.08
	鸟食罐	1						1	0.08
雕塑瓷	鱼塑		2					2	0.15
冥器	魂瓶、谷仓罐	4	7					11	0.83
建筑构件	下水管					5		5	0.38
窑具	支烧具					39	3	42	3.17
	轴顶帽	2	1					3	0.23
	荡箍	2						2	0.15
	火封						4	4	0.30
	垫圈					6		6	0.45
	轴顶垫托	2						2	0.15
其他	器名不明	5	2			1		8	0.60
合计		883	279	26	1	124	7	1320	
%		66.89	21.13	1.97	0.08	9.40	0.53		100

附表二 壶类统计表

器 名	釉 色				小 计	百分比
	青 釉	酱 釉	外青内酱	外酱内青		
A 型盘口壶	5	1			6	3.39
Ba 型盘口壶	1	2			3	1.69
Bb 型盘口壶	2				2	1.13
C 型盘口壶	1				1	0.56
D 型盘口壶		1			1	0.56
E 型盘口壶		1			1	0.56
直口壶	2	4			6	3.39
A 型喇叭口壶	18	5			23	12.99
B 型喇叭口壶	2	3			5	2.82
A 型宽口长颈壶	39	2			41	23.16
B 型宽口长颈壶	58	4			62	35.03
C 型宽口长颈壶	18				18	10.17
直长腹壶	2				2	1.13
球腹无把壶	1				1	0.56
捏流小壶		3			3	1.69
双嘴壶	1				1	0.56
提梁壶	1				1	0.56
合 计	151	26			177	
百分比	85.31	14.69				100

附表三 碗类统计表

器 名	釉 色				小 计	百分比
	青 釉	酱 釉	外青内酱	外酱内青		
Aa 型大型饼足碗	1				1	0.15
Ab 型大型饼足碗	1				1	0.15
Ba 型大型饼足碗	8				8	1.20
Bb 型大型饼足碗	17				17	2.56

续附表三

器　名	釉　色				小　计	百分比
	青　釉	酱　釉	外青内酱	外酱内青		
Bc 型大型饼足碗	6				6	0.90
Bd 型大型饼足碗	2				2	0.30
Aa 型中型饼足碗	5				5	0.75
Ab 型中型饼足碗	2				2	0.30
Ba 型中型饼足碗	29				29	4.37
Bb 型中型饼足碗	25				25	3.77
Bc 型中型饼足碗	6				6	0.90
Bd 型中型饼足碗	9				9	1.35
A 型小型饼足碗	1				1	0.15
Ba 型小型饼足碗	3				3	0.45
Bb 型小型饼足碗	5				5	0.75
A 型大型内凹足碗	6				6	0.90
B 型大型内凹足碗	13				13	1.95
C 型大型内凹足碗	5				5	0.75
D 型大型内凹足碗	3				3	0.45
A 型中型内凹足碗	18				18	2.71
B 型中型内凹足碗	10				10	1.50
C 型中型内凹足碗	10				10	1.50
D 型中型内凹足碗	4				4	0.60
小型内凹足碗	3	1			4	0.60
Aa 型大型圈足碗	2				2	0.30
Ab 型大型圈足碗	6				6	0.90
Ac 型大型圈足碗	5				2	0.30
Ba 型大型圈足碗	106	11			117	17.59
Bb 型大型圈足碗	13	13	2		28	4.21

续附表三

器　名	釉　色				小　计	百分比
	青　釉	酱　釉	外青内酱	外酱内青		
Aa 型中型圈足碗	11	1			12	1.80
Ab 型中型圈足碗	2				2	0.30
Ac 型中型圈足碗	25				25	3.76
Ba 型中型圈足碗	119	42	12		173	26.02
Bb 型中型圈足碗	53	22	5	1	81	12.18
A 型小型圈足碗	4	7			11	1.66
B 型小型圈足碗	3	9			12	1.80
C 型小型圈足碗	1				1	0.15
合计	539	108	17	1	665	
百分比	81.05	16.24	2.56	0.15		100

附表四　　　　　　　　　　盏类统计表

器　名	釉　色				小　计	百分比
	青　釉	酱　釉	外青内酱	外酱内青		
Aa 型盏	1	2	1		4	9.76
Ab 型盏	6	2			8	19.51
Ba 型盏	11	4			15	36.59
Bb 型盏	7	6	1		14	34.14
合计	25	14	2		41	
百分比	60.98	34.14	4.80			100

附表五　　　　　　　　　　盘类统计表

器　名	釉　色				小　计	百分比
	青　釉	酱　釉	外青内酱	外酱内青		
Aa 型盘	8				8	10.00
Ab 型盘	7				7	8.75

续附表五

器　名	釉　色				小　计	百分比
	青　釉	酱　釉	外青内酱	外酱内青		
Ba 型盘	12				12	15.00
Bb 型盘	23				15	18.75
Bc 型盘	2				10	12.50
C 型盘	1				1	1.25
Da 型盘		10			10	12.50
Db 型盘	4	13			17	21.25
合计	57	23			80	
百分比	71.25	28.75				100

附表六　　　　　　　　　　钵类统计表

器　名	釉　色			素　烧	小　计	百分比
	青　釉	酱　釉	外酱内青			
A 型大钵		1			1	1.96
B 型大钵		1			1	1.96
C 型大钵	3	16			19	37.25
D 型大钵	1	2		1	4	7.84
Aa 型小钵	1	6	5		12	23.53
Ab 型小钵	4				4	7.84
B 型小钵	1				1	1.96
Ca 型小钵		1			1	1.96
Cb 型小钵		1	1		2	3.92
Da 型小钵		4			4	7.84
Db 型小钵		1	1		2	3.92
合计	10	33	7	1	51	
百分比	19.61	64.71	13.72	1.96		100

附表七　　　　　　　　　　　　　罐类统计表

器　名	釉　色			小　计	百分比
	青　釉	酱　釉	外酱内青		
A 型罐	8	4		12	29.27
B 型罐	17			17	41.46
Ca 型罐	5			5	12.20
Cb 型罐		1		1	2.44
其他罐	5	1		6	14.63
合计	35	6		41	
百分比	85.37	14.63			100

附表八　　　　　　　　　　　　　器盖统计表

器　名	釉　色			素　烧	小　计	百分比
	青　釉	酱　釉	外酱内青			
Aa 型盖	8	1			9	11.11
Ab 型盖	1				1	1.23
Ba 型盖		2			2	2.47
Bb 型盖	6				6	7.41
C 型盖		1			1	1.23
Da 型盖	4	2		1	7	8.64
Db 型盖	4				4	4.94
Ea 型盖		3		2	5	6.17
Eb 型盖	1	1		17	19	23.46
Ec 型盖	1	5		3	9	11.11
F 型盖	1	9		1	11	13.58
Ga 型盖	1			2	3	3.70
Gb 型盖				1	1	1.23
其他盖	1			2	3	3.70
合计	28	24		29	81	
百分比	34.57	29.63		35.80		100

附表九　　　　　　　　　玉山渎口婺州窑纹样统计表

器名 ＼ 纹样	刻　花	印　花	褐釉点彩	款　识	小　计	％
Aa 型大型圈足碗	1				1	0.92
Ab 型大型圈足碗	6				6	5.5
Ac 型大型圈足碗	2				2	1.83
Ba 型大型圈足碗	10				10	9.17
Bb 型大型圈足碗	4				4	3.67
Bc 型大型圈足碗	3				3	2.75
Aa 型中型圈足碗	5				5	4.59
Ac 型中型圈足碗	24				24	22.02
Ba 型中型圈足碗	11			1	12	11.01
Bb 型中型圈足碗	18	3			21	19.27
A 型小型圈足碗	2				2	1.83
Aa 型中型饼足碗			1		1	0.92
Ba 型中型饼足碗	3				3	2.75
Bb 型中型饼足碗	1				1	0.92
Bc 型中型饼足碗	1				1	0.92
A 型大型内凹足碗	1				1	0.92
A 型中型内凹足碗	1				1	0.92
C 型中型内凹足碗	2	1			3	2.75
Bb 型盘	1			2	3	2.75
Bc 型盘				1	1	0.92
Da 型盘				1	1	0.92
Bb 型盏				3	3	2.75
合计	96	4	1	8	109	
％	88.07	3.67	0.92	7.34		100

后　记

　　渎口窑是晚唐至北宋中期烧造青瓷的民间窑场，虽然历代文献均无记载，但却是江西地区比较重要的早期窑址之一。无论是从地望考察，还是器物的造型、胎釉和纹饰特征分布，渎口窑都应属于婺州窑窑系，它的发掘丰富了婺州窑的内容，也为江西陶瓷史增添了新的资料。

　　从 2004 年夏的发掘到 2007 年秋报告初稿的完成，前后历时三载，就像十月怀胎的母亲看到婴儿的呱呱落地，即便这婴儿不是很漂亮，甚至有许多缺陷，毕竟那是自己身体的一部分，也有说不出的欣慰和开心，这期间的辛苦和劳累早已随风飘散。由于客观原因，很多探方只清理了第二层，少数探方清理了第三层的一部分，还有很厚的堆积没能清理，使得对渎口窑的创烧年代无法作出准确的判断，这让我们感到深深的遗憾，只有寄希望于以后的考古工作来弥补了。

　　感谢国家文物局为本报告的整理出版提供了专项经费；感谢江西省文化厅的曹国庆副厅长在炎炎夏日冒着酷暑亲临发掘现场视察和指导；江西省文物考古所的樊昌生所长在百忙中多次到工地进行协调；北京大学考古文博学院的韦正教授千里迢迢从北京来赣亲赴现场进行指导，在整理过程中又提出了许多宝贵的意见；上海硅酸盐研究所的吴瑞博士对出土瓷片进行了化学成分的测试；江西省文物局的曾敏为报告的整理和出版做了大量的工作；在发掘过程中铁路施工单位给予很好的配合。正是方方面面领导和专家的关心、支持与帮助，才使得报告能够顺利完成，在这里衷心地感谢他们。

　　本报告由领队李荣华组织编撰，绘图由何国良、戴仪辉完成。器物修复柯传伦，照相赵可明，线图版面设计戴仪辉。报告编撰具体分工如下：

　　第一章　由李荣华、余盛华完成；

　　第二章　由李荣华、王上海完成；

　　第三章　第一节、第三节由赖祖龙完成；第二节由李荣华、胡胜完成；第四节由王上海、赖祖龙完成。

第四章　第一节由李荣华完成；第二节由李荣华、赖祖龙完成；第三节由李荣华、胡胜完成。表格由胡胜完成。

报告最后由李荣华统稿，樊昌生审定。

Wuzhou Kiln Remains in Dukou, Yushan County, Jiangxi Province

(*Abstract*)

Dukou Kiln in Yushan County was a commercial celadon kiln of the Tang and Song Dynasties in the northeast of present-day Jiangxi Province. Its remains, which was located in Dukou Village, Xiazhen Township in the east of Yushan County, was discovered during the second cultural relics survey in 1983. To coordinate with the construction of the double-track Hangzhou-Zhuzhou Railway, the remains of Dukou Kiln was double surveyed in 1992 and five localities including Dukou, Tangding, Jiudu, Xiafang and Tangnilong were confirmed. In May through July, 2004, an urgent excavation was conducted by Jiangxi Provincial Institute of Cultural Relics and Archaeology and Yushan County Museum to the Dukou Locality. This excavation, the discovery of which was elected as one of the '04 National Archaeological Discoveries of Key Importance, uncovered an area of 1,000 square meters.

The thickest part of the accumulation was more than five meters; because of environmental difficulties, only the top of the kiln remains was cleared up, in which two kilns, two house foundations and one pit were excavated. The kilns were "dragon kilns" built along a slope, one of which was 16.5 meters in length and inclined for 15 degrees. Remains of the kilns were kept well with the stacking floors and fireboxes preserved, while the vaulted roofs collapsed. The house foundations, one of which was in a quadruple plan, were not preserved well. Hundreds of thousands of ceramic shards and 1,323 intact or restorable wares were unearthed, which could be classified into daily-using utensils, tools, display porcelains, sculptures, funerary vessels and kiln furniture. Most of them were daily-using utensils, including pots, bowls, saucers, jars, basins, cups, deep bowls, casseroles, lids, "piggy banks", vases, incense burners, cases and grinding wheels, among which bowls took the most number and could be sorted into three types: disc-footed bowls, convex-bottomed bowls and ring-footed bowls. Pots, which took the second number in the unearthed wares, were the most characteristic product of Dukou Kiln with diversified types, including pots with dish-shaped mouth, straight-necked pots, flared-mouthed pots, wide-mouthed pots with long necks, high-bellied pots, globular pots without handles and small pots with finger-made spouts, and so on. The best samples of sculptures were two brown-glazed fish figurines with dotted colors, which were molded vivid with true-to-life eyes and fins. The kiln furniture mainly included trumpet-shaped props, bucket-shaped props, bowl-shaped props, axle caps and washers.

Dukou Wares' bodies were mostly in grayish-white or iron-gray colors, with some cases of grayish-yellow, light brown and dark red colors. The wares with iron-gray bodies, sometimes those with grayish white bodies, were usually coated a white slip to reinforce and whiten the body. The glaze over the slip looked smoother and glossier than that over bare bodies. The bodies of Dukou Wares were thick and heavy and in hard textures and glazed in blue and dark reddish brown colors, of which singly glazed in blue color took the most portion, followed by those glazed singly in dark reddish brown color, and very few cases of products glazed in both colors. Some products, such as pots, bowls and cases, had strong, pure and shiny glazes and sometimes broken-ice crackles because they had bodies of fine textures and white color, or coated white slip. However, most of the products had bodies of unpurified colors and glaze colors: those blue-glazed wares, because of the variable body colors and firing temperatures and atmospheres, showed yellowish or pea green tints; those dark reddish brown-glazed wares, because of the various contents of iron oxide, showed dark brown, blackish or other colors. The products were generally glazed by immersion, while some of them were glazed by dripping for decoration. Most of the products were glazed both inside and outside, and the bottoms were not glazed; running glazes were very frequently seen on these products.

All of the Dukou products were nude burned (without being put into saggars) so they usually looked coarse and dusty. To increase the amounts of pieces being burned, all of the wares could be piled up, such as bowls, plates and saucers, were all stacked up for many layers when they were placed into the kilns. To stand the weight of the high stacks, the bottoms of these wares were usually made very thick, and marks of spurs or stilts were left on insides and outsides of them. The temperatures were not effectively controlled, therefore many wares were deformed and stuck together because of over-firing while some others were under-fired. To counterbalance the visual sense of thickness and weightiness, the rims of bowls, plates and saucers were made very thin to show lightness. The body texture were rather rough because the clay for making these wares were not processed finely while the vitrification was not always completed in burning. Meanwhile, the glaze of the wares was not applied evenly, running glazes and crawling glazes into spots and other flaws, such as cracks, pinholes, bobbles and shivering, were often seen on the surfaces of the products; the surfaces of the products were not shiny enough, either.

The shaping of the Dukou products were diversified; some were in stable shapes and some slender, but generally plain and durable. They were not made fine enough but practical while aesthetic factors were considered. The decorations of Dukou Wares were very simple, most of which were plain; the main skills were incising, stamping, openwork, embossing and color dotting. Incising and stamping were mainly applied on bowls, and incising was used more. The incised decorations were usually made on the inside of bowls, the patterns of which were mainly lotus-petal or stylized lotus-petal designs, chrysanthemum-petal designs or waterweed designs with simple and smooth lines; the stamped designs were mainly chrysanthemum designs on the inside bottoms of bowls. Openwork was seen on the case lids, embossed animals were seen on handles of loop-handled pots and embossed human figures were seen on funerary vase and brown-colored dots were sometimes seen on bowl rims.

As mentioned above, this urgent excavation only uncovered the top stratum of the accumulations of the kiln remains, where coin of Yuanfeng Era (1078-1085) was unearthed; referring to burial data, the kiln remains would be dated into the early and middle periods of the Northern Song Dynasty. However, the latest date for the kiln to begin to light should not be after the later period of the Tang Dynasty. The accumulations under the second stratum were not cleared up, but some of the wares unearthed from the top remains still kept features of the later phase of the Tang Dynasty and the Five Dynasties. The Dukou Kiln was flourishing in the early and middle periods but began to decline since the later period of the Northern Song Dynasty because of the low quality of its products and the developing of Longquan, Jingdezhen Kilns and Jizhou and Qilizhen Kilns who seized its market.

Located near the border of Jiangxi to Zhejiang, Dukou products' style was strongly influenced by that of Yue Ware; however, the geographical distances, glaze colors, shaping and decorations of products all showed much closer relations to Wuzhou Ware, therefore Dukou Kiln should have belonged into Wuzhou Ware production system. The excavation to Dukou

Kiln enriched the content of Wuzhou Ware and the database of ceramics history of Jiangxi Province; moreover, it also provided new evidence for researches on the technical communications and exchanges of porcelain industry between Jiangxi and Zhejiang Provinces.

1. 窑址地形（南—北）

2. 窑址地貌（北—南）

江西玉山县渎口窑窑址地形地貌

1. 渎口窑窑址南区发掘探方布局（北—南）

2. 清理堆积

渎口窑窑址发掘探方布局与清理堆积

1. Y1 火膛残迹（东—西）

2. Y2 全貌（南—北）

Y1 和 Y2 遗迹

1. Y2 火膛底部（南—北）

2. F1 清理情况（东—西）

Y2 和 F1 遗迹

1. F1 清理情况（东—南）

2. F1 排水管（北—南）

F1 遗迹

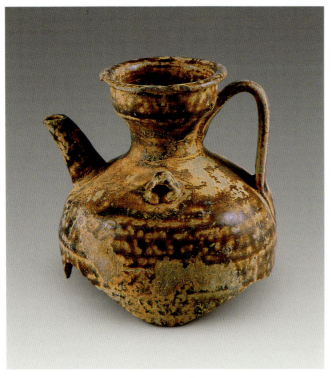

1. A 型 T1130②：63

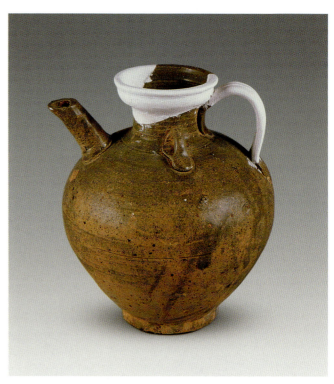

2. A 型 T1029②：39

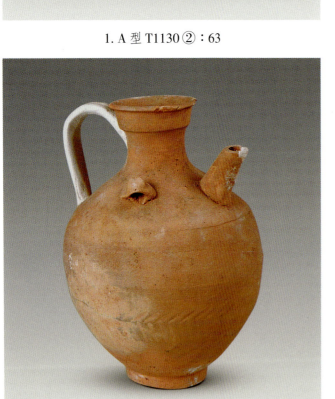

3. A 型 T1030②：37

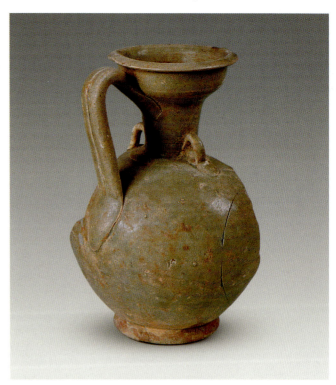

4. A 型 T1230②：25

盘口壶

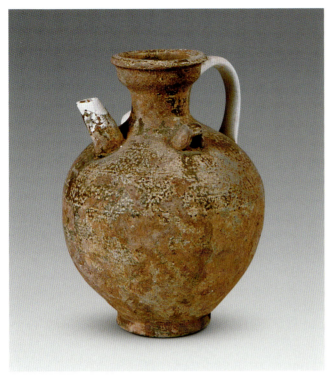

1. A 型 T1029②：12

2. A 型 T1130②：15

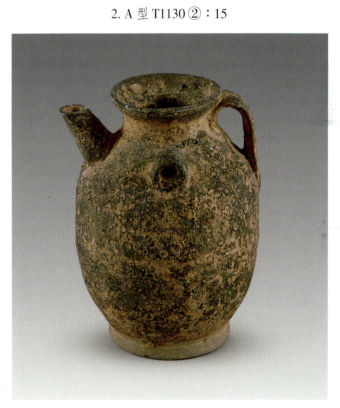

3. Ba 型采：49

4. Ba 型 T1429②：3

盘口壶

1. Ba 型 T1429③：6

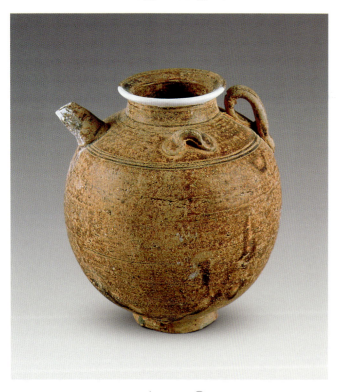

3. Bb 型 T1030②：23

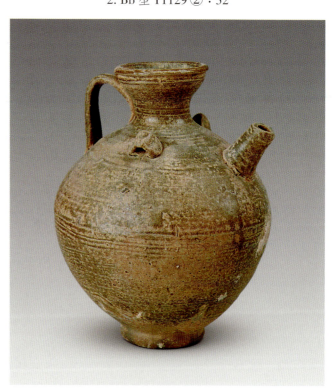

2. Bb 型 T1129②：32

4. C 型 T1030②：22

盘口壶

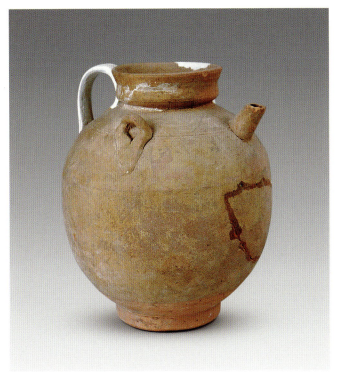

1. D 型盘口壶 T1629②：9

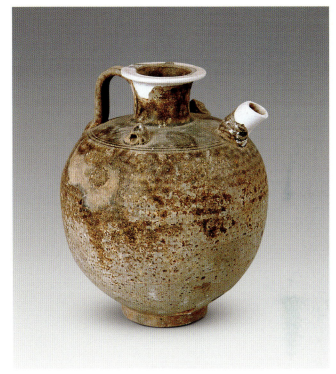

2. E 型盘口壶采：14

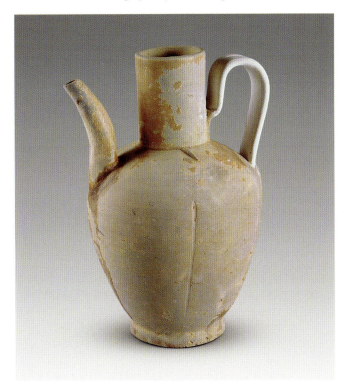

3. 直口壶 T1029②：38

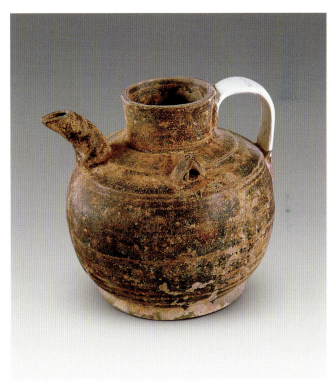

4. 直口壶 T1629②：8

盘口壶和直口壶

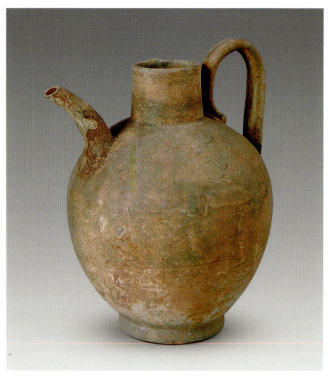

1. 直口壶 T1129 ② : 7

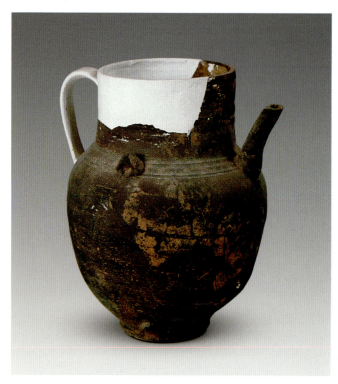

2. 直口壶 T1528 ② : 1

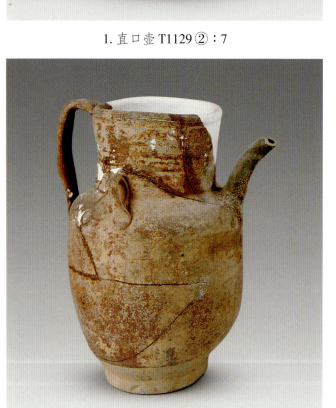

3. 直口壶 T1528 ② : 17

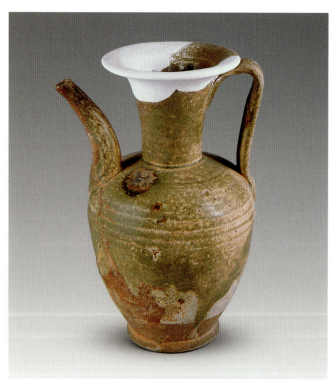

4. A 型喇叭口壶 T1130 ② : 28

直口壶和喇叭口壶

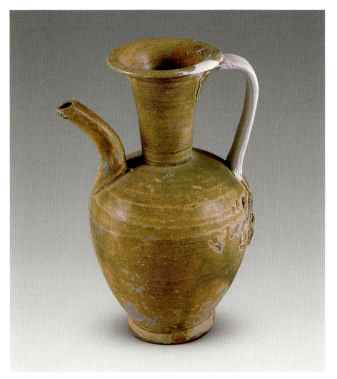

1. A 型 T1129②：3

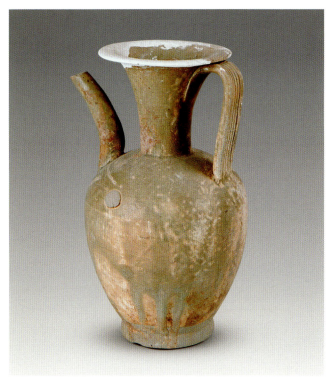

2. A 型 T1130②：2

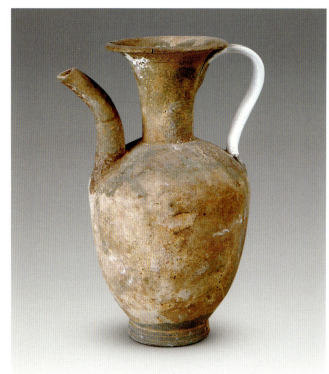

3. A 型 T1230②：13

4. A 型 T1130②：30

喇叭口壶

彩版一二（XII'）

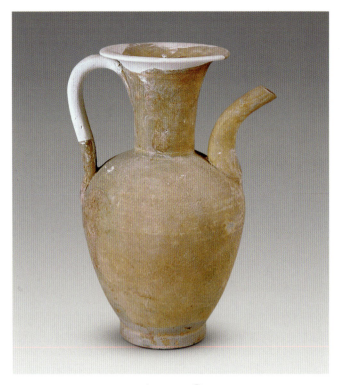

1. A 型 T1230②：16

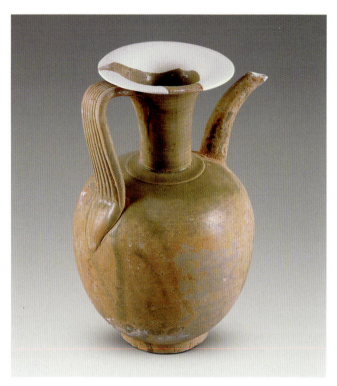

2. A 型 T1230②：17

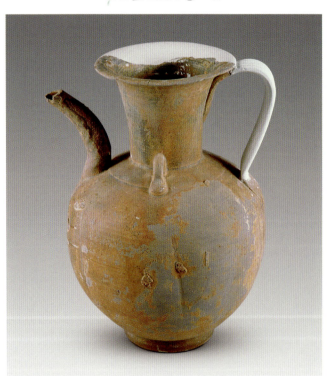

3. A 型 T1229②：141

4. A 型 T1029②：56

喇叭口壶

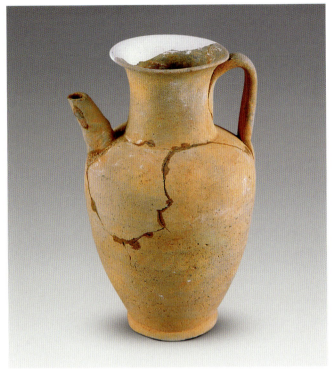

1. B 型 T1030②：60

2. B 型 T1130②：6

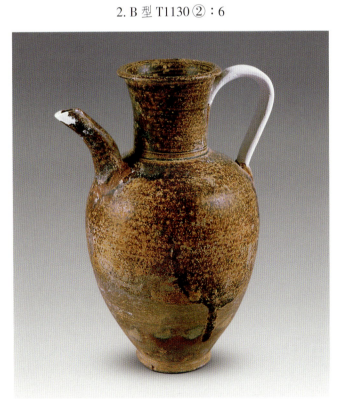

3. B 型 T1528②：11

4. B 型 T1029②：40

喇叭口壶

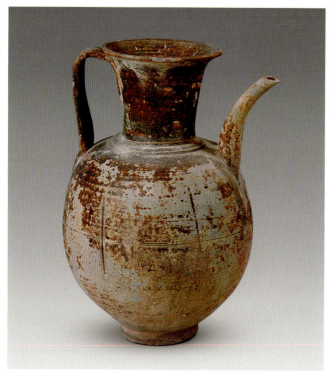

1. B 型喇叭口壶 T1029②：28

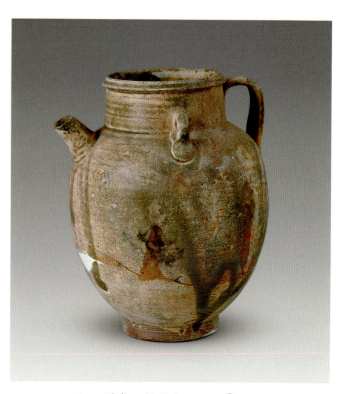

2. A 型宽口长颈壶 T1230②：14

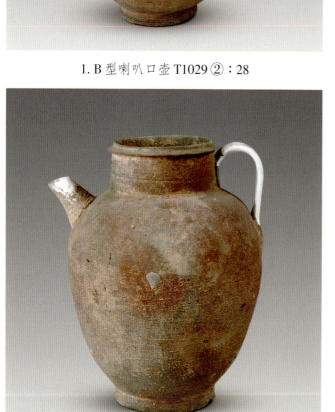

3. A 型宽口长颈壶 T1229②：2

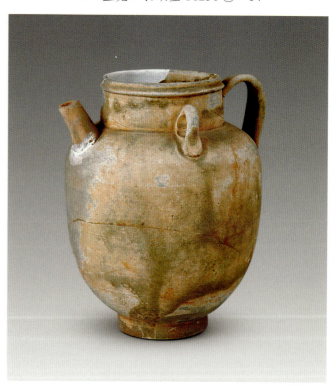

4. A 型宽口长颈壶 T1230②：4

喇叭口壶和宽口长颈壶

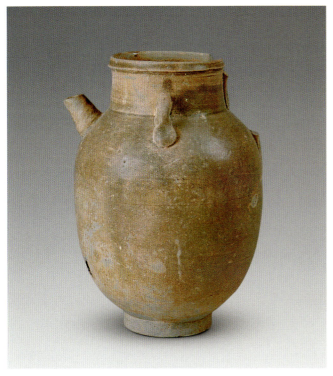

1. A 型 T1228②：3

3. A 型 T1130②：8

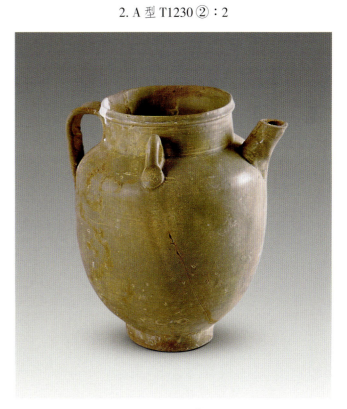

2. A 型 T1230②：2

4. A 型 T1130②：20

宽口长颈壶

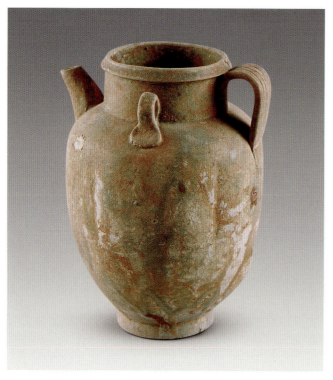

1. A 型 T1329②：3

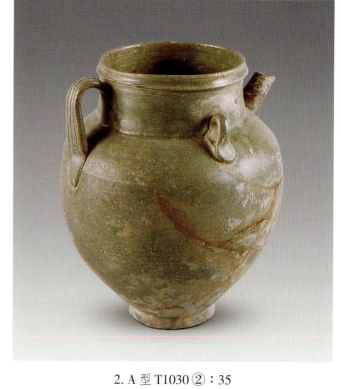

2. A 型 T1030②：35

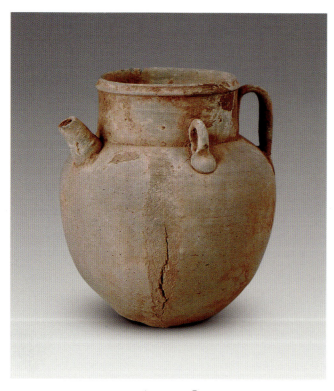

3. A 型 T1230②：19

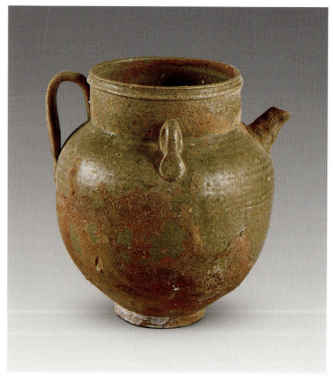

4. A 型 T1429②：13

宽口长颈壶

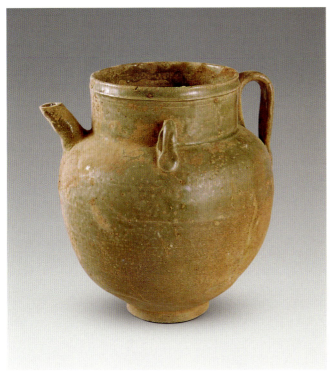

1. A 型 T1130②：11

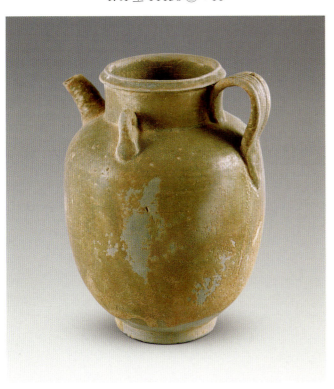

2. A 型 T1129②：19

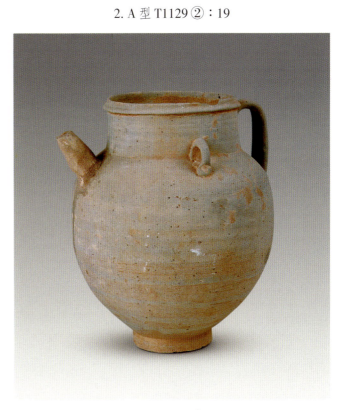

3. A 型 T1229②：36

4. A 型 T1029②：16

宽口长颈壶

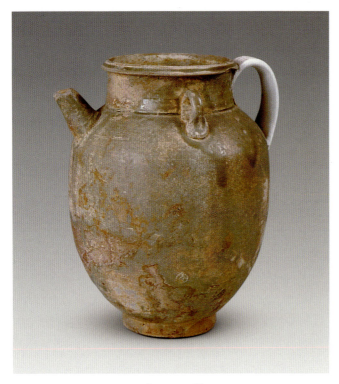

1. A 型 T1230②：15

2. A 型 T1230②：12

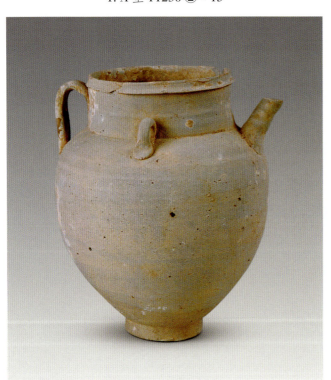

3. A 型 T1230②：3

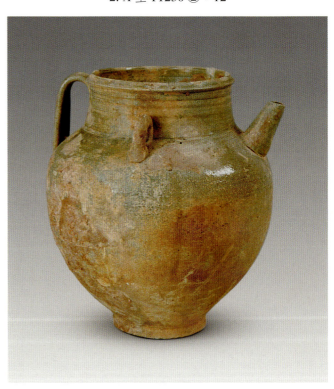

4. A 型 T1130②：12

宽口长颈壶

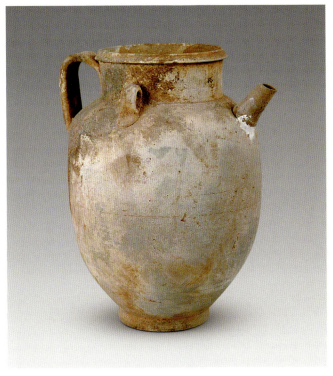

1. A 型 T1230②：1

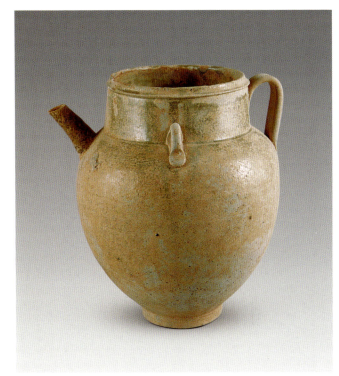

2. A 型 T1130②：13

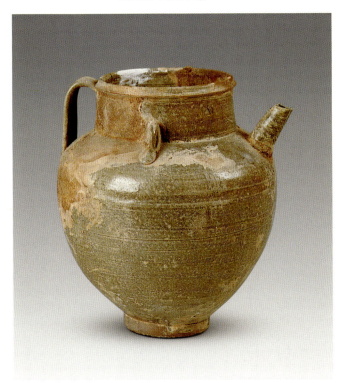

3. A 型 T1030②：3

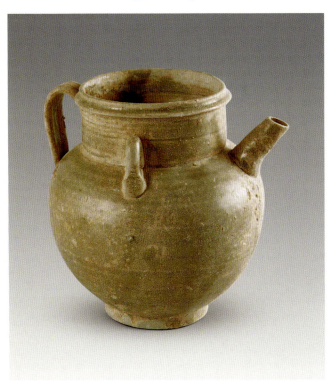

4. A 型 T1230②：10

宽口长颈壶

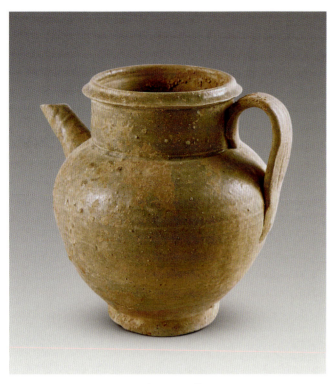

1. A 型 T1330②：3

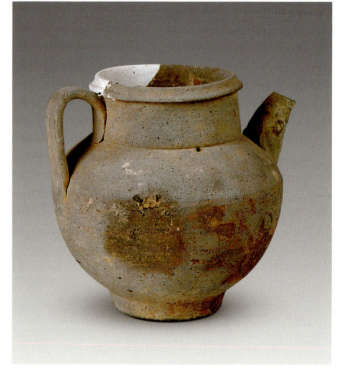

2. A 型 T1130②：29

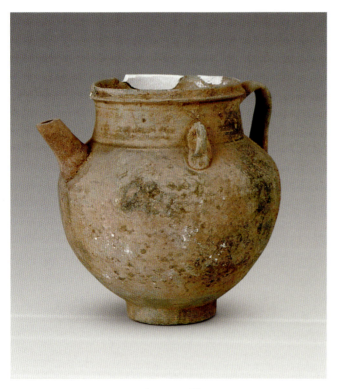

3. A 型 T1130②：14

4. A 型 T1130②：10

宽口长颈壶

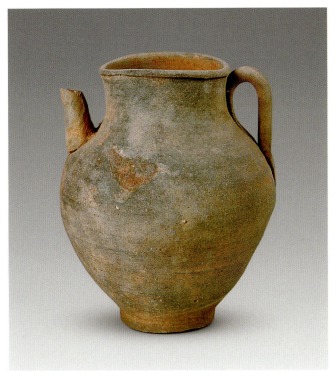

1. B 型 T1029 ② ：7

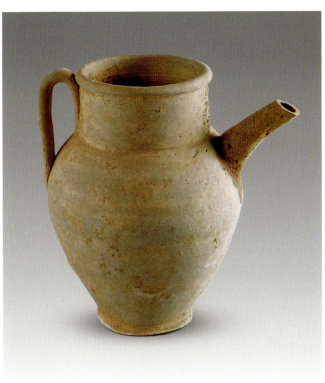

2. B 型 T1029 ② ：41

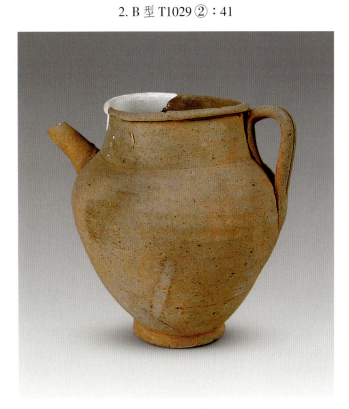

3. B 型 T1029 ② ：22

4. B 型 T1029 ② ：14

宽口长颈壶

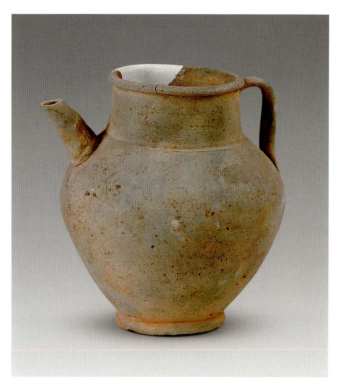

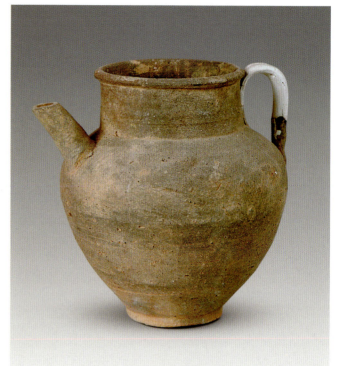

1. B 型 T1030②：36

2. B 型 T1030②：34

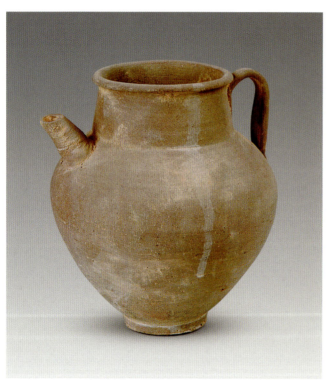

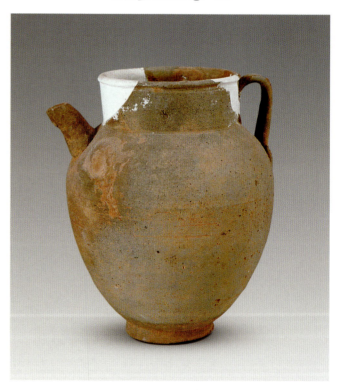

3. B 型 T1030②：24

4. B 型 T1029②：3

宽口长颈壶

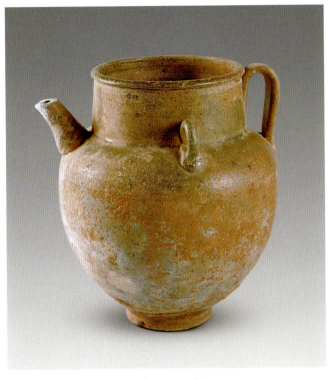

1. B 型 T1030②：2

2. B 型 T1130②：4

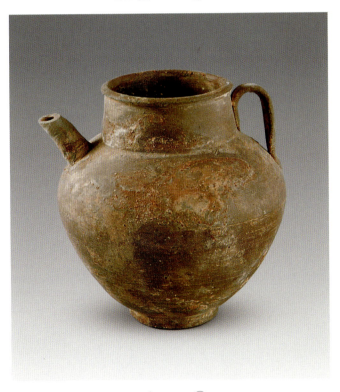

3. B 型 T1029②：8

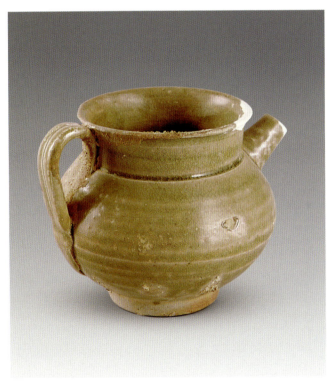

4. C 型 T1230②：7

宽口长颈壶

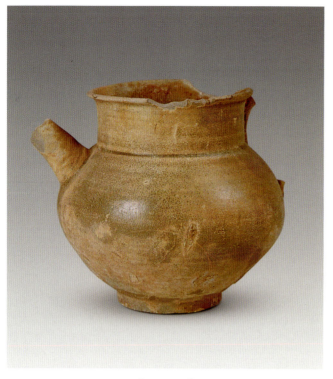

1. C 型 T1130②：58

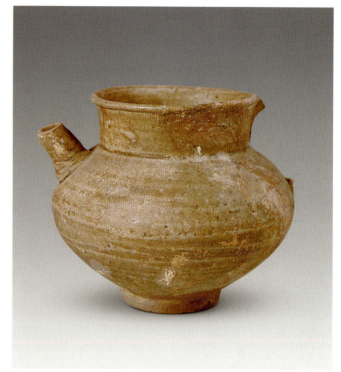

2. C 型 T1130②：61

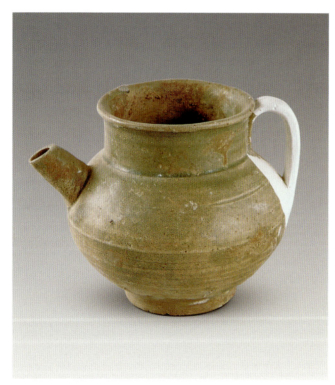

3. C 型 T1029②：11

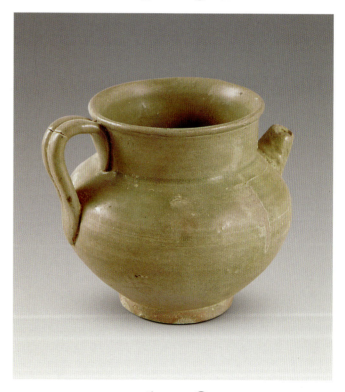

4. C 型 T1130②：1

宽口长颈壶

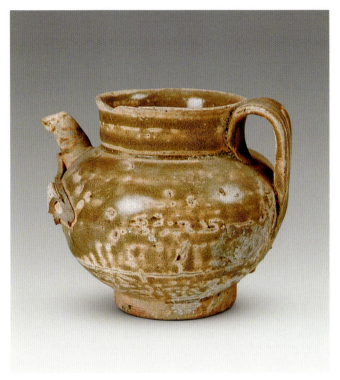

1. C 型 T1330②：4

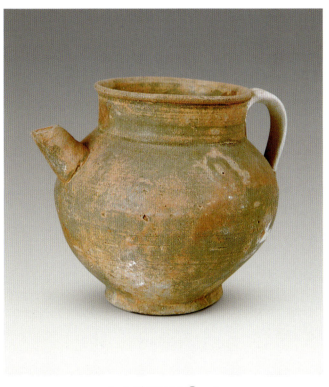

3. C 型 T1129②：5

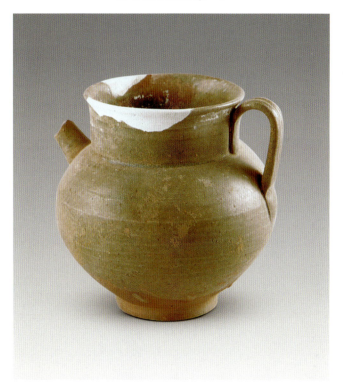

2. C 型 T1130②：5

4. C 型 T1029②：24

宽口长颈壶

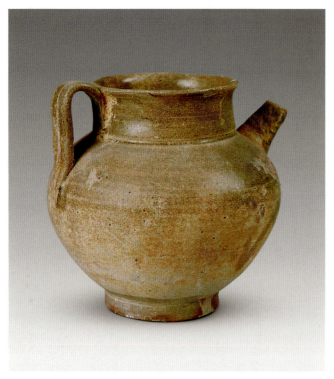

1. C 型宽口长颈壶 T1029②：29

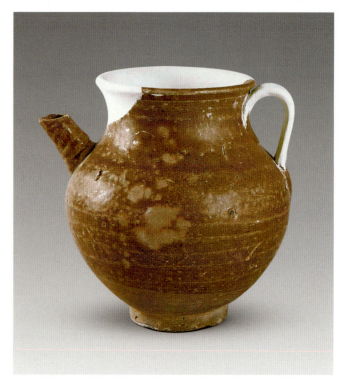

2. C 型宽口长颈壶 T1030②：68

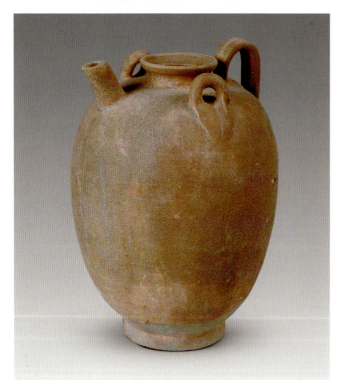

3. 直长腹壶 T1029②：17

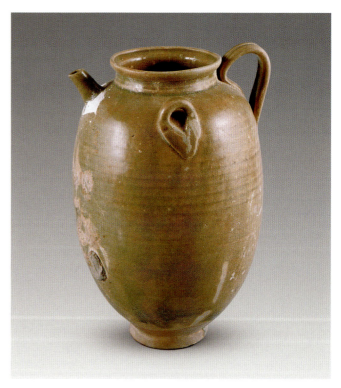

4. 直长腹壶 T1330②：2

宽口长颈壶和直长腹壶

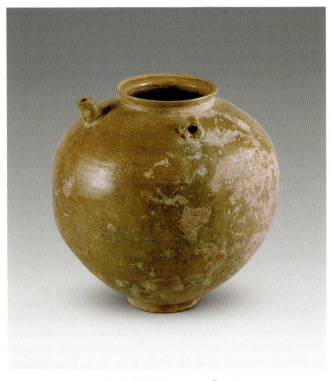

1. 球腹无把壶 T1029②：31

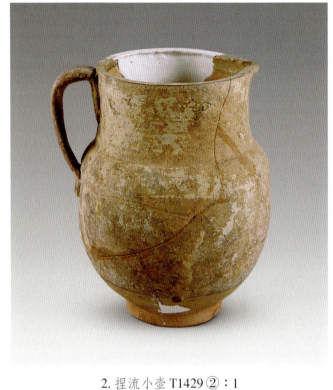

2. 捏流小壶 T1429②：1

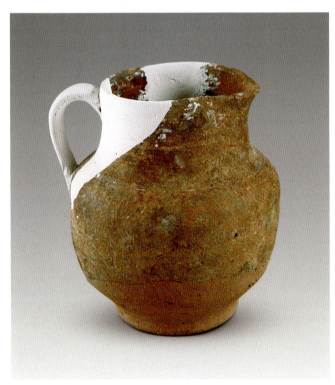

3. 捏流小壶 T1630②：23

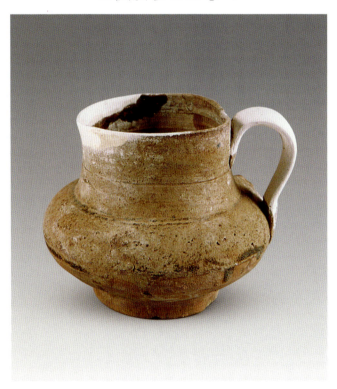

4. 捏流小壶 T0422②：2

球腹无把壶和捏流小壶

1. 双嘴壶 T1428②：2

2. 提梁壶 T1129②：11

3. Aa型大型饼足碗 T1229②：7

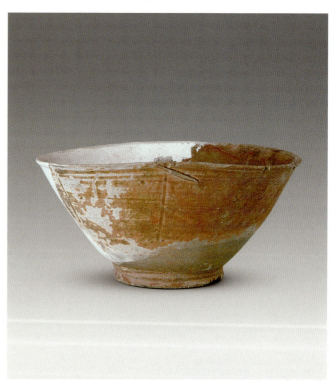

4. Ab型大型饼足碗 T1330②：16

双嘴壶、提梁壶和大型饼足碗

1. Ba 型 T1329②：13

2. Ba 型 T1129②：18

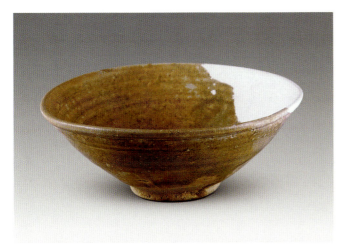

3. Ba 型 T1229②：33

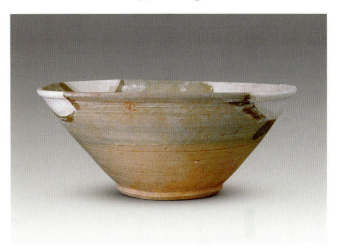

4. Bb 型 T1330②：10

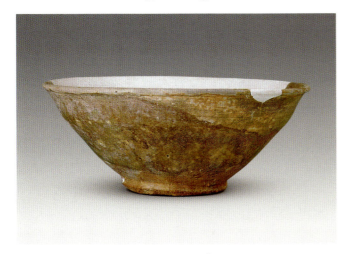

5. Bb 型 T1229②：1

6. Bb 型 T1330②：9

大型饼足碗

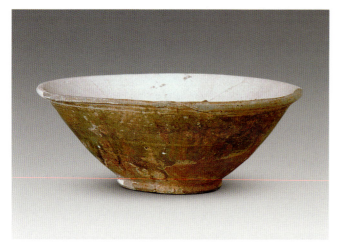

1. Bb 型 T1330 ② : 18

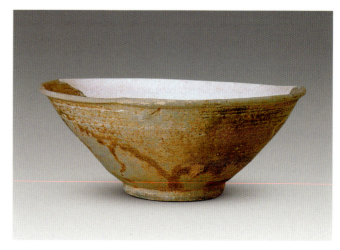

2. Bb 型 T1229 ② : 13

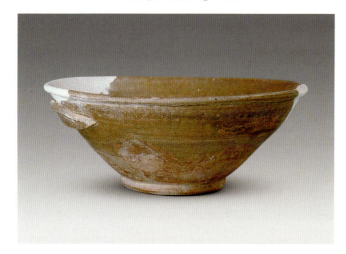

3. Bb 型 T1330 ② : 7

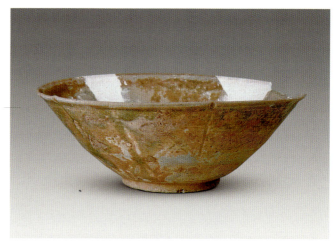

4. Bc 型 T1330 ② : 11

5. Bc 型 T1330 ② : 12

6. Bd 型 T1328 ② : 40

大型饼足碗

1. Aa 型 T1730②：24

2. Aa 型 T1428②：39

3. Ab 型 T1229②：133

4. Ba 型 T1330②：57

5. Ba 型 T1129②：17

6. Ba 型 T1330②：42

中型饼足碗

1. Bb 型 T1229 ② : 14

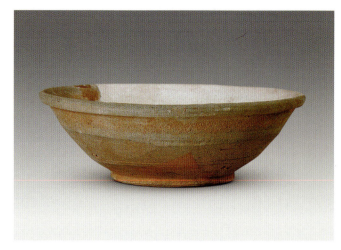

2. Bb 型 T1730 ② : 4

3. Bb 型 T1229 ② : 54

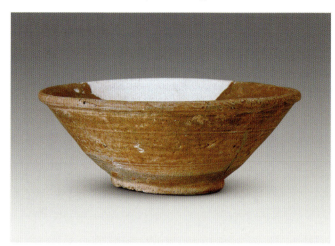

4. Bb 型 T1629 ② : 6

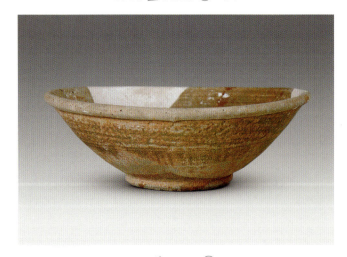

5. Bb 型 T1730 ② : 3

6. Bc 型 T1428 ② : 1

中型饼足碗

1. Bc 型中型饼足碗 T1230②：18

2. Bd 型中型饼足碗 T1229②：29

3. Bd 型中型饼足碗 T1330②：34

4. Bd 型中型饼足碗 T1229②：31

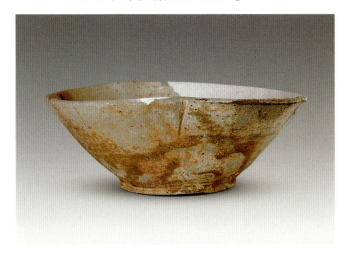

5. Bd 型中型饼足碗 T1330②：35

6. A 型小型饼足碗 T1329②：11

中型和小型饼足碗

1. Ba 型小型饼足碗 T1129②：10

2. Ba 型小型饼足碗 T1130②：42

3. Bb 型小型饼足碗采：5

4. Bb 型小型饼足碗 T1330②：43

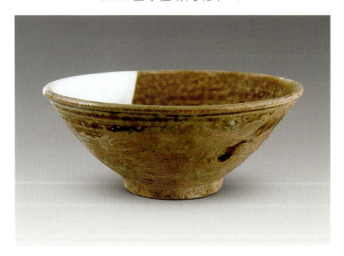

5. Bb 型小型饼足碗 T1329②：10

6. A 型大型内凹足碗 T1229②：41

小型饼足碗和大型内凹足碗

1. A 型 T1729②：3

2. B 型 T1229②：21

3. B 型 T1330②：5

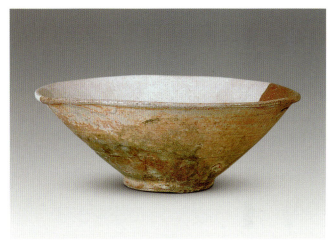

4. B 型 T1330②：17

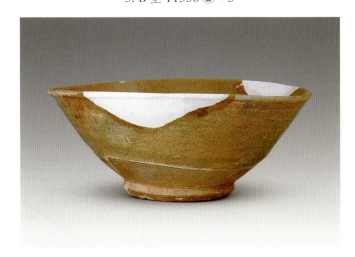

5. B 型 T1229②：8

6. C 型 T1330②：8

大型内凹足碗

1. C 型 T1229 ② : 74

2. C 型 T1229 ② : 69

3. C 型 T1229 ② : 110

4. C 型 T1229 ② : 100

5. D 型 T1330 ② : 13

6. D 型 T1229 ② : 96

大型内凹足碗

1. D型大型内凹足碗 T1129②：22

2. A型中型内凹足碗 T1129②：9

3. A型中型内凹足碗 T1330②：33

4. A型中型内凹足碗 T1330②：36

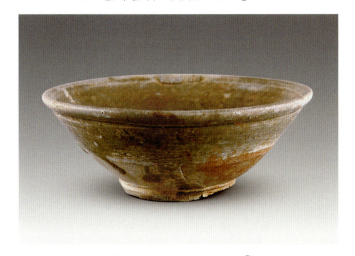

5. B型中型内凹足碗 T1229②：6

6. B型中型内凹足碗 T1229②：19

大型和中型内凹足碗

1. B 型 T1629②：7

2. B 型 T1229②：15

3. B 型 T1229②：5

4. C 型 T1730②：45

5. C 型 T1730②：45 内底菊花纹

6. C 型 T1129②：12

中型内凹足碗

1. D 型中型内凹足碗 T1229②：28

2. D 型中型内凹足碗 T1428②：34

3. D 型中型内凹足碗 T1129②：23

4. 其他 T0620②：1

5. 小型内凹足碗 T1329②：8

6. 小型内凹足碗 T1030②：8

中型和小型内凹足碗

1. Aa 型 T1529②：1

2. Aa 型 T1029②：25

3. Aa 型 T1029②：25 内底支钉痕

4. Ab 型 T1029②：26

5. Ab 型 T1029②：26 内底支钉痕

6. Ab 型 T1629②：15

大型圈足碗

1. Ab 型 T1629②：34

2. Ab 型 T1629②：34 内底支钉痕

3. Ab 型 T1430②：7

4. Ab 型 T1430②：7 内底支钉痕

5. Ab 型 T1328②：41

6. Ab 型 T1328②：41 内底支钉痕

大型圈足碗

1. Ac 型 T1630 ② : 12

2. Ac 型 T1629 ② : 14

3. Ac 型 T1629 ② : 14 内底水草与团菊纹

4. Ac 型 T1430 ② : 9

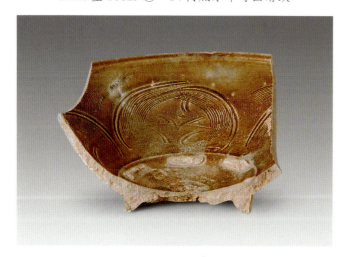

5. Ac 型 T1430 ② : 13

6. Ac 型 T1629 ② : 19

大型圈足碗

1. Ba 型 T0221 ② ：174

2. Ba 型 T0221 ② ：231

3. Ba 型 T0221 ② ：118

4. Ba 型 T0221 ② ：110

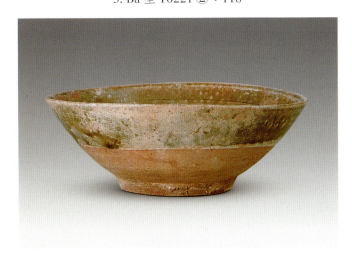

5. Ba 型 T0221 ② ：20

6. Ba 型 T0221 ② ：64

大型圈足碗

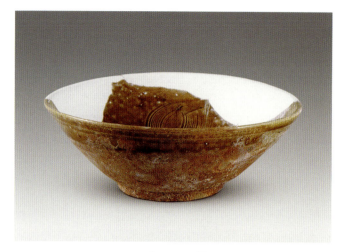

1. Ba 型 T0221②：31

2. Ba 型 T0221②：31 内底支钉纹

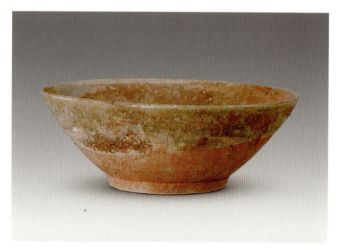

3. Ba 型 T0221②：19

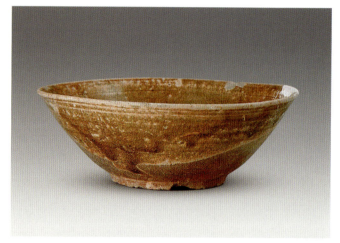

4. Ba 型 T1428②：5

5. Bb 型 T0221②：113

6. Bb 型 T0221②：297

大型圈足碗

1. Bb 型大型圈足碗 T1629 ②：21

2. Bb 型大型圈足碗 T0221 ②：35

3. Bb 型大型圈足碗 T0221 ②：33

4. Bb 型大型圈足碗 T0221 ②：162

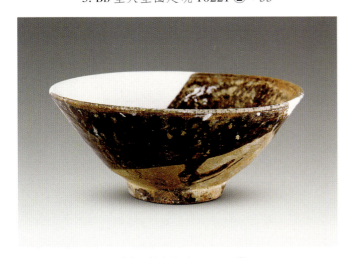

5. Aa 型中型圈足碗 T1730 ②：21

6. Aa 型中型圈足碗 T1630 ②：7

大型和中型圈足碗

1. Aa 型 T1730②：32

2. Aa 型 T1730②：32 内底莲瓣与支钉痕

3. Aa 型 T1629②：16

4. Aa 型 T1229②：17

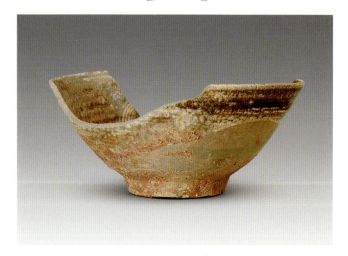

5. Aa 型 T1528②：8

6. Aa 型 T1330②：56

中型圈足碗

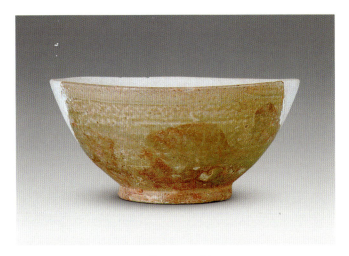

1. Aa 型 T1229 ② : 27

2. Ab 型 T1730 ② : 41

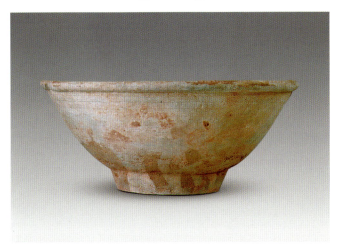

3. Ab 型 T1428 ② : 9

4. Ac 型 T1328 ② : 42

5. Ac 型 T1730 ② : 25

6. Ac 型采 : 16

中型圈足碗

1. Ac 型 T1730 ② : 13

2. Ac 型 T1730 ② : 13 内底莲花纹与支钉痕

3. Ac 型 T1730 ② : 1

4. Ac 型 T1730 ② : 1 内底菊花纹与支钉痕

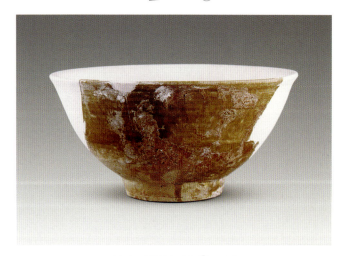

5. Ac 型 T1730 ② : 26

6. Ac 型 T1730 ② : 31

中型圈足碗

1. Ac 型 T1629 ② : 20

2. Ac 型 T1629 ② : 33

3. Ac 型 T1528 ② : 7

4. Ac 型 T1629 ② : 17

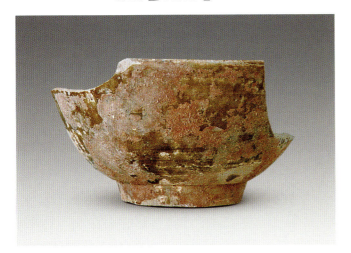

5. Ac 型 T1428 ② : 33

6. Ba 型 T0221 ② : 158

中型圈足碗

1. Ba 型 T0222 ② ：23

2. Ba 型 T0221 ② ：29

3. Ba 型 T1730 ② ：18

4. Ba 型 T0222 ② ：9

5. Ba 型 T1730 ② ：19

6. Ba 型 采 ：17

中型圈足碗

1. Ba 型 T1730 ② : 14

2. Ba 型 采 : 4

3. Ba 型 T0221 ② : 39

4. Bb 型 T0221 ② : 208

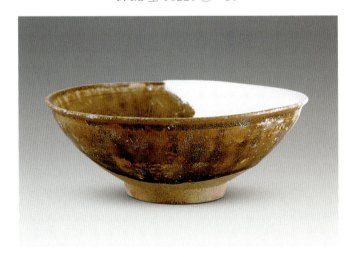

5. Bb 型 采 : 1

6. Bb 型 采 : 1 内壁莲花纹

中型圈足碗

1. Bb 型 T1529②：14

2. Bb 型 T1629②：18

3. Bb 型 T1630②：11

4. Bb 型 T0221②：102

5. Bb 型 T0221②：4

6. Bb 型 T0221②：305

中型圈足碗

1. Bb 型采：6

2. Bb 型采：6内壁如意云气纹

3. Bb 型 T0224②：9

4. Bb 型 T0221②：126

5. Bb 型 T0221②：112

6. Bb 型 T1130②：35

中型圈足碗

1. Bb 型中型圈足碗 T0221 ② : 32

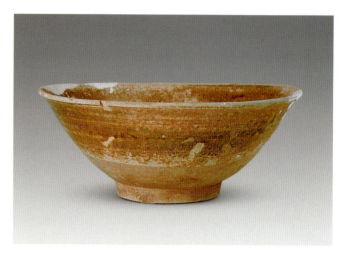

2. Bb 型中型圈足碗 T1430 ② 窑内 : 2

3. Bb 型中型圈足碗 T1430 ② 窑内 : 2 内底支钉痕

4. Bb 型中型圈足碗 T0221 ② : 34

5. A 型小型圈足碗 T0321 ② : 3

6. A 型小型圈足碗 T1329 ② : 12

中型和小型圈足碗

1. A 型 T1730②：20

2. A 型 T1730②：2

3. A 型 T1730②：2 腹内壁写意几何形纹

4. A 型 T1329②：9

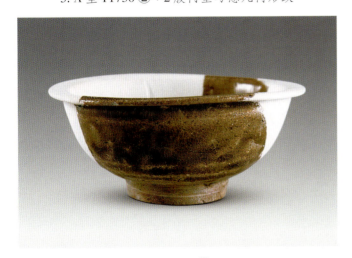

5. B 型 T1428②：19

6. B 型 T0221②：5

小型圈足碗

1. B 型小型圈足碗 T1330③：1

2. C 型小型圈足碗 T1630②：4

3. Aa 型盏 T1730②：48

4. Aa 型盏 T1730②：10

5. Aa 型盏 T0221②：139

6. Aa 型盏 T0221②：140

小型圈足碗和盏

1. Ab 型 T0221 ② : 8

2. Ab 型 T1730 ② : 11

3. Ab 型 T1629 ② : 37

4. Ba 型 采 : 7

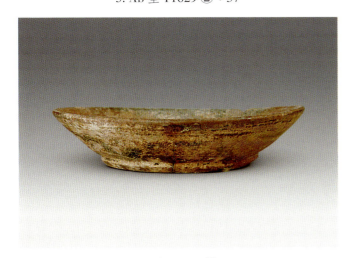

5. Ba 型 T1429 ③ : 7

6. Ba 型 T1629 ② : 5

盏

1. Bb 型 T0222②：2

2. Bb 型 T0222②：2 外底正楷"大"字

3. Bb 型 T1330②：26

4. Bb 型 T0421②：4

5. Bb 型 T0620②：8

6. Bb 型 T1429②：6

盏

1. Bb 型盏 T0224 ② : 3

2. Bb 型盏 T0222 ② : 30

3. Bb 型盏 T0222 ② : 30 内底 "丘" 字

4. Aa 型盘 T1229 ② : 22

5. Aa 型盘 T1229 ② : 62

6. Ab 型盘 T1229 ② : 3

盏和盘

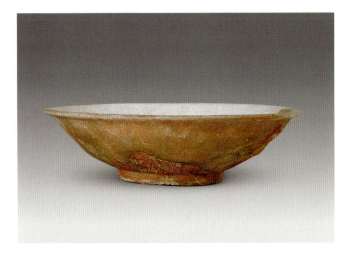

1. Ab 型 T1330②：40

2. Ab 型 T1330②：69

3. Ab 型 T1030②：44

4. Ba 型 T1330②：22

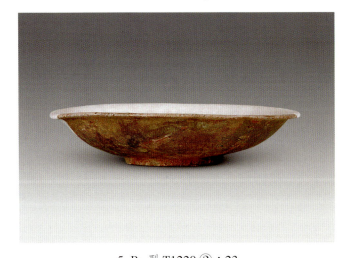

5. Ba 型 T1229②：23

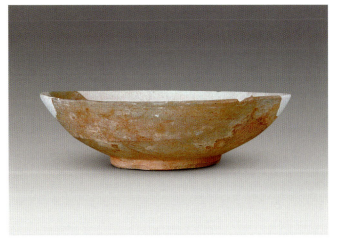

6. Ba 型 T1330②：37

盘

1. Ba 型 T1730 ② : 22

2. Bb 型 T1229 ② : 11

3. Bb 型 T1330 ② : 46

4. Bb 型 T1330 ② : 46 褐釉书写正楷 "吉" 字

5. Bb 型 T1330 ② : 30

6. Bb 型 T1330 ② : 39

盘

1. Bc 型 T1330②：38

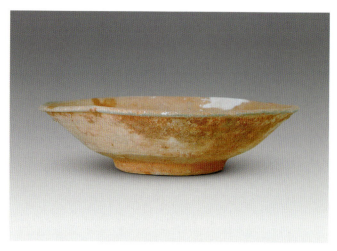

2. Bc 型 T1229②：2

3. Bc 型 T1330②：47

4. Bc 型 T1330②：47 褐釉书写正楷"吉"字

5. Bc 型 T1329②：7

6. Bc 型 T1229②：34

盘

1. Bc 型 T1229 ② ：35

2. C 型 T0423 ② ：12

3. Da 型 T1730 ② ：23

4. Da 型 T0221 ② ：3

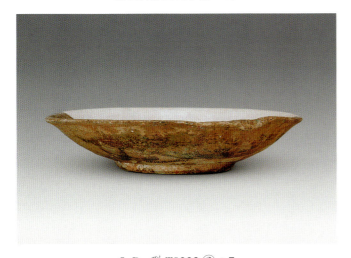

5. Da 型 T0222 ② ：7

6. Da 型 T0422 ② ：5

盘

1. Db 型盘采：8

2. Db 型盘 T0222②：6

3. Db 型盘 T1130②：24

4. Db 型盘 T1529②：6

5. A 型碟 T1330②：23

6. A 型碟 T1229②：32

盘和碟

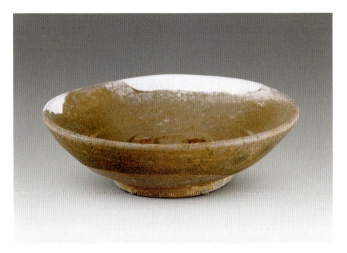

1. A 型碟 T1229②：16

2. A 型碟 T1330②：25

3. B 型碟 T0222②：14

4. A 型大钵 T0522②：4

5. B 型大钵 T1029②：13

6. C 型大钵 T1129②：4

碟和大钵

1. C 型 T1029 ② : 4

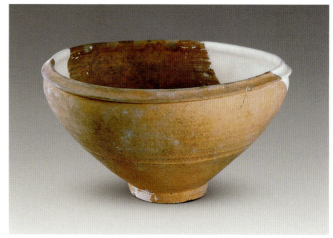

2. C 型 T1030 ② : 10

3. C 型 T1030 ② : 21

4. D 型 T1029 ② : 5

5. D 型 T1130 ② : 9

6. D 型 T1030 ② : 49

大 钵

1. Aa 型 T1430②：8

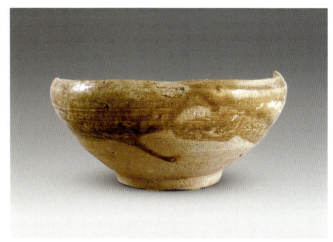

2. Aa 型 T0221②：133

3. Aa 型 T0221②：128

4. Aa 型 T0221②：127

5. Ab 型采：9

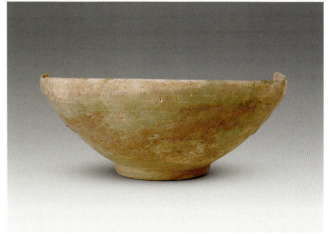

6. Ab 型 T1130②：34

小 钵

1. Ab 型 T1129②：20

2. B 型 T1129②：21

3. Ca 型 T1130②：16

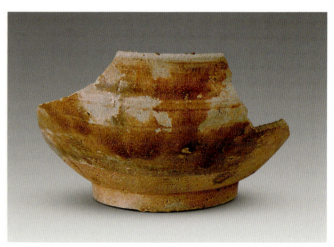

4. Cb 型 T0221②：135

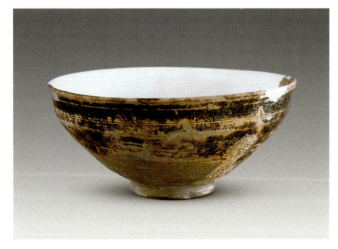

5. Cb 型采：12

6. Da 型 T0221②：28

小 钵

1. Db 型小钵 T0421②：2

2. Db 型小钵采：20

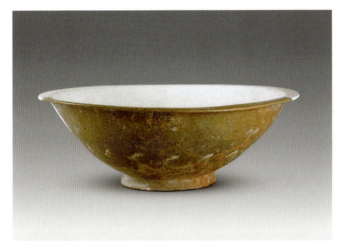

3. 盆 T1630②：1

4. 盆 T1130②：23

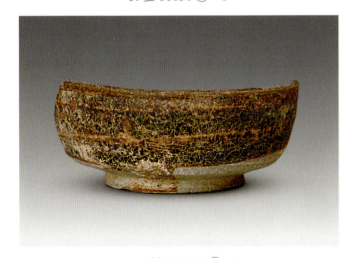

5. A 型杯 T0423②：2

6. B 型杯 T0222②：5

小钵、盆和杯

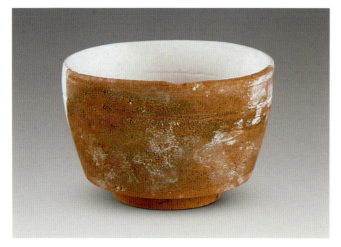

1. B 型 T1328 ② : 1

2. B 型 T0222 ② : 32

3. B 型 T0222 ② : 4

4. B 型 采 : 23

5. B 型 T0222 ② : 3

6. B 型 T1130 ② : 33

杯

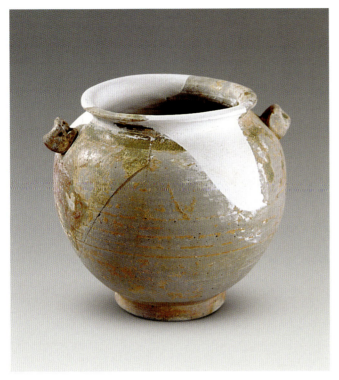

1. A 型 T1330②：6

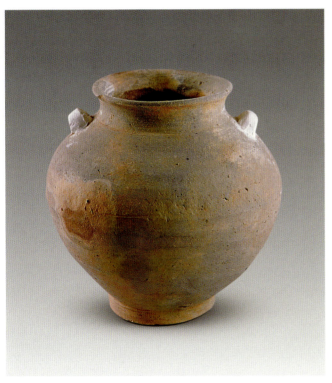

3. A 型 T1030②：33

2. A 型 T1230②：8

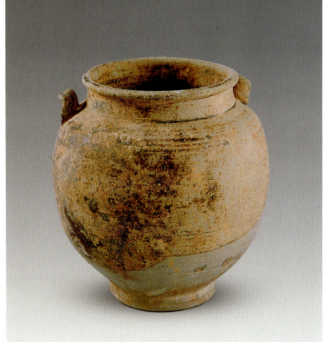

4. A 型 T1730②：5

罐

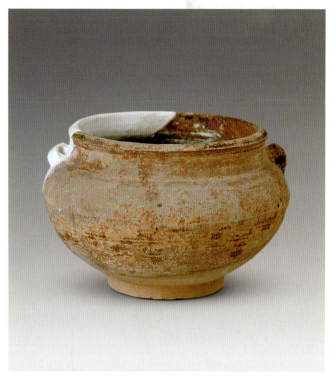

1. A 型 T1430②：3

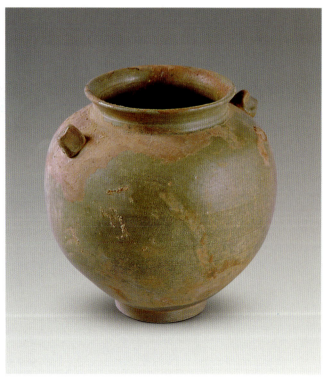

3. A 型 T1129②：1

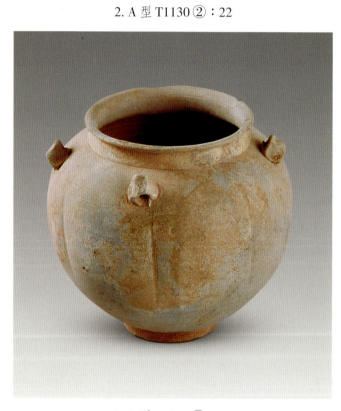

2. A 型 T1130②：22

4. A 型 T1030②：18

罐

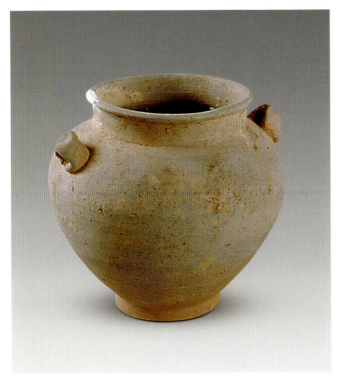

1. A 型 T1029 ② ：1

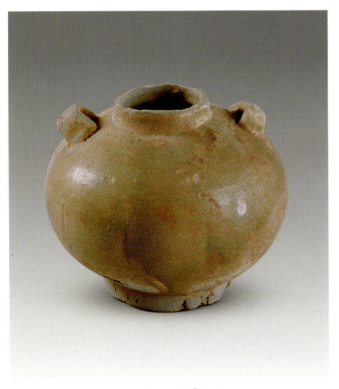

3. A 型 T1230 ② ：29

2. A 型 T1428 ② ：49

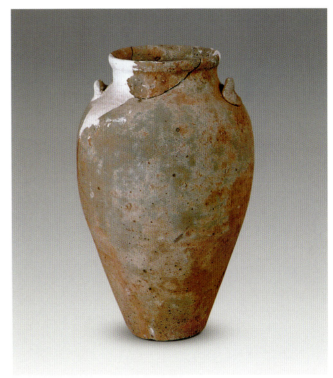

4. B 型 T1029 ② ：15

罐

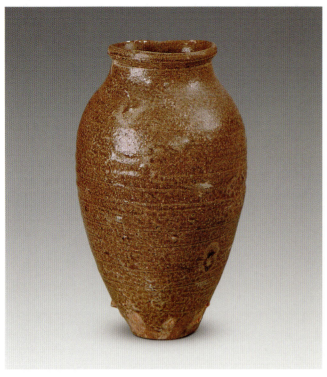

1. B 型 T1029 ② : 20

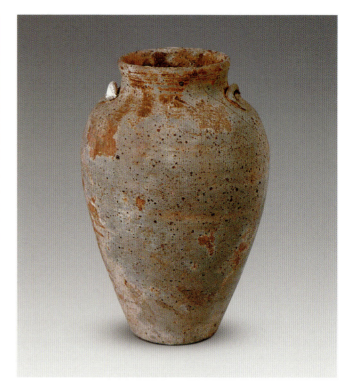

2. B 型 T1030 ② : 28

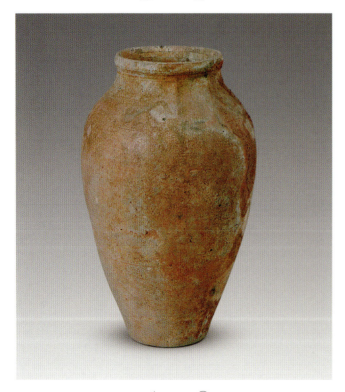

3. B 型 T1030 ② : 4

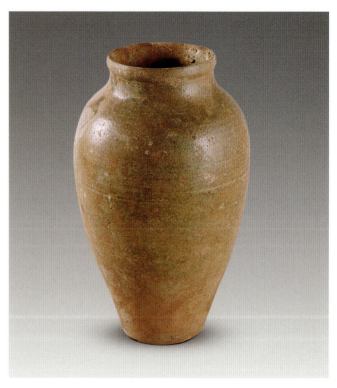

4. B 型 T1029 ② : 19

罐

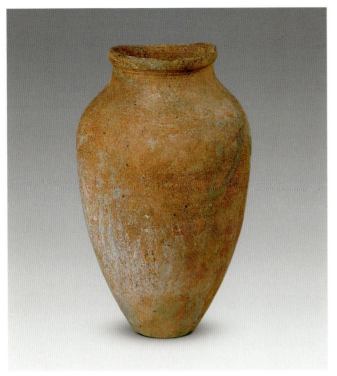

1. B 型 T1030②：27

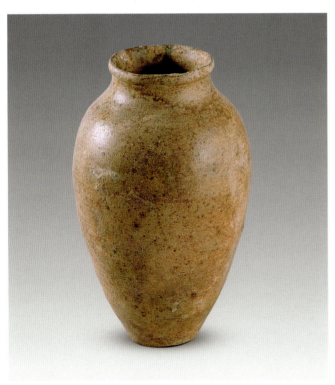

3. B 型 T1030②：26

2. B 型 T1029②：21

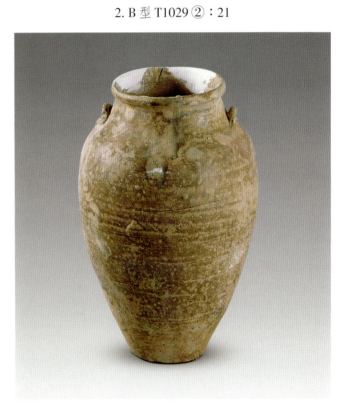

4. B 型 T1030②：29

罐

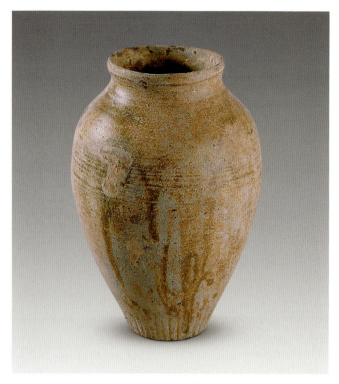

1. B 型 T1030②：5

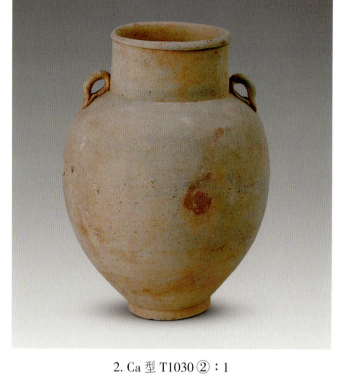

2. Ca 型 T1030②：1

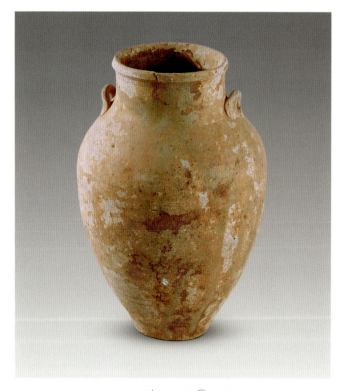

3. Ca 型 T1029②：30

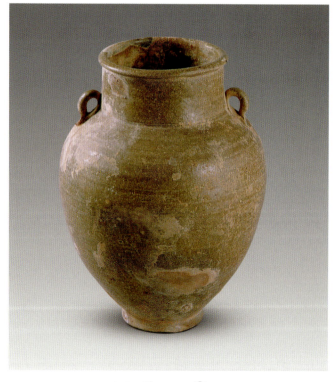

4. Ca 型 T1030②：7

罐

1. Ca 型 T1029②：53

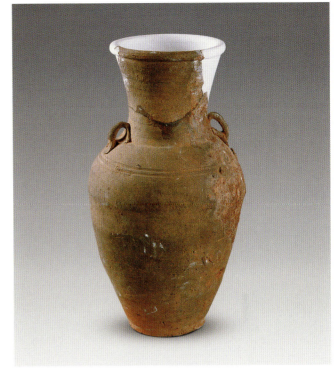

2. Cb 型 T1029②：32

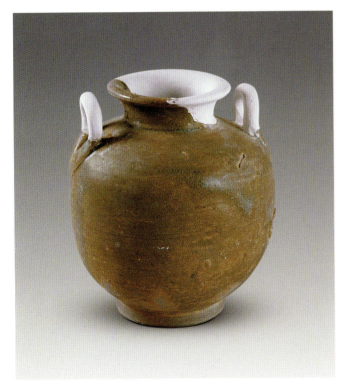

3. 其他罐 T1230②：6

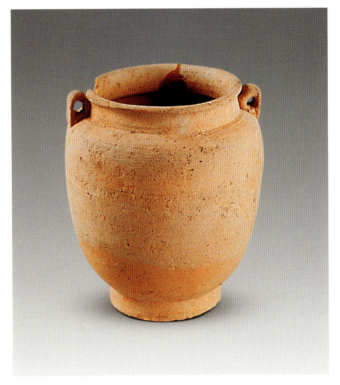

4. 其他罐 T1130②：37

罐

1. T1030②：6

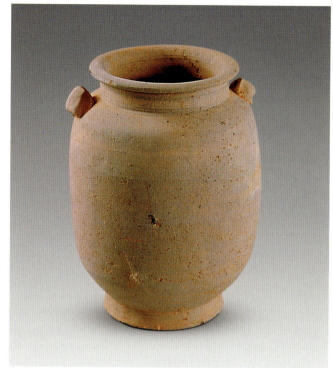

2. T1029②：27

3. T1029②：37

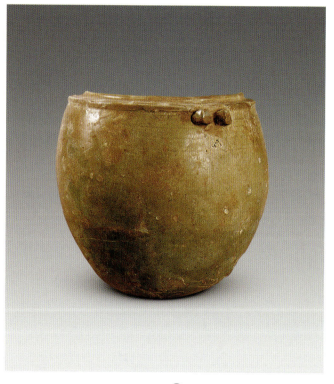

4. T1330②：50

其他罐

1. 铫 T1629②：3

2. 铫 T1629②：2

3. 扑满 T1030②：11

4. 扑满 T1429②：7

铫和扑满

1. 盂采：50

2. 盂 T1730②：7

3. 盂 T1429②：28

4. A 型盒 T1429②：2

5. Ba 型盒 T0423②：5

6. Ba 型盒 T1429②：9

盂和盒

1. Ba 型盒 T0423②：8

2. Bb 型盒 T1429②：8

3. Bb 型盒 T1429②：4、5

4. 枕 T1330②：67

5. 枕 T1130②：45

6. Aa 型器盖 T1230②：5

盒 、 枕 和 器 盖

1. Aa 型采：32

2. Aa 型 T1428 ② ：24

3. Aa 型 T1529 ② ：8

4. Ab 型 T1330 ② ：1

5. Ba 型 T0221 ② ：38

6. Ba 型采：13

器　盖

1. Ba 型 采：19

2. Bb 型 T1429③：5

3. Bb 型 采：42

4. C 型 T1229②：136

5. Da 型 T0221②：7

6. Da 型 T1629②：4

器　盖

1. Db 型采：10

2. Db 型 T1429③：1

3. Ea 型 T1330②：65

4. Ea 型 T1229②：9

5. Ea 型 T1229②：89

6. Ea 型 T1330②：49

器　盖

1. Eb 型 T1730②：52

2. Eb 型 T1329②：4

3. Eb 型 T1630②：3

4. Eb 型 T1528②：4

5. Eb 型 T1430②：10

6. Eb 型 T1430②：16

器 盖

1. Eb 型 T1730 ② : 27

2. Eb 型 T1730 ② : 8

3. Ec 型 T1730 ② : 9

4. Ec 型 T1529 ② : 7

5. Ec 型 T1629 ② : 10

6. Ec 型 T1330 ② : 48

器　盖

1. Ec 型 T0522 ② : 2

2. Ec 型 采 : 11

3. F 型 T1528 ② : 15

4. F 型 T1330 ② : 44

5. F 型 T1229 ② : 24

6. F 型 T1529 ② : 11

器　盖

1. F 型 T0221 ② : 13

2. Ga 型 T0222 ② : 37

3. Ga 型 T0422 ② : 1

4. Ga 型 T0422 ② : 9

5. Gb 型 T1428 ② : 29

6. 器盖采 : 25

器　盖

1. 炉采：46

2. 炉采：47

3. 盏托 T1729②：1

4. 三足器 T0423②：1

5. 碾轮 T1230②：9

6. 碾轮 T1430②：4

炉、盏托、三足器和碾轮

1. 器座 T1428②：3

2. 器座 T0224②：8

3. 器座 T0221②：333

4. 器座采：52

5. 洗 T1229②：134

6. 尊 T1130②：46

器座、洗和尊

1. 圈足器 T1229②：39

2. 圈足器 T0423②：19

3. 座墩 T0322②：2

4. 网坠 T1130②：3

5. 网坠 T1630②：6

6. 网坠 T1130②：19

圈足器、座墩和网坠

1. 采：15

2. T0222②：1

3. T1630②：9

4. T1428②：4

5. T1429②：12

6. T0421②：1

瓶

1. 瓶 T0522②：3

2. 砚 T0324②：1

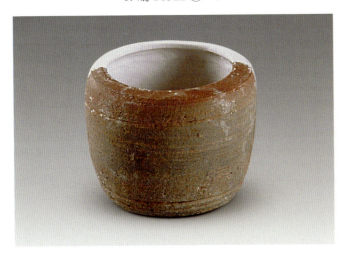

3. 鸟食罐 T0221②：147

4. 鱼塑 T1329②：1

5. 鱼塑 T1329②：2

6. 谷仓罐 T1230②：30

瓶、砚、鸟食罐、鱼塑和谷仓罐

1. 魂瓶口 T0222 ② : 12

2. 魂瓶口 T1429 ③ : 8

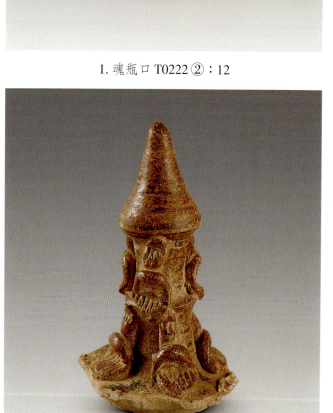

3. 魂瓶盖 T0620 ② : 11

4. 魂瓶盖 T1130 ② : 31

魂　瓶

1. 魂瓶盖 T1430②：6

2. 魂瓶盖 T0423②：9

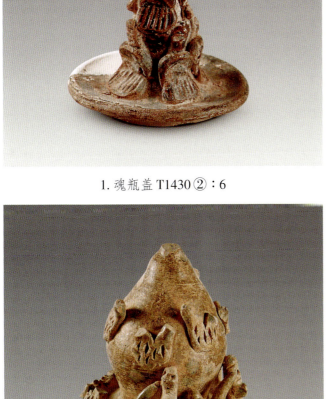

3. 魂瓶盖 T1030②：39

4. 魂瓶盖 T0423②：23

魂　瓶

1. B 型 T1429 ② : 10

2. C 型 T1330 ② : 27

3. Da 型 T1729 ② : 2

4. Da 型 采 : 28

5. Da 型 T0221 ② : 42

6. Da 型 T0221 ② : 2

支烧垫墩

1. Db 型支烧垫墩 T1330②：28（左）、T1129②：15（右）

2. Db 型支烧垫墩 T0222②：13

3. Db 型支烧垫墩 T1129②：14（左）、T1129②：13（右）

4. Db 型支烧垫墩 T1430②：1（左）、T1329②：5（右）

5. A 型钵形支烧垫具 T1730②：28

6. B 型钵形支烧垫具 T1629②：11

支烧垫墩和支烧垫具

1. B 型钵形支烧垫具 T1630②：10

2. B 型钵形支烧垫具 T1630②：25

3. 桶形支烧垫具 T1730②：6

4. 轴顶帽 T1130②：7

5. 轴顶帽 T1229②：10

6. 轴顶帽 T1428②：23

支烧垫具和轴顶帽

1. 荡箍 T1229②：37

2. 荡箍 T0221②：6

3. 火封 T1529②：2

4. 火封 T1230②：11

5. 垫圈 T0422②：3（左）、T0322②：1（右）

6. 轴顶垫托 T0422②：4

荡箍、火封、垫圈和轴顶垫托

1. 轴顶垫托 T1528②：6

2. 其他 T1229②：38

3. 其他 T1629②：1

4. 其他 T1429③：9

5. 其他采：34

6. 其他 T1330②：66

轴顶垫托和其他

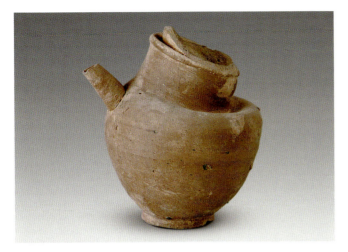

1. T1030②：58

2. T1030②：32

3. T1029②：18

4. T1630②：2

5. T1030②：30

6. T1030②：31

壶装烧工艺

1. T1229②：40

2. T1229②：26

3. T0224②：1

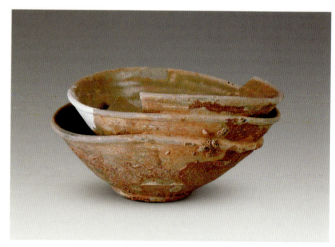

4. T1430②：15

5. T1229②：25

6. T0221②：280

碗装烧工艺

1. 碗 T0221②：50

2. 碗采：33

3. 钵 T1030②：12

4. 盘 T1329②：6

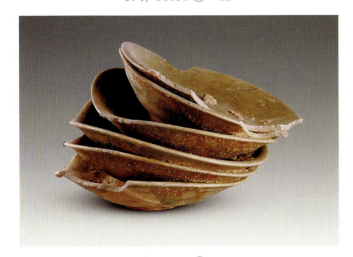

5. 盘 T1129②：16

6. 盘 T1330②：70

碗、钵和盘装烧工艺

1. 碗、盘 T0221②：18

2. 钵、碗 T0221②：282

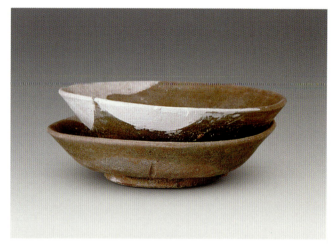

3. 碟 T1730②：16

4. 碟 T1130②：66

5. 盏 T1629②：12

6. 杯 T0221②：1

碗盘、钵碗、碟、盏和杯装烧工艺